山波言太郎

日本の言霊が、地球を救う

序文

本書は地球に恒久平和実現の道（ユメ）を模索した本です。その道は唯一つあります。地球全人がみな平和を愛する善良な人に変わる事。そんなバカな？　と人は夢を持ちません。だから戦争殺人ゲームが幅をきかす人類史ばかりが続きます。これにストップかけませんか。

それに戦後のアメリカの半奴隷的地位から脱却して、栄《は》えある尊厳な日本独立の道はないのか。悲願はこれ。

上記の二つは（地球の恒久平和と日本の真正独立は）唯一つの事です。なぜなら、人類史にはそれを実現させるレールが古来から、ひそかに、着々と敷かれていた。本書はこれを暴露します。というよりその軌跡を蟻のように辿ります。

本書は八編より成っています。これは三年にわたり雑誌（義経と静の会刊「ボルテ・チノ　日本の心」）に、私が連載してきた八回の論文を集録したものだからです。本旨は唯一筋のものです。もし結論をお急ぎの方は、第一編の「要旨」を読み、次は最後の総括（しめくくりの言葉）をお読み下さい。長ったらしい目次がありますが、これは私なりの人類史の軌跡の後付けです。

2011・8・27　山波言太郎　記

凡例

本書の八篇は、「義経と静の会」機関誌『ボルテ・チノ　日本の心』に掲載されたものを、ほぼそのまま収録しました。但し本旨は一貫したものです。

第一編　鎌倉から、世界へ霊性の風吹く　創刊号　２００９・１・３１発行
――日本古来の精神文化が世界を救う――

第二編　歴史と宗教の位置の転換　――地球の文明転換の時――　第２号　２００９・７・１発行

第三編　鎌倉大仏の印の秘密　第３号　２００９・１１・１発行

第四編　武士道の極は愛なり　第４号　２０１０・３・１５発行

第五編　日出づる国から世界へ　第５号　２０１０・７・１５発行
日本敗戦で神風吹いた〈武士道が熟す時〉、
武士道は愛なり、日出づる国から世界へ

第六編　隠された韓国の聖者、姜甑山《カンジュンサン》　第６号　２０１０・１１・１５発行
日韓併合をすすめ、日本国の敗戦を予告した

第七編　日本の未来を問う　第三の問いを発進させよ　第７号　２０１１・４・１５発行

第八編　パンドラの箱が開かれた地球危機の今　日本の言霊が世界を救う　第８号　２０１１・９・２１発行

追記１　鎌倉が、なぜ、世界最初の「平和都市宣言」をしたのか　第８号　２０１１・９・２１発行

追記２　鎌倉はサムライ政権発祥地、平和の神都　第７号　２０１１・４・１５発行

目次

日本の言霊が、地球を救う

第一編　鎌倉から、世界へ霊性の風吹く

第二編　歴史と宗教の位置の転換

第四編　武士道の極は愛なり

カバー写真
鶴岡八幡宮　一ノ鳥居（鎌倉）
撮影　熊谷淑徳

第一編

鎌倉から、世界へ霊性の風吹く

――日本古来の精神文化が世界を救う――

（日本的霊性が世界に広がれば、その時から、
戦争のない平和が地球に実現される）

要旨

日本には古来より、大和魂とか日本的霊性とか呼ばれる、独自の固有の心性があると考えられている。果たしてそれは何なのか？　本論では、その淵源を古神道であるとする。また、古神道は日本人を構成する主客である縄文人と弥生人の、固有の精神ないし思想が融合して成立したものであるとする。更に、古神道は日本の歴史の中で、鎌倉の武家政権成立以後、「武士道」として結晶されていき、江戸期には日本人全体の心性として形成される。それが大和魂。この大和魂により幕末の植民地化の危機を超克して独立を貫き得たし、以後世界史上未曽有の急速な近代化を実現し得た。だが、そこまでの武士道はまだ未完成で、そのために第二次大戦で敗北を喫した。しかし、敗北を期に、今の私達がそれをチャンスとして生かし、武士道を殺人剣から活人剣へと生かし完成させることが出来たら、この時、古神道が完全な姿で日本人の心性として顕現される。即ち大和魂の開花完成の日である。これが日本的霊性。

この古神道のエキスは、地球上の全民族の英智の結晶体を蔵している。従ってこの古神道のエキスが世界に広がれば、人類史上初めて戦争のない活人剣が生かされた平和が地球上に実現されよう。ちなみにこの実現には「決死」を伴う。誰かが「命を賭けて」地球と地球人のために、平和実現の業《わざ》を敢行させなければならない。それが出来るのは、武士道を、自己を殺して他者に献身する道として貫いて来た、日本人以外には出来まい。これが武士道、日本的霊性、古神道のエキス、至上の愛の道。古神道には教祖・教義に当たるものがあるやもしれない。本論では八幡さまと称しておこう。そして世界に古神道エキスが広がるには、二度の地球グローバル化が敢行されねばならない。一度目は殺人剣を使ってのグローバル化、「世界広場に人類よ集まれ」。二度目が活人剣による愛のグローバル化、「集めた人類を一括浄化」。これで、戦争のない地球の歴史が、そこから始まる。もしかして、第一の殺人剣を振るったのはジンギス汗、二度目の愛の活人剣をこれから振るうのが義経と静かも？　なぜなら敗戦で、日本人の出番が、鎌倉の八幡さまのお膝元……ここからしか活人剣が振るえる人が出るわけないでしょう？　だから。

はじまり

私は今年（二〇〇八年）の七月、鎌倉のシルバー・ガイド協会の「古都鎌倉史跡めぐり」案内コースというのがありまして、その中の「鶴岡八幡宮で宮司さんのお話を聞くコース」というのに興味があって参加しました。その日は宮司さんがご不在で、禰宜さんが代わってお話されました。禰宜さんは興味ある有益なお話を沢山して下さいました。でも、肝心な事がハッキリしなかったんです。八幡様の御祭神は、

応神天皇
比売神《ひめがみ》

このお三方です。この中でどなたが本当の八幡神か、それがハッキリしなかった「応神天皇か、比売神か」という感じで……。特に比売《ひめ》神については曖昧で、この方は応神天皇の妻神か、玉依姫か、それとも……と口を濁しておられた。私は「オヤオヤ、一番肝心な事を禰宜さんはご存知ないのか？」とビックリ。でも最後に一言「辛嶋さんが……」と言って話を切られたんです。

そこで、私はハッと思い当たりました、十五年前のことです。「矢張り、辛嶋さんが知っているのかもしれない」と。実は、私は十五年前に不思議な人物に出会ったんです。辛嶋さんという女性で。この方はコロンビア大学に留学して博士号をもつ立派なご婦人です。でもその頃、国際的な秘密団体に命を狙われていて、身の危険を感じておられた。私はヒョンな事で巡り会って、何度か会って、辛嶋さんから不思議な話を色々聞かされました。

たとえば、「辛嶋家は代々宇佐神宮の禰宜を務めています」。（注、大分県の宇佐八幡宮は、全国にある四万社以上の八幡神社の総本社）。「辛嶋禰宜の仕事は何かというと、皇室ですね、天皇家に関する秘密事項を、一子相伝で代々口伝で伝えること、これが仕事です」。「天皇がご即位になると、必ず伊勢神宮と宇佐八幡宮においでになります。その時、辛嶋禰宜から天皇に皇室の秘事に関することを口伝でお話しします」。それで、私がたとえばどんな事ですかと聞いたら、

「宇佐神宮の本当の祭神、御正体は比売《ひめ》神オオヒルメです。辛嶋家はその直系の子孫です」。私が「あ、天照大神ですか」と言うと、天照大神のことを大日霊貴《オオヒルメムチ》と言いますからね。すると「いいえ神様ではありません、人間です」。私「エッ人間？」「そうです人間です。オオヒルメは二〇〇〇年前頃、

中国の方から葦の船、葦《あし》船に乗って来ました。日本に着いた時、ああ、故郷に帰ったような気がすると言ったそうです」。

「オオヒルメの母方の祖先は釈迦です。父方の祖先は西周王（注、三〇〇〇年前の中国の周、孔子が最も尊敬した文王やその子周公旦の国）。それからもう一つ、オオヒルメは日本の古神道を作りました。古神道はオオヒルメが作ったのです。どうやって作ったかというと、仏教と、ユダヤ教・キリスト教と（注、これは原始キリスト教。現在のキリスト教は四世紀にローマ帝国で形成された。イエスはユダヤ教の正しいあり方を教えようとして説いた。だからイエスの説いた教えは原始キリスト教）それと老子の道教、この三つを日本のアニミズムに組み込んで、古神道、日本の古神道を作ったのです」と言われたのです。

で、私は「ああ、そうですか。その他にもっと教えて下さい」と言ったら、「イエイエ、これ以上話したら私殺されますから」と言って口をつぐまれました。でも、最後にこう言ったんですよ、「今の天皇陛下、こういう事もご存知ないかも」と。「どうしてですか」と聞いたら、「実は、辛嶋家の先代の禰宜が急死したんです。ですから今の禰宜さんは知っていないんじゃないかと、だから今の天皇には伝わっていないんじゃないかと」。………じゃ、こういう事知っているのはどなたですか？と聞いたら、「私一人です」と。………じゃあ、もう一人聞いて知って

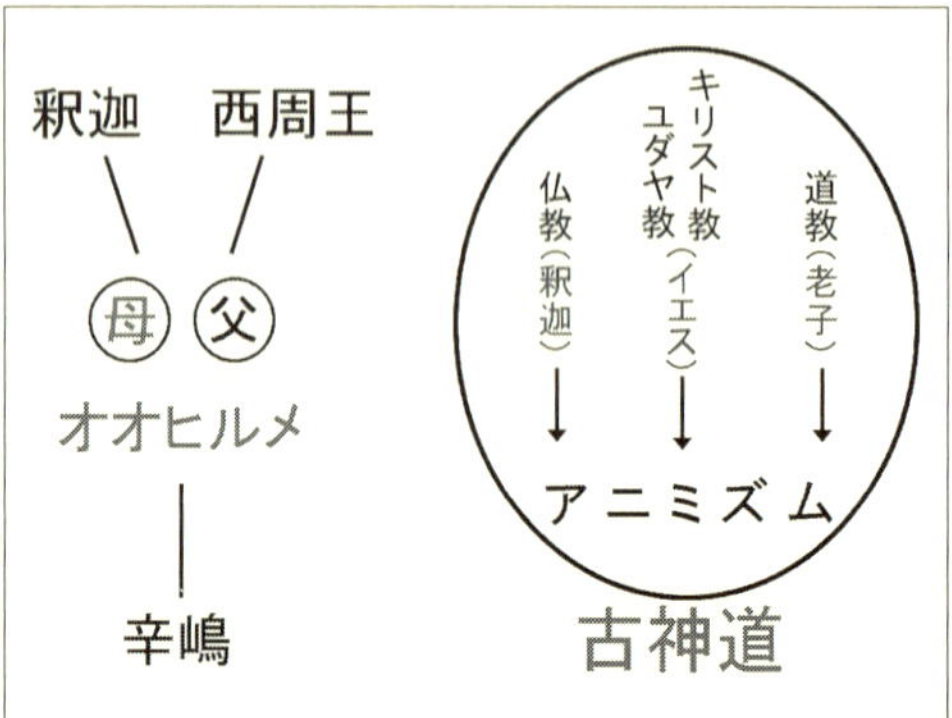

表1

るのは私という事になります。これは大変だ!!　辛嶋さんの言ってる事本当かしら?　今回私はその調査を思い立ったのです。

第一章　古神道の淵源を尋ねて

一、『蒙古源流』で釈迦の身元調査

辛嶋家の母方の祖を尋ねると釈迦?　まさかあの大聖釈尊に、日本の辛嶋さんがつながるなんて。そう思って先ず調べてみました。ここに『蒙古源流』という本があります。(注、1662年サガン著。サガンはジンギス汗の子孫で、蒙古のオルドス部族でエルケ・セチェン皇太子と呼ばれていた。モンゴル文で著)。この本は蒙古の王の源流やその系統を述べ、モンゴル族の歴史を年代記で書いたものです。［表2］で判るように、ここに釈迦が出てきます。そしてその源は創造主。釈迦から右へ

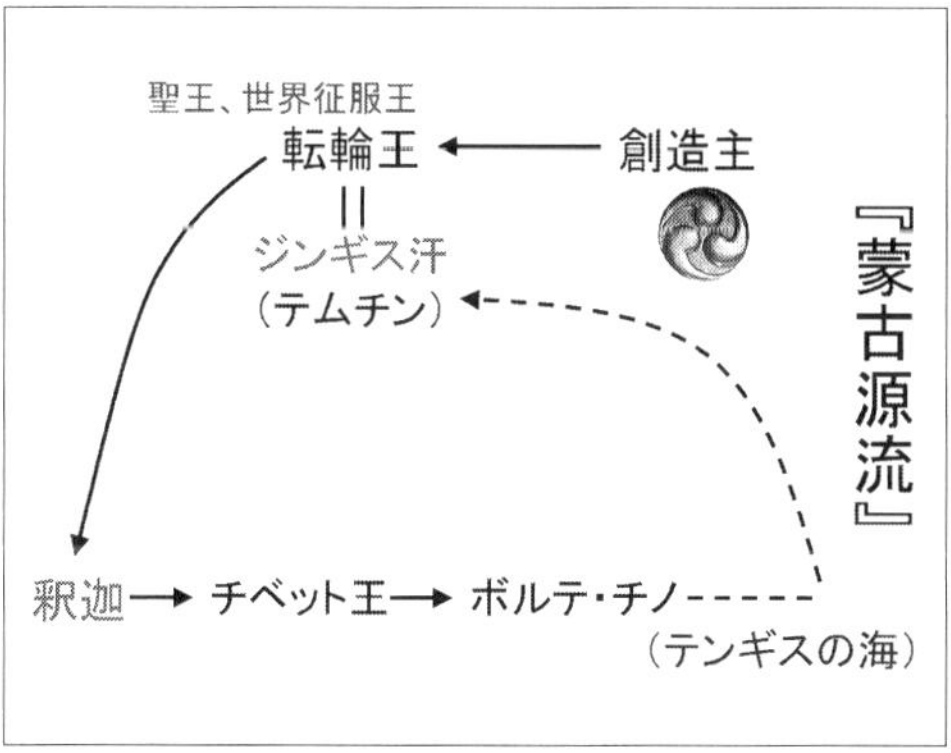

表2

見ていくと末はジンギス汗（これが蒙古の最初の王）です。というわけで要《かなめ》の所にいるのが釈迦です。

さて、この本にはこう書いてあります。創造主はどうやって宇宙を創ったのか。初めに風の輪が現れて廻転、次に水の輪が現れて廻転、更に地の輪が現れて廻転し、この三輪の回転で天地が創られたと。ですからこれを図で表示すると、［表2］にあるように三つ巴の紋様で表せるのではないでしょうか。

やがて人類が生まれ、その最初の聖王が転輪王です。なぜ彼が聖王かというと、彼の行く所、必ずその前に黄金の輪が回転し（注、創造主の三つ巴の紋様は黄金です）、人々はその徳にひれ伏して皆これに従う。従って転輪王は世界征服王と呼ばれます。武力で世界を征服するのでなく、徳により世界を征服する人という意味です。

釈迦はこの転輪王の直系の申し子です。この釈迦からチベット王が出、その子孫の一人の王子がボルテ・チノ（注、ボルテ・チノは青き狼、それはジンギス汗と通常言われますが、ここではその祖先のボルテ・チノ）、彼は「テンギス」という大きな海を渡って東へ行き、それからモンゴルに来て、その子孫からテムチンが生まれ、テムチンは蒙古を征服統一してジンギス汗（蒙古の王）となった、と書いてあります。

さて、テムチンがジンギス汗となった時、不思議な美しい鳥が現れて「チンギス、チンギス」とさえずったと記されています、「チンギス」とは、モンゴル語で「海」という意味だそうです。ヘンですね、海がない内陸の蒙古で「海、海」と鳥が鳴いたとは。それと、祖先のボルテ・チノは「テンギス」という大きな海を渡って東へ行き、それから蒙古に来てジンギス汗になった訳です。こうして見て来ると、東とはどこ？　日本かも。そしてこの日本から来て蒙古王となったジンギス汗とは誰？　源義経かも。蒙古人のサガン（ジンギス汗の子孫）が書いた『蒙古源流』にこう書いてあるのです。義経と氏名こそ書いてありませんが、蒙古人が、ジンギス汗（蒙古王）の子孫が、なぜ源義経を匂わせる歴史書を書いたのでしょうか？

（注）『蒙古源流』には、また、ジンギス汗は即位の時に「九つの脚のある白い旗を建てた」、とも記してあります。白い旗は源氏の旗、九つとは源九郎義経のことでは？

それから『蒙古喇嘛教史』という本があります、（注、チベット人のラマ僧ジクメ・ナムカが、チベット語で書いた本。1819年に『蒙古源流』を利用しつつ著）。この本には「ジンギス汗は転輪王の化身なり」と記されています。すると、ジンギス汗＝転輪王……義経ということになりますかね。私が言ってるのではありません。蒙古人とチベット人が書いた歴史書によると、そうなってくるという意味です。

二、［表1］と［表2］をつなぐと、どうなるか

［表3］をご覧下さい。辛嶋さんの直系の祖オオヒルメは、釈迦を通って↓転輪王↓創造主につながっています。

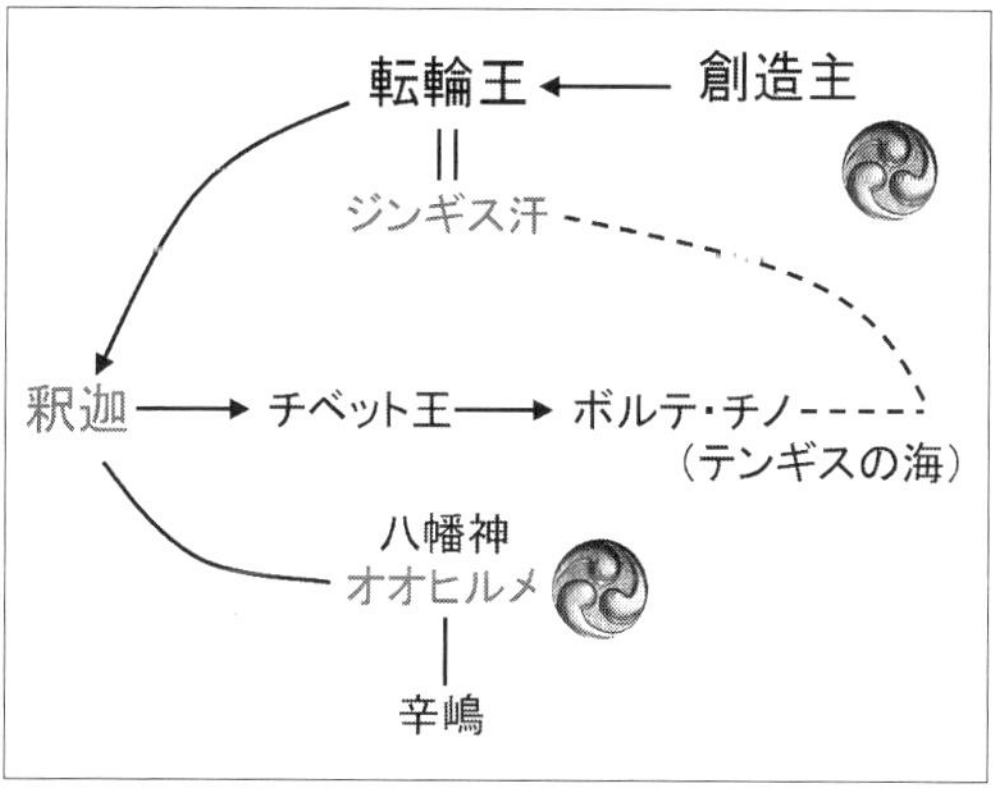

表3

それとオオヒルメは八幡神ですね（注、辛嶋さんのお話では）。八幡神の御紋章は三つ巴です。（［表3］の三つ巴紋は、私が実際に撮影した鶴岡八幡宮の建物に記されている紋章で黄金の輪です）。ですから創造主と八幡神（オオヒルメ）は同じ紋で表示できるということです。

また、オオヒルメ（八幡神）はジンギス汗にもつながっています。日本の八幡様は釈迦につながり、転輪王（世界征服王）につながり創造主につながる。他方ではジンギス汗（もしかして義経）にもつながるということですか。それなら放っておけない、本当にオオヒルメが八幡神のご正体か？　それとも八幡神のご正体は応神天皇なのか？　これは見極めなければ。

三、八幡神は応神天皇か、オオヒルメか

私は早速、日本の文献ではどうなっているか、日本の学界ではどうなっているか、それを調べてみました。

調べてみたら、矢張り「八幡神は謎の神」ということになっているのです。でも、ひと先ず結論としては応神天皇ということになっています。なぜか？　日本の一番古い歴史書とされている『古事記』や『日本書紀』に（注、どちらも八世紀、奈良時代に編纂）、オオヒルメの名はないのです。しかし応神天皇はもちろん記されています。だから応神天皇の方が古い、だから八幡神は応神天皇であるとされています。それともう一つ、八幡神の縁起（起原）を示す文献が色々ありますが、その中で有力な文献『託宣集』に、ハッキリ次のように記されているのです。

欽明天皇（6世紀）の時、現在宇佐神宮があるその土地に、そこに菱形池があって、その池の所に鍛治翁が出現したのです。鍛治翁だから鍛治屋さんのお爺さんですね。でも体は一つなのに頭が八つある。これ不可思議だということで、大和朝廷から大神比義が派遣されて調べることになった。大神比義はシャーマン、神懸りする人です。この大神氏がそこで3年間祈ったら、再び奇瑞ありです。今度はこの菱形池のほとりに三歳の童子が出現した。その童子が「我れは誉田天皇《ほんだすめらみこと》広幡八幡麻呂なり」と言ったわけです。誉田とは応神天皇のお名前です。だから「我れは応神天皇、広幡八幡麻呂である」と言ったわけです。ですから、応神天皇が八幡神ということになります。また童子は「護国霊験神通大自在王菩薩」とも言ったから、八幡神のことを八幡大菩薩とも言われるわけです。

しかし、ちょっと不可解なところがあるのです。『託宣集』にはまだ続きがあるのです。［表5］でご覧のとおり、出現した三歳の童子は次のようにも言ったのです、「我れは釈迦菩薩の化身」であるぞと。また「一切衆生を度《すくわ》んと念じて、神道と現れるなり」と。つまり神道を作ったのは

〔託宣集〕

欽明天皇(6世紀)、宇佐神宮の現在地に鍛治翁出現の奇瑞あり
← 大和朝廷は大神比義を派遣
← 大神氏は三年間祈る
← 三歳の童児出現
「我れは誉田《ホンダ》天皇広幡八幡麻呂《ヤハタマロ》なり」
「護国霊験神通大自在王菩薩」
⇐ 故に、応神天皇が八幡神である
八幡大菩薩とも言う

表4

私だと言っているのです。もし八幡神が応神天皇なら、「我れは釈迦菩薩の化身」、これは言えるかもしれません、当時は神仏習合（神と仏は源は一つのものという考え方）が強かったから、天皇が八幡神即ち釈迦菩薩と。しかし応神天皇が神道を作ったとは言えません。古神道は縄文時代からあるのに、応神天皇は四世紀の天皇。これは歴史の事実に反する。だから学者の方々はこの資料を伏せてしまう、無視するんです。

しかし、八幡神がオオヒルメなら、これは当然のこと、辛嶋さんはオオヒルメは釈迦の子孫、更にオオヒルメが古神道を作ったと言っているのですから。この他に、オオヒルメは八幡神と思われる資料が色々あります。

〔託宣集〕つづき

「我れは釈迦菩薩の化身、一切衆生を度《すくわ》んと念じて、神道と現れるなり。」

→ これはオオヒルメのことを言っているのではないか。

表5

四、オオヒルメは八幡神、これを示唆する資料

［表6］をご覧下さい。先ず「1、秦氏の北辰社（道教の神）が、元々あった」と書いてあります。秦氏とは四世紀ころ朝鮮半島から来た渡来人です。今全国に秦さんは沢山いますが、元は渡来人です。北辰社の北辰とは北極星のこと。道教（中国の老子から始まった宗教）では北極星を神として祀りま

す。その北辰社が、現在ある宇佐神宮の地に元々あったというのです。つまり秦氏が崇拝する北辰社がある所に宇佐神宮を建てた。今でも宇佐神宮の境内の中央近くに北辰社が存在しています。

そして、「2、ヤハタ（八幡）の語源」。八幡はヤハタですね。ヤハタの語源は色々の説がありますが、一般に「八」とは「多くの」という意味があります。すると多くの秦さんの総氏神が八幡神、八幡神は渡来神ということになります。また、ハタは秦氏のハタとすると、イヤハタ（弥秦）。イヤサカ（弥栄）などと言われている弥《いや》と秦（イヤハタ）ですね。そして何とそれはイエフダーから来ているという説があります。イエフダーとは、ヘブル語でユダヤということだそうです。するとユダヤ→イエフダー→イヤハタ→ヤハタ→八幡となります。やはり八幡神は渡来神ですかね、それも秦氏と縁の深い。

それに、次の「3、ふしぎな例大祭（放生会《ほうじょうえ》）」。これは八幡宮の最大のお祭の一つで、千年以上も昔から毎年行われています。鶴岡八幡宮でも九月十四日・十五日に行われます。宇佐神宮では旧暦の

1、秦氏の北辰社（道教の神）が、元々あった
（渡来神）

2、八幡（ヤハタ）の語源？
八（多くの）幡（秦）→ 秦氏の総氏神
ヤハタ ← イヤハタ（弥秦）← イエフダー

3、ふしぎな例大祭「放生会」
香春《かわら》の古宮八幡（豊比咩《ひめ》）で神鏡作成
鳥や魚を放つ
宇佐八幡に神鏡奉納
（愛の神）（姫神）

4、鹿児島神宮の大隅正八幡宮の縁起
「中国の大王が、七歳の娘を空船で流した」
オオヒルメ？

表6

八月一日から十五日にわたり行われてきました。そのお祭とは「鳥や魚を放つ」つまり生類憐みの愛のお祭なのです。宇佐では、先ず香春《かわら》の古宮《ふるみや》八幡（祭神は豊比咩《ひめ》）で神鏡を作ります。この神鏡を捧げ持ち行列をつくって宇佐へ向かいます。その途中で生類憐みの放生会（鳥や魚を放つ儀式）が行われます。さて宇佐神宮に行列が着くと、神鏡が奉納され放生会が終了します。これはいったい何を意味するのでしょうか。

神鏡とは神の御霊代《みたましろ》（神体）です。古宮八幡の祭神は姫神です。その御神体を宇佐神宮に奉納して儀式が終わるとは、宇佐神宮の御正体は姫神なのではありませんか。そして、八幡宮とは一般に武神、弓矢の神、武士が信仰する武の神とされていますが、（注、源氏が八幡神を氏神としたことから、それ以来弓矢の神、武神とされてきました）、しかし本当の正体は「姫神」、そして放生会を行う「愛の神」なのではありませんか。

更に、香春《かわら》の古八幡がある香春《かわら》とは、大分県の宇佐より少し北にある古代では有名な銅山。奈良の大仏はここの銅で作られており、当時全国の半分以上の銅はここで精錬されました。だから、朝鮮半島からの渡来人がここへ沢山集まったのです。なぜなら、南朝鮮の任那《みまな》は有名な鉄の産地（注、応神天皇の母の神功皇后がここへ進出して日本府を置いたと言われている）、それはこの鉄が狙いだったのです。武器は何といっても鉄です。という訳で朝鮮から精錬工がこの香春に沢山来たのです。香春は当時渡来人の集結地。だから香春の古八幡とは渡来人の信奉する神社。秦氏も、その一族である辛嶋氏も香春へ来ました。辛嶋氏は更に南下して宇佐一帯に勢力を張ったことが判っています。ですから古八幡の豊比咩《ひめ》とは渡来神、それはオオヒルメ？

それに次の「4、鹿児島神宮の大隅正八幡宮の縁起」は、まさにオオヒルメを思わせるものです。昔、中国の大王(陳大王)が、七歳の娘を空船に乗せて海へ流しました。なぜか？　実は、七歳の娘が身籠ったのです。それは日の光（朝日）に感応して身籠ったのです。そうして赤ちゃんを産みました。大王は不審に思い、この母子を空船に乗せて海へ放ちました。この縁起は、何とオオヒルメと瓜二つではありませんか。辛嶋さんは「オオヒルメは二〇〇〇年前に、中国の方から、葦の船に乗って日本に来た」と言っています。

さて、空船は鹿児島県の大隅に着き、赤ちゃんは大隅正八幡宮の祭神になりました。母の童女は筑紫に行ったとされています。筑紫（福岡県）は当時は、朝鮮半島からの渡来人が先ず入る所です。そこから香春《かわら》へと集結しました。ですから辛嶋家のオオヒルメは、本当は八幡神の隠された御正体？　そうではないのでしょうか。もしそうだとするなら、日本の古神道は渡来人が作ったということになります。

五、古神道とは、どんなものか？

渡来人？　オオヒルメ、その人が作った日本の古神道とは、いったいどういうものなのでしょうか。辛嶋さんはこう言いました。「オオヒルメは仏教と、ユダヤ教・キリスト教と、道教の三つを、アニミズムに組み込んで古神道を作りました」と。

アニミズムとは日本に早くからの土着人（縄文人）の物の考え方。つまり皆様ご承知のように、自然界のウラには精霊・神々が住んでいる。だから自然界はすべて生きもの。これは多神教であり、また生命一元論の宇宙観ですよね。これに、オオヒルメは釈迦（そのエキスは八正道）、イエス・キリスト（その特色は一神教）、それに老子（無為自然を唱えた）この三つを組み込みました。どうなるのでしょう?

①イエスとの結合

イエスの一神教とアニミズムの多神教とを組み合わせると、［表7］にあるように、「造化三神」による天地創造となります。そしてアニミズムの生命一元論をも組み合わすと、日本古来の「産霊《むすび》」の天地生成の原理となります。

造化三神とは、天之御中主神・高皇産霊《たかみむすび》神・神皇産霊《かみむすび》神の三神。これが創造の源、一神ではなく三神です。

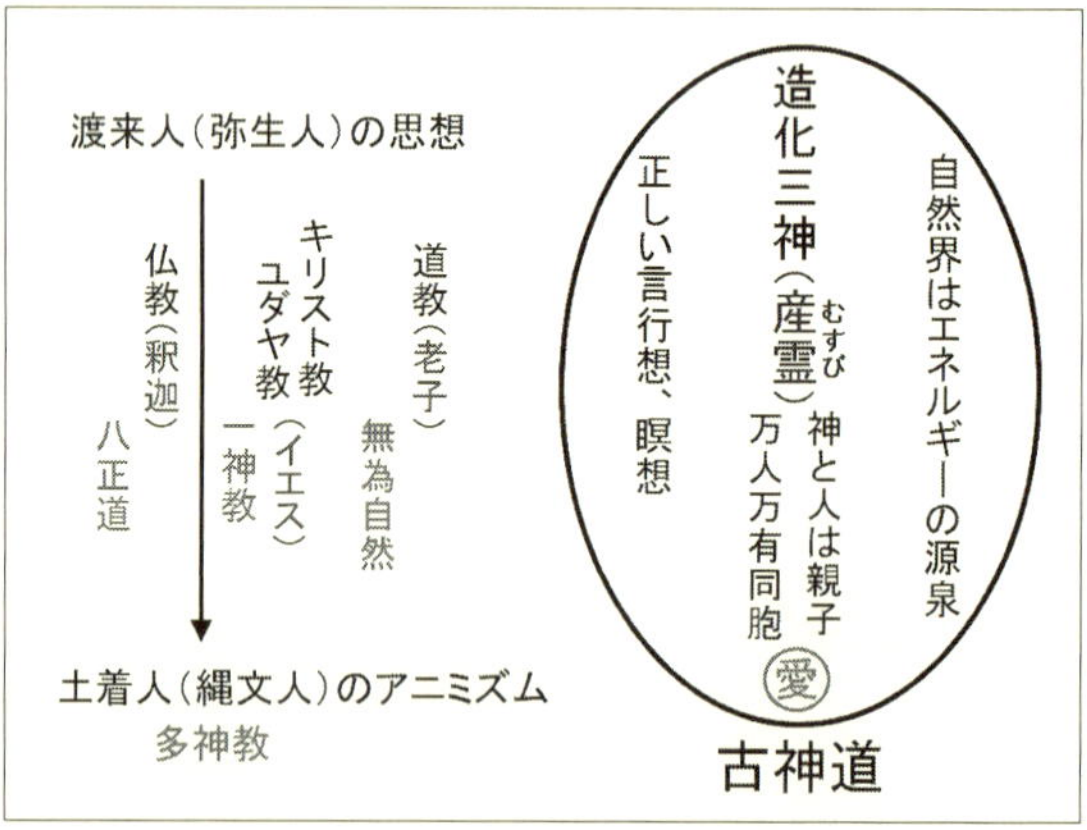

表7

（注）これは三位一体の神。キリスト教でも神とは三位一体（父なる神・子なるキリスト・聖霊）と言っています。でも日本の造化三神は少し違います。何といっても基本に生命一体観がありますから。宇宙は生成をつづ

けるもの。子産みです、自己増殖が生命、それは神、霊《ひ》です。ですから「産霊《むすび》」が宇宙原理。いわば親なる生成の「意志」、いわば子なる生成の本質「愛」、そして生成の「エネルギー」、この三つが「産霊《むすび》」を構成している、と私は受けとっています。

ですから、「産霊《むすび》」とは、造化三神から神々（八百万《やおよろず》の神々）が産まれる。神々から人が産まれる。また神々を通してクニが産まれる、その産み方が産霊《むすび》という方法です。

先ず、造化三神から苔むすように八百万《やおよろず》の神々が産まれる、これが神産み。次に神々から苔むすように人が産まれる、これ人産み。このように苔むすように産まれるから、これがムスヒ（産《ム》す霊《ヒ》）です。そして産霊《ムスヒ》のいとなみとはこの子産み、自己増殖です。

ですから、神（造化三神）、神々（八百万《やおよろず》の神々）と、人は根源において親と子。「人は祖に基づき、祖は神に基づく」です。このように神・神々・人とは一つに結ばれているから、またムスビ（結び）です。

ですから、神の本質は愛、親である愛、親の愛、「愛が神の本質」です。そして子「人の本性も愛」です、親を慕う子の愛です。それだけでなく、本質が愛である神の子だから、親に似てその本質は愛です。

また、神々からクニ（大地）が産まれます。イザナギ、イザナミの二神から、したたり落ちるように、苔むすように国々（大地）が産まれる。これクニ産み。この大地に苔むすように万象が産まれる。ですから万象もクニ（大地）もいわば神の体。――だから宇宙はすべて一つに結ばれている。他人、私、万物はみな兄弟。だから「宇宙の本質は愛」、「すべてが結ばれて親と子、同胞《きょうだい》である」。以上が日本の産霊の原理です。

さて、人間の本性が愛？………とんでもない!!　現に鬼っ子、苛めっ子、憎まれっ子です。なぜ？

それは堕落したからです。

でも、本性が愛であるから、元の愛の人になる（戻る）ことが出来ます。また成らねばならないのです。ではどうやって成るか？　ここに釈迦の「八正道」が出て来ます。

②釈迦との結合

「八正道《はっしょうどう》」とは釈迦の教えのエキスです。

釈迦は人生を苦と見ました。生老病死、生きていること、此の世に在ることが苦です。自分の思うようにならないから。

でも、苦の源は欲です。感覚的物質的欲望、もともと無常なものを欲しがる尽きぬ欲。生きたい生きたいの執着心。それにもう嫌だ永遠に無になりたいの逃避欲、この三つの執着心が繰り返す輪廻を生みます。尽きぬ苦界輪廻です。

ではどうしたらよいか？　それは欲を捨てたらよいのです。迷いが晴れ執着心が消えて至楽の境に入ります。

どうしたら欲が捨てられるか。ここに八正道が出て来ます。八正道の実践で人はすべて元の愛の人に戻ります。以上が、釈迦が教えた「苦」・「集」・「滅」・「道」の四諦《したい》（四つの真理）の教示です。

そこで、八正道《はっしょうどう》こそが人を愛の人にさせる極め手なのです。八正道とは「正見・正思・正語・正《しょう》業《ごう》・正命《しょうみょう》・正精進・正念・正定《しょうじょう》」です。つまり貴方の言・行・想、その生活すべてを愛の人になる（正しいものにする）精進努力をしなさい。これが愛の人になる基本条件です。そして正念（もうこれでいくのだと胆《はら》が決まったら）、初めてそこで正定（瞑想）をしなさい。これが人を誰でも愛の人に戻す道です。

で、八番目の瞑想で人は宇宙（自然界）と一体となります。ここに老子の出番が出て来ます。なぜ？　だって自然界が母なる父なる親だと言ったのはこの人ですから。

③老子との結合

老子は「無為自然」と言いました。母に抱かれるように無心で自然と一つになりなさいと教えました。なぜなら「天地の間は、それなおフイゴの如きか。虚なるもつきず、動かせば愈々《いよいよ》出づ」と。鍛治屋さんの使う送風フイゴのように、中は空っぽにみえるが、押せば無際限に気が出て来るものなのですよ、と言ったのです。即ち自然界は無限の生命エネルギーの宝庫だと教えたのです。だから無心になって自然と一体となる者は、無限供給の神の如き者になると教えました。この神の如き人を「真人」と呼びました。

本当にそうかな？　自然界ってそんなにうまく愛の人に変えるものかな？　その真偽を見ていきます。

六、自然界は愛のエネルギーの宝庫

そうです。無限の気エネルギーがつまった宝庫が自然界です。なぜなら、私達は生まれてから死ぬまで、無限に自然界からエネルギーを受け取っているではありませんか。

但し、直接ではありません。植物さんが媒介役をしてくれています。［表8］をご覧下さい。植物は老子の言う「虚なる……フイゴの如き」宇宙から、うまく（人間には出来ない）色々なものを引き出します。天の気（太陽エネルギー）、地の気（水や養分）、そして空中からCO_2。それを体内で合成して（光合成作業をして）酸素を出します。これがないと私達は6分くらいで死ぬそうです。またこの働きで体を大きくして、食糧（植物の体～野菜・穀物・果実）を提供してくれます。これがないと私達は餓死します。つまり、私達は植物の出す酸素と食糧でこの肉体が「生かされ」ています。

それだけでなく、気功師さんが使う気エネルギーを植物が提供しています。私共は「自然音楽セラピー」というのを実践していますが。被験者の中には、手足の指先などから「白い霧状のエネルギー」が入って来て、身体のいわば経絡のところを流れるのを敏感な人達は感じます。これで身体が現に癒

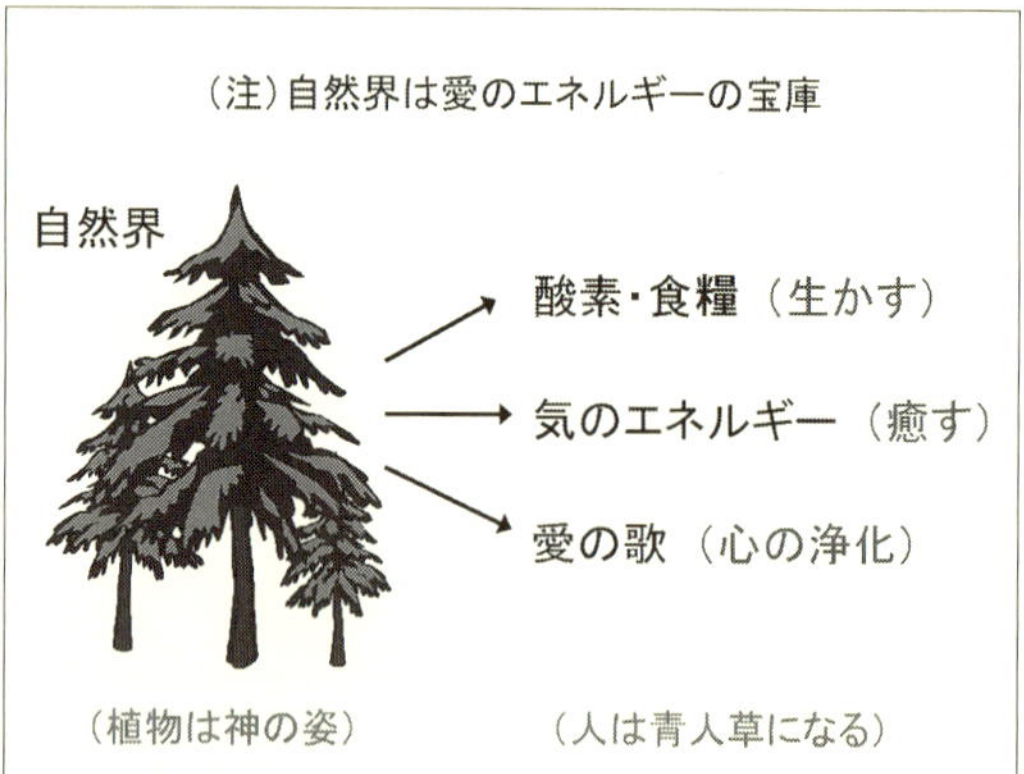

表8

されます。つまり植物は気エネルギーを放出し、人の体を「癒す」ことまでやります。漢方で薬草を煎じて飲むのは、この薬草の気エネルギーを抽出してそれを飲んでいるわけです。

それだけならいいのですが、まだ植物さんは私達を愛の心の人に変える作用、「愛の歌」を歌っています。科学でまだ証明されていないこと、耳に聞こえない歌、それも愛の歌？　そんなものあるの？と必ず言われるので、これだけは私達の体験談でお伝えします。

実は、この北鎌倉に台峯（自然のままの森がある）や、広町（広大な里山と森がある）が、二つとも業者が買収して開発することになり、私達は可哀そうに思い、何とかならないかと思い、また植物たちを慰めてあげるために、月に二回くらい有志たち10名くらいで自然音楽を歌ってあげに行っていました。

そしたら、それが産経新聞で紙面一杯にとりあげられ、それを見てテレビ局が取材に来て全国で放送されました。今から6年前のことです。

その日（テレビ取材録画の日）、いつものように広町の原野に行き皆で自然音楽を歌い、その後一人一人が感想など聞かれました。ところが一番肝心な人がいないのです。自然音楽歌手の青木由有子《ゆうこ》さんです。仕様がないなと思い探したら、50メートルくらい先の野原に坐り込んでいるのです。私はそこへ行き、「何してるんだ！　取材だよ」と怒鳴ったら（注、青木由有子は私の孫です）、「歌ってる、歌ってる」と指さすのです。見ると（丁度その時は三月初旬で）草が萌え始めた野に、名も知らぬ小さな白い花がいちめんに群れ咲いているのです。「この花の歌が聞こえたので、ここへ来たの」と由有子が言うのです。「どんな歌？」と聞くと、「とても優しくて可愛い歌」と言います。「でも……」

と言ってから、「そうしたら周りの森の木がいっせいに歌い始めた」と言うのです。で、私が「どんな歌？」と聞くと、「とても悲しい歌、だけど愛の歌」と言うので、「それ何？」と聞くと、………「森の木たちはもうすぐ自分たちが伐られること知ってるの。でも、自分達が伐られるのが悲しくて歌ってるんじゃないの。伐られた後の索漠とした人間社会を思いやって歌ってるの」。…………「そうか、…………じゃ愛の歌」、「そう、愛の歌」。私は胸が一杯になりました。

（注）このテレビは全国の各地方局で放映され、最後の放映が二〇〇二年十月一日でした。そうしたら二日後のたしか十月三日に、突如開発業者から鎌倉市に開発中止と、売却の申し出があり、現在は鎌倉市が買収して緑地になっています。もう一つの台峯の方も開発業者が突如開発を止め、現在、自然の森がそのまま残っています。森は生きている、心は通う、そんな感じです。

それはさておき、森は愛の歌を歌います。人の耳には聞こえていないが、たしかに本当の愛の歌を唄い続けています。私共の体験で確信しています。

いつから？　三十八億年前から、地球の海にシアノバクテリア（注、原核生物、現在は植物の葉の葉緑体になっています）が発生した時から。海中で酸素を出し、この酸素あればこそ海中の初期の生命達は生かされ、進化し、やがて両生類になって4億5000万年前に上陸して来ます。このときシアノバクテリアは苔になって上陸し、羊歯《しだ》になり、やがて樹林になって酸素を出し続けています。私達はその酸素だけでなく、植物の体を食糧として食べて生きています。

健気な植物よですね。それだけでなく、気エネルギーも植物が出してくれており、それから愛の歌だって唄いますよ。

彼らは三十八億年もそうしているのに、一日だって休みません。陰日向なく、あの人は嫌だからあげない、この人には一杯あげようなど差別をしません。それに何と言っても、お金を呉れと言いません、お礼を言えとかお辞儀をしろとかも言いません。黙々と与えるだけで、無償で。

だから、植物って、神の化身みたいな「神のお姿」、そうじゃありませんか。だから「愛の歌」を歌います。歌っても、唄ってあげているよとか言いません。だから私達が知らないだけです。

こういうわけで、老子は「虚なるもつきず、動かせば愈々出づ」と教えたのです。私達は老子の言葉に従い、「無為自然」（無心にあるがまま身を委せる）ことさえできれば、自然界と一体となり、無限供給の酸素・食糧で肉体は「生かされ」、その発する生命エネルギー気で「癒され」、そしてその唄う「愛の歌」で、人の心は植物と同じ愛の心に変わるのです。変えられるのです、元私達の生まれた日の姿「本性愛の人」に。これを「青人草」と言います。辛嶋さんは、「オオヒルメは人を青人草にするために古神道を作った」と、私に言いましたが、この事ですね。

ですから、古神道とは何かと聞かれたら、次のように言います。

古神道エキス（愛の教え）

1、人の本性は愛（産霊の原理）

2、清浄心を培え（八正道）

3、自然と一体となれ
（自然界はエネルギー宝庫）

⇐ これで人は青人草（愛の人）となる

表9

七、古神道エキス（愛の教え）

どうしたら人は青人草（愛の人）に戻るか。第一に「人の本性は愛」である真実を知ること。これは日本の「産霊《むすび》の原理」を知れば納得できましょう。

第二に、本性が愛なのだから、人は愛の人に「なることが出来る」、また「成らねばならぬ」と覚悟すること。そして成るための生活実践をすること。その生活実践のやり方は釈迦の八正道に示されています。即ち日常の言・行・想を正しく（愛の人へ向けて）、全生活を賭けて実践すること。そしてもう一つ瞑想をすること。

この瞑想が第三です。誰にでも出来る宇宙と一つになる道は、老子が教えた「無為自然」、つまり幼子のようになって自然界に抱かれること。自然界はいわば神の愛のエネルギーの宝庫です。だから、自然の食、自然を生かした生活、自然の気・自然の愛の歌を体内に取り入れること。これが人が自然と一つになる瞑想です。

以上で人は青人草（本性が愛である人）に戻れます。オオヒルメは「古神道」としてこの三点を日本から発信する道として作りました。だから古神道とは「愛の教え」です。人を元の青人草に返すために世界のすべての人々にお伝えすべき歩み道です。以上

八、なぜ、日本の歴史からオオヒルメを隠したか

こんな素敵な古神道なのに、なぜその作り主のオオヒルメを、日本は歴史から消したのでしょうか。

それは［表10］に書いてありますように、日本は当時、天皇を中心にした、強力な万世一系の日本国を作り上げる必要があったからです。紀元前二世紀頃から弥生人が中国方面から稲作技術をもって入って来ます。また朝鮮半島からも色々な技術を持った弥生人が入って来ます。日本では各地に豪族がバラバラになっていたままではいけない。四世紀には応神天皇の時に大和でしっかりした天皇政権が出来始めます。でも、六世紀の欽明天皇の時にせっかく神功皇后が手に入れていた朝鮮半島南部の任那《みまな》（鉄の産地）を失います。国際的に厳《きび》しい状況ですね。だから強化を急ごうということで、七世紀には中央集権化（天皇が一手《ひとて》に全国の人民や土地を支配していく方向）へと努力が始まります。それが聖徳太子による十七条憲法の制定や、大化の改新です。こうして八世紀の奈良時代には律令体制による中央集権化（天皇一手《ひとて》による全国支配）が実現します。

さてこんな時、八幡神は渡来神ですよとか、日本の古神道は渡来人のオオヒルメが作りましたなどということがあっては、示しがつきません。断固渡来人・渡来神の影を消しておかねば、ということで消されました。更に天皇の権威を高めねばなりませんよね。そこで日本国の最初の正式の歴史書が作られます。

(紀元前) 2世紀	(紀元) 4世紀	6世紀	7世紀	8世紀
弥生人（渡来）	応神天皇	欽明天皇	聖徳太子、大化改新	奈良時代
	天皇政権成立	中集化の必要	中集化（律令体制）	天皇政権確立

天皇を中心にした、万世一系の日本国を作り上げる必要があった。

（渡来神、渡来人が作った古神道？）の疑念排除

表10

それが『古事記』と『日本書紀』です。それには何と書いてあるか。日本の天皇は高天原の主神・天照大神の皇孫瓊瓊杵尊《ニニギノミコト》が天から降《くだ》って来て、その子孫なのだ。第1代が神武天皇で、それからずっと万世一系で続いている。だから、まさに神の子孫だと書いてあるのです。天孫族とでも言いますかね。

これなら中央集権化にいいでしょう。オオヒルメ渡来人、八幡さま渡来神、スッカリ消されました。

九、日本人の正体

ところが科学が発達してきて、日本人の不可解な正体が見えてきました。それはＤＮＡ、遺伝子研究の進歩です。

日本列島の主客は縄文人と弥生人。これが日本人のルーツでしょう。縄文人は一万年以上も前から列島に来て定着。それからずっと後れて、二二〇〇年くらい前から、中国方面や朝鮮半島から渡来したのが弥生人です。さて、その遺伝子ＤＮＡを調べると、奇妙なことが判明したのです。

染色体の中には、遺伝情報をもつ遺伝子があります。人の染色体は二十三対《つい》。その中の一対《いっつい》が性染色体です。これは男性か女性かで違います。女性はＸＸ、男性はＸＹ。この男性のＹ染色体に約三〇〇〇の塩基配列で構成されるＹＡＰという特殊な因

日本人の正体

縄文人　＋　弥生人

YAP（＋）　　YAP（－）

世界に類例のない民族、日本人

世界に類例のない民族が生んだ古神道

表11

子が挿入されるのです。［表11］をご覧下さい。

縄文人はYAP（+）、弥生人はYAP（−）となっています。YAP（+）因子は現在のところ、チベット人と南米アンデスの原住民にしか見つかっていません。YAP（−）因子は東アジアでは日本人以外にはありません。つまり弥生人は中国や朝鮮半島から来た筈なのに、中国・台湾・朝鮮の人とは違うのです。この事を徳島大学の中堀豊教授はこんな風に言っています。

昔々、YAP（+）因子の縄文人がユーラシア大陸から落ちこぼれみたいに日本列島にやって来た。それから大分たって、もう一つYAP（−）因子の弥生人が中国や朝鮮半島からやって来た。そうしたらもうユーラシア大陸にそんな因子は見つからなくなった。だから日本人は二つの落ちこぼれが列島に肩寄せあって集まった窓際族ですと。

日本人は天孫族どころか、世界の窓際族ですよ。でも、世界で類例のない民族です。この類例のない縄文人と弥生人の二つの精神・思想をオオヒルメがくっつけて作ったのが古神道。だから古神道は世界で類例のない思想です。いったい日本人はこの日本列島で地球の窓際族になって、何をするつもりだったのですかね。………私に言わせると、それは地球を変えるためです。本当か？（その前にもう一言）

十、古神道は日本人の心に染み込んだ

オオヒルメは隠せましたがね、古神道は隠せないんですよ。なぜかというと、必ず日本人の心に染

み込むようになってるんです。その染み込むのは次の三段階です。

1．全国の神社を通じて→潜在意識に入る

2．日本の歴史を通じて→体験・自覚され→大和魂となる

3．特に、鎌倉武家政権以後→武士道として結晶

辛嶋さんは私にこう言いました。「オオヒルメは古神道を作って、祭式としてこれを伝えました」と。つまり、今は、全国に神社が十二万社以上もあります。津々浦々どんな小さな村にも神社があります。神社には神主さんがいて祭式をいろいろ行います。大切な一つが次のことです。日本の思想では、神は依代《よりしろ》に鎮座すると言われます。鏡・岩・植物・剣とか。だから神主さんが毎日祭式をして、神を依代に鎮座して戴きます。神社には必ず鎮守の森が日本ではあります。ここに神の聖域ができるわけです。そこへ村人たちは出入りする、お参りに行く、お祭をするなどで、次第に自然にその潜在意識に古神道が宿るのです。

でも、まだこれは隠れていて顕在意識になっていない。そこで第二、長い日本の歴史を通じて自覚されます。つまり人生には色々あります。戦争もあれば平和もあるし、疫病があり飢饉もあり、個々の悩み事いろいろあります。こんな時、どう生きるか、どうやり抜くか。こう生きようああしようこうすべきだと決断したりします。この時隠れた潜在意識が表に出て自覚され、日本人の生き方・精神となります。この日本人の固有の生き方・精神のあり方がいわゆる大和魂。つまり古神道が表に出て顕在意識となり自覚されたものです。

次が第三ですね。源頼朝が朝廷の権威とは別に、武家で政権を担当するというトンデモナイ（注、

天孫の天子から見ればトンデモない出来事です）、それを始めました。それが幕末まで七〇〇年も続くわけですが、つまり武士が日本国の運命を切り盛りする役目についたわけです。この事が縁で日本に武士道が生まれます。この武士道の中に、いよいよ古神道のエキスが結晶されることになります。なぜかって……武士は明けても暮れても戦争、子も孫も、いつ人は死ぬか分からない。だからここに独特の生き方、つまり命懸けの人間の生き方というものが芽生えてきます。死か生か、またはいかに死ぬべきか。生涯をそういうことで駆け抜けると、死ぬ思いをして始めて身につく古神道というか、武士道が生まれてきます。武士の生き方ですね。この命懸けギリギリの生き方だから、古神道のギリギリのもの、つまりエキスが武士道の中に結晶されたのです。では、いったい武士道とは何なのか？

第二章　武士道が生まれ、傷つき、花開けば世界が平和

一、武士道とは何か

武士道とは、有名な『葉隠』には次のように記してあります、

武士道といふは死ぬ事と見付けたり

なぜ、『葉隠』を書いた山本常朝はこんな風に言ったのですかね。凄いでしょう、一つしかない命を主君に差し出すこと、これが武士道です。命は誰にも一つ、後がない。それを主君に差し出して常住勤務するのが武士の習い、もちろん戦場では主君のために命を落とす、これは覚悟。これは人間にとって無私の献身、つまりは「至高の愛」です。なぜか？　命は自分のもの、一つきり、余程愛する相手にしか差し上げません。親と子とか、愛し合う人とか、それ以外は。だから無私の献身、至高の愛です。そしてこれが「日本の忠誠」なのです。これが親に向ける時は「孝」となります。この無私の忠と孝、いわば命懸けの忠孝が、日本人の大和魂のあり方。これは江戸時代になると、老幼男女、農民にも商人にも行き渡ります。凄いものです、日本人の大和魂。これは武士から武士道から生まれたものです。その武士道こそ、「古神道のエキス（愛の教えの道）」がそこに結晶したものです。

ここで一言、西欧にも「騎士道」というものがあります。これは日本と同じく主君への忠誠を美徳の誇りとします。だが日本と西欧とではその忠誠がまるきり違うのです。騎士道の忠誠はいわば割勘忠誠です。

日本では一人の主君しか持ちません。西欧では三人でも四人でも持てるのです。そして立派な忠誠が果たせます。そんなの日本では二股武士と言って軽蔑されるのですが。今、一人の騎士が、A主君から一つの荘園を貰い家来となる、B主君からは二つの荘園を貰い家来となり、C主君からは三つの荘園を貰って家来となったとする。AとBが戦えば、この騎士は部下を一対二に分けて参戦させる。これが忠誠です。BとCが戦えば、部下を二対三に分け、自分は多い方の三の兵をひきいてC主君の下に参戦する。これがまことに忠誠な武士です。なぜなら、主従契約を結ぶ時、主君の前で神に向かって誓約し契約したからです。これなら何人でも主君が持てます。合理主義です。それは物・土地が基準になっているから出来ることです。でも日本人から見れば割勘忠誠。日本人の忠誠はこれと基準が全く違っています。一つしかない命を誰に差し出すか、いわば至高の愛を誰に差し向けるかの選択です。ですから一人にしか向けられません。

その一人の主君に対しても、モノではなく命を賭けます。千石を貰う家老も、百石とりの中堅武士も、五石三人扶持の下級侍も、同じく戦場では命を賭け、また平時は忠勤をはげみ万一何かあれば腹を切ります。ここにあるのは常に命賭け。千石とりも五石三人扶持も同じ事です。

というわけで、西欧にはない、どこにもない、日本にしかない「無私」というか「バカ」というか、心、つまり人の品格をハカリにして作られたのが武士道、これこそ「古神道のエキス（愛の道）」から生まれたものではありませんか。

これあればこそ、幕末のあの黒船が来航した時、独立が守れたのです。あの時はむしろ下級武士が中心になり、お国のため日本のためということで命賭けで日本を守り切りました。もしあのとき日本が植民地になっていたら、アジアは全部植民地化され、今の世界はすっかり変わっていたでしょう。それだけでなく、明治以後たちまち日本は世界有数の近代国家に成長しました。これも祖国への献身、忠君愛国というか、まさに武士道のお蔭、源は古神道のお蔭なのです。

二、だが、その結果太平洋戦争に突入し、大失敗したではないか

だが、戦後になって人々はこう言うのです。バカ言うな、君の為とか国の為とか言って戦争に駆り出されて、戦争に負けたんじゃないか！　大失敗じゃないか！　そうです。私に言わせても、あれは大失敗です。ある意味においてですけどね。そして、あれは過ちなのです。なぜか？　本当の武士道というものは殺人剣ではないのです。戦争は人殺しの殺人剣を使っているんです。つまり未完成の武士道の剣を使ったんです、ですから失敗したのは当然です。

本当の武士道というのは活人剣、人を生かす愛の剣でなくちゃいけないのです。つまりもう一段と成長しなくちゃホンモノの武士道にはならないのです。じゃ、いつ？　………だから、ある意味で負けてよかった。イエイエ、これは死んだ人には申し訳ないから言えません。ですけど、どうしても負けなくちゃいけなかったかも？………（古神道は日本の歴史の中で、体験され・自覚され、成熟するもの）、悲しいかなこんな法則があります。私達戦後の生き残った人達の肩に重くのしかかっている課題です。

即ち、「敗れて目覚める」これしかありません。私達は最後の段階にのしかかっています。人類にとっての最後の、「殺人

本当の武士道は

殺人剣ではない

活人剣（人を生かす愛の剣）である

敗れて目覚める

（敗戦）殺人剣 ──→ 活人剣へ進化

<武士道の完成>

これがオオヒルメである八幡神が日本人に伝えた古神道の真義である

表12

剣から、活人剣へ」この大課題が日本人の肩の上に載せられたのが、第二次大戦の敗北です。そうではありませんか？

もしこれが出来たら、武士道が完成します。人を殺していた剣から、人を生かす愛の活人剣へ。まあ、人類の進化ですね。その時が「古神道」の成就です。辛嶋さんはそう言っていました、「オオヒルメは、人間を皆青人草にするために古神道を作ったのだ」と。やっと日本人が最後の役割りの段階にはまり込みました。何でまあ、日本列島の地球の片隅の窓際族になったのですかね。ここで古神道をオオヒルメに作らせ、成就させるためですかね。オオヒルメ（本当は八幡神）には金色の三つ巴紋所が付いていました（表3参照）。あれは創造主の印と瓜二つです。ここで敗戦後日本人の手で、もし武士道が活人剣へ一歩進化させられたら、古神道が成就。即ち八幡神の力がフル回転し、百パーセント働くことになります。まあ創造主代理人のお出ましです。これなら成らざる事なし、ではありませんか。

三、古神道が世界を変える

ここで、皆様方にお尋ねします。「ユネスコ憲章」の前文をご存知ですか。

ユネスコ憲章（前文）

戦争は人の心の中で生まれるものであるから、

人の心の中に平和のとりでを築かなければならない

（国連の良心）

表13

［表13］に記されているように、戦争は人の心の中で生まれます。どうしたら、この戦争が世界から消えるか、それは人の心の中に平和のとりでを築くこと。これをもっと直截に言えば、人の心が（世界の人々の心の中が）平和になること。こう出来れば自然に戦争が消えて世界に平和が生まれます。これは「国連の良心」と呼ばれます。国際連合はきっとそのためにあるのでしょうから。

さて、この良心実現のためにユネスコは何をしているか。教育・科学・文化の三つを世界に行き渡らせ交流し合って、相互理解と融和を生み出そうとしています。戦後六十年うまくいったか？ まだうまくいっていません、現実はご承知のように逆に人心悪化しています。なぜか？ ユネスコがサボっているからか。とんでもない、ユネスコの努力にも拘らずウマクいかないのです。なぜか？

私に言わせると、答えは単純です。ユネスコが「古神道」をとり入れていないからです。古神道を受け入れれば、三段跳で世界の人心が青人草化します。

（注）三段跳とは、［表9］に示されている「古神道エキス」の、1、2、3の実践ということです。

そんなにウマクいくのか。いきます、もし本当にここで、戦後日本の私達が活人剣に目覚めれば、たちどころに八幡神（創造主の代理人）の力がフル回転して、世界人類の青人草化（愛の人への転進）が実現を見ましょう。オイオイ、そんな神がかりみたいなこと言って、……それより何より、ユネスコが日本の古神道なんて受け入れる筈ないでしょう、受け入れられないよ、理解できないよ。

いいえ、受け入れられます。もし聞く耳さえ持てば、もう一度［表1］を見直して下さい。万人に通用する英知が古神道です。

ご覧下さい。古神道には仏教、ユダヤ教、キリスト教、中国の道教と、世界の主要な宗教が皆入っています。イスラム教徒だって、ユダヤ教・キリスト教と同じ経典の民（注、大本は同じ旧約聖書を信奉）、だからその本質において一つです。そして、釈迦・イエス・老子と世界諸民族の英知が皆入っています。

だから、ユネスコが心を開いて聞く耳を持てば、世界のすべての民族の心と、殆んどの人きな宗教の耳が開くので、ここから古神道エキスが三段跳で世界のすべての民族の心に入り、やがて地球に青人草の森が実現されましょう。

四、世界が青人草の森に変わるとは、どうなることか

ご覧下さい。青人草の森とは、「1、殺人剣を捨てた世界」です。それは戦争放棄、ゆくゆくは武器も放棄した新世界です。なぜなら、古神道を三段跳で実践すると、どんな人も本性が愛の元の人間に変化するからです。これが本当の「平和な世界」。

更に「2、活人剣が生かされた世界」に変化します。

青人草の森とは		
1、殺人剣を捨てた世界（戦争放棄） （ゆくゆくは武器放棄）	……………	平和な世界
2、活人剣（人を生かす愛の剣）が生かされた世界 愛の政治・経済・社会体制（新しい愛の世界） 人と地球を生かす教育・科学・文化を持つ （人の生き甲斐社会）	}	幸福な世界
3、自然の恵みが100%生かされた すべての人が物質的に豊か 精神的にも豊か	……………………………	豊饒の世界

表14

つまり人を生かす剣が政治・経済・社会の体制を浄化して変えるのです。言うなれば、私利を追求してよいよという社会構成が見直され、私利は争いの元、与えます戴きますが却ってお得という原理が判ってきて、そうなります。また教育も科学も文化も一変します。だって、今の科学は強力な殺人武器作りや、大金儲けの技術発明などで国際的鎬《しのぎ》を削っているでしょう、あれ損です。結局破壊し失いますから。一事が万事、教育も文化も変わりますよ。人を蹴とばすより、人を助け、自分も助けられて、皆で一緒に成長していきましょうという方式。この方が私だって天才になれるかも？　地球さんは喜ぶし、芸術は人の心を癒す技の競争。だって宇宙から生命エネルギーを盗むのが芸術家。それなら愛である宇宙は却ってホクホク喜びます、それで。つまるところ、人も地球も生き生き「幸福な世界」が青人草の森の世界ですよ。

また、「3、自然の恵みが百パーセント生かされた、豊饒《ほうじょう》の世界」、これです。だってそうなります。人が助け合って、地球や物を大切に生かせば、競争して奪い合って破壊するより、もっと皆が豊かです。誰々さんより自分が豊かにとか、世界で一番自分が豊かにとか思いさえしなければ。今までは皆でそう思っていたので、結局は戦争と格差《かくさ》と破壊の繰り返しでした。バカバカしい徒労は止めましょう。地球を生かせば、人を生かせば、限りない物の豊饒と心の豊饒とが得られます。愛することと、愛されることと、どっちがお好きですか？　この豊饒の世界では、貴方はその両方を物質的にも精神的にも得られるのです。地球からの無限供給の恵みと共に。

こんなよい世界、「平和」「幸福」「豊饒」、誰だって欲しいでしょう、失いたくないでしょう。夢ではないのです。貴方が青人草の森を作ろうと意図しさえすれば。「古神道エキス」が三段跳で貴方を導きます、保証します。

五、急がないと、日本人のアイデンティティの火が消えます

いかがですか、こんな世界欲しいですか。誰だって欲しいです。でも、今のままならば夢のまた夢です。なぜなら青人草の森とは、もし、ユネスコが日本の古神道をとり入れて、世界全体の人が「古神道エキス」を実践したとすれば、世界は三段跳して、青人草の森になりますよというお話だったのですから。今のままなら、夢のまた夢です。

でも、どうしても欲しい？　どうしたらいいでしょう。方法は二つしかありません。

一つはお判りのように、ユネスコさんに受け入れて貰う道です。その可能性は、（奇跡でも起こらない限り）ゼロに近いですよね。

もう一つの道は、誰かが率先して作る努力を始めることです。唯それには死ぬほどの「決意」、それが無いとこれも不可能です。なぜなら［表14］をもう一度見て下さい。

青人草の森とは、先ず、1、殺人剣の放棄（戦争放棄）（ゆくゆくは武器放棄）です。これを放棄した者が、初めて、次の2、活人剣（人を生かす愛の剣）を持ち、振るうことが出来るのです。出来ますか？　今日本は平和憲法第9条で、殺人剣（戦争放棄）はしています。だが（ゆくゆくは武器放棄）出来るでしょうか。いいえ、現に今、日米安保条約で、アメリカの武力（核の傘）の下にいます。これを今放棄できますか？　もちろん、自力による再軍備などけしからぬことです。

ですから、青人草の森は、古神道エキスの実践で可能であるとしても、ユネスコが、ホイと取り上げ実践する奇跡を別とすれば、私達の誰かが決死で立ち上がり、殺人剣の放棄の命賭けの実践することを先ず始めなければならないのです。この決断が出来ますか？　もし出来るとすれば、世界に唯一つ、武士道の国・日本の他にありません。今度は「お国のため、日本のため」でなく、「地球と地球人のため」に、命賭けで忠誠を実践するという段階に入りますが。

これが、日本と日本の同胞のためにもなる、残されている一つの道かもしれません。なぜなら、今、日本国憲法第9条で「戦争放棄」したつもりで、「武器放棄」したような顔で、自衛隊を持ちつづけ、イイエ、アメリカの大きな核の傘の下にいて、エヘン、殺人剣は捨てた平和国家ですというような欺瞞を自分にも人にもしているのですから。ですから日本伝来の武士道がだんだん衰弱して、今にも消えそう。イイエ、まさに日本人古来のアイデンティティの火が消えそうです。

縄文人と弥生人が列島に集まって窓際族になったのは、こんな為ではありませんでした。敗戦という大きな試練を受けた私達は、今こそ、殺人剣から本当の武士道である活人剣へ、脱皮する決断を今こそしなければならない時です。オオヒルメは「古神道を使えば、皆、青人草になる」と言っているのですから。これが八幡神の申し状です。イザ、立ち上がれ、戦後の日本人よ、殺人剣から、武士道の最後の仕上げ、活人剣へ!!

（決死でやれば出来ます。ここで私達は最後の学習に入りましょう。）

結語　八幡神の両刃《もろは》の剣は一本仕立て、決死の選択誰がする？

八幡さまは武神ですから剣をお持ちです。それは両刃《もろは》の一本仕立て。片刃が殺人剣で、もう片刃が活人剣。でも本質が愛の神でしょう、だから一本仕立てなのです。なぜって、殺人剣から活人剣へと移れるエスカレーター方式です。ですけど二つの間に峰があって、そこが難所。天国と地獄とに分かれる極《きわ》めつけのポイント。［表15］をご覧下さい。

殺人剣は、（人を殺す・地球を殺す）で行先は戦争と破滅の地獄です。もう片刃の活人剣の方は、（人を生かす・地球を生かす）で行き着く所は平和と幸福と豊饒の天国、という仕掛けです。

なぜ、一本仕立てになっているのか？　難所の剣ヶ峰を越えさえすれば、「嬉し嬉しの進化エスカレーター」なのです。だから両刃は愛の仕掛けです。

でも人は難所はイヤと言うでしょう。でも本当はそうじゃないんです。エデンの園にいたアダムとイヴは幸せでした。でもアレ、幼子の幸せです。つまり「愛される」者の仕合わせです。世の中にはもっと幸せがあります。

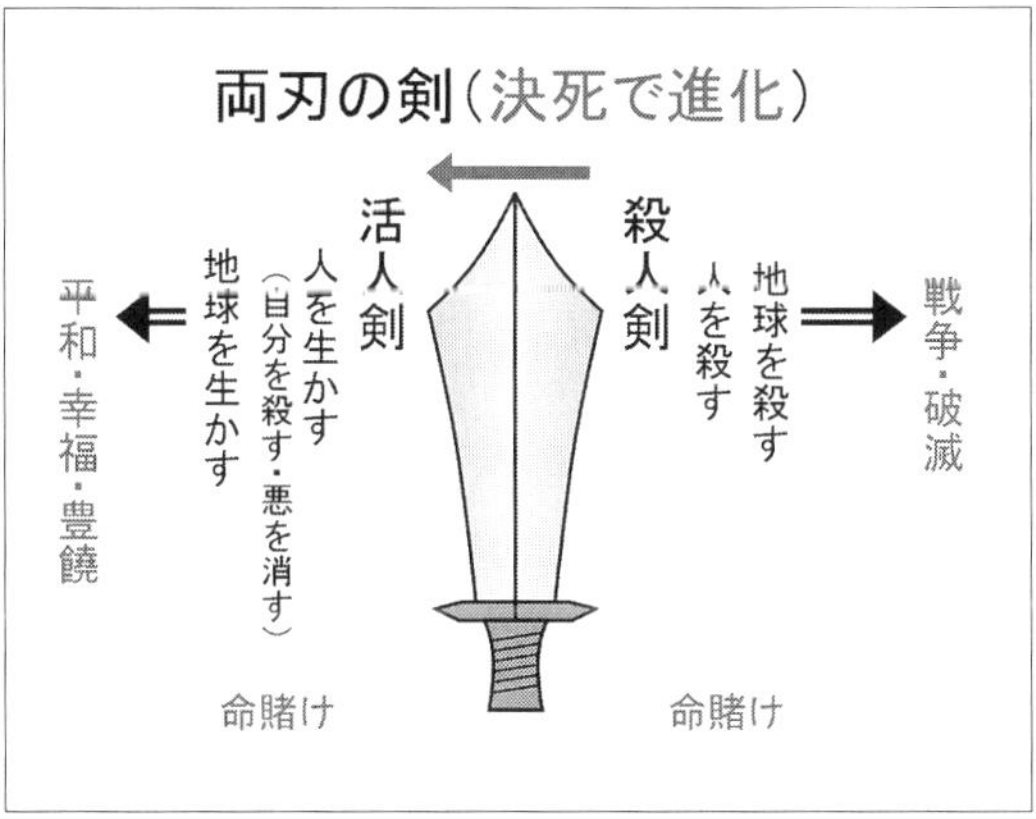

表15

それを「愛する」ことの仕合せと私達は呼びます。これは経験した方は御存知です。でも八幡神は本当の愛の神さまですから、それ以上〈至上の幸せ〉を私達ヒトに嘗《な》めさせて上げようとされたのかもしれません。それは「愛することと、愛されることの」すべての愛の一人占めです。これは幼子から立派な大人になった人が知る愛の特権ですね。

という訳で、剣は両刃です。進化をなさいませ〈殺人剣から、活人剣へ〉と一本仕立てにして、八幡神は剣をお持ちです。

ただ、ここで知っておかねばならないことは、あくまでも自己選択です。いわば、八幡神はブスリと相手に剣を刺します。これは本当は浄化のためです。サア、貴方は殺人剣でも活人剣でも選べますよ。依怙贔屓《えこひいき》なしに万人にそうなされます。Aさんはウジウジして殺人剣の方にしておくと、人殺し、地球殺しで気分は一時的に良いが、最後は地獄。でも人を殺すのですから「決死」でないと出来ません。まかり間違うと自分が殺される。だからAさんはここで「決死・命賭け」を何度も学びます。

Bさんは、いさぎよくエイィ!!　と活人剣を選びます。でも、これ決死です。［表15］に書いてあります。「人を生かす」とは（自分を殺す）ことですから。人を殺すのは時に気分がいいこともありましょうが、誰だって自分は殺したくない。でも、Bさんはそれを思い切ってやるのです。なぜ？それは愛なのですけど。つまり自分を殺すとは、人の為には迷惑になる自分の悪を殺す・消すということです。だから愛でしょ。そして更に自分を捨てて、人と地球を生かす（救う）仕事に励むのです。丁度、釈迦の「八正道」の実践ですよね。でも、コレ自分を先ず殺す決断を先にするのだから、余程の覚悟つまり「決死」がなくては出来ません。殺人剣でも「決死」、活人剣でも「決死」。これ武士道でしょう。日本の「武士道といふは死ぬことと見つけたり」です。

サテ、もう一人のCさんもいます。この方は「戦争反対、戦争反対」「核廃絶、核反対」を叫びます。いつも「反対、反対」のネガティブを選ぶ人です。この方は平和主義者を自認します。だって「戦争反対」と言えば、それがつまり〈戦争放棄〉みたいに錯覚しているからです。他者もなかなかこれに反論できません。でも八幡神は困ったものと思っておられます。なぜか？　だってこの人剣を持っていません。殺人剣はもちろん否定。でも活人剣の方は手に持つどころか見向きもしてないのです。だって活人剣は、自分の身を捨てて「人を生かし、地球を生かす」仕事を命懸けでしている人のことでしょう。Cさんは「戦争反対！」と叫ぶだけで、事足りていると思っているのです。だから何も（どちらの剣も）持っていません。だから八幡神は困った、と思っておられるのです。剣を持たない人は、直ぐ敵に滅ぼされます。悲惨なみじめな逃亡者の死です。

こういう訳で、八幡神は一本仕立ての両刃の剣を初めから終わりまでお持ちで、いいかね、一本仕立ての両刃の剣は「嬉し、嬉しの進化の剣」なのだよ、サア、勇気を奮って活人剣を取れ、と申しておられるのです。それが人が「至上の愛」の故里に入って行けるとっておきの隠し道ですから。

オオヒルメは隠されたが、隠し道は隠されてはおりません。「決死」で人が発見する仕掛けの道ですから。

武士道が、古来、日本につくられてきたのは古神道のエキスをそこへ結晶させて、日本人に使わせるためにです。もちろん日本人の為だけではありません。地球みんなの為に、ちょっと一足早く〈先駆け〉をせよ、との八幡神からの託宣です。だから、宇佐の一角にささやかに（辛嶋さんに言わせると、葦船に乗せてオオヒルメを流した）次第です。二〇〇〇年を経て、私達は屈辱的と言える「敗北」を喫して、今こそ目を覚まして「活人剣」の方へ手を伸ばす時です。

自分が殺せますか？　人の為に、地球の為に。これがポイント所です。この決断を今する時に来ています。

でも、いったい誰が出来るのですか。それは日本人の中の誰かです。誰かからしか物事は始まりませんから。

だから、今、「イザ鎌倉」ですよね。源頼朝が築いた鶴岡八幡宮を基軸とした鎌倉市。古都鎌倉、武家政権発祥の地。ここからしか武士道のエキス「古神道エキス」は発信できる所はない筈です。

ここで話を終わります。御静聴ありがとうございました。最後に詩を朗読します。

義経・静の三段がえし

〝しづやしづ　しづの苧環《おだまき》くり返し
昔をいまになす由もがな〟
　と歌いしわれは
しづやしづ　しづやしづ　しづの苧環《おだまき》
呼び戻し　昔が今にかわりたり

昔を今に返したり
段葛には　花が咲き　緑の鎌倉
うれしきぞ　義経とともに舞いいでにけり
義経ここに舞い出でにけり
静ともども　日の本の春ぞ今
日の本の春や今　世界の春に
舞うぞ嬉れしき

追記

ジンギス汗は六十八歳で死の時（一二二七年）、こう言い残したそうです。「われ天命により死す、故山に帰りたし」と。何と意味深い言葉でしょう。「天命により死す」とは、義経が、もしかジンギス汗になって、最初のグローバル化の仕事「世界の人よ地球広場に集まれ」を〈殺人剣〉でやり終えました、という意味でしょう。「故山に帰りたし」とは、単なる日本に帰りたいという郷愁ではなくて、第二のグローバル化の事業「地球広場に集まった地球人の一括浄化」、つまりは〈活人剣〉による愛のグローバル化の仕事に早く就きたいという悲願でしょう。義経のすべての天命成就のために。まさしく八幡神のお使いみたいだった源義経。

今、二〇〇八年四月十三日に、第五十回の「鎌倉まつり」があって、奇しくも（偶然かもしれませんけど）義経は静と竝んで、源頼朝と政子の後から、武者行列をつくって初めて若宮大路を歩きました。義経が静と一緒に鎌倉に入った。まさに、「イザ、鎌倉‼」の始まりでしょうか。ジンギス汗が「故山に帰り」着きました。八幡神は二度剣を振るわれます。初めはジンギス汗の殺人剣、二度目は義経と静の活人剣、だって八幡さまの剣は「両刃の一本仕立て」。一度目の殺人剣だけで終わるということは金輪際ありません。愛が八幡神の本質ですから。

参考資料　講演会で配布した「レジュメ」（山波言太郎　講演のあらすじ） 二〇〇八年十一月七日

1、八幡神の御正体は、応神天皇か、オオヒルメか？

2、日本の古神道は外国から来たオオヒルメが作った、と辛嶋さんが言っています。もし本当なら、その系譜はオオヒルメ（八幡神）↓釈迦↓ジンギス汗（義経）↓創造主へとつながります。

3、本当の八幡神の御正体を尋ねてみましょう。でも、やはりそれはオオヒルメらしい。

4、渡来神のオオヒルメが作った古神道。それには縄文人と弥生人の二つのエキスが一杯入っています。そのエキスが人を青人草（神の如き愛の人）に変えます。

5、自然界は愛の生命エネルギーの宝庫です。古神道がマジックみたいにそのエネルギーを引き出すので、人を「生かす」「癒す」「愛の人に変える」の三段跳で青人草にするのです。

6、こんな素敵な古神道を作ったオオヒルメを、なぜ日本の歴史は隠したのか。もしそうしなければ、日本の独立も中央集権化もなかったから。これは古代史のお話です。

7、でも今、科学・DNA研究が日本人の正体を明らかにし始めています。世界の「落ちこぼれ」の縄文人と弥生人。この二つが日本に来て「地球の窓際族」になりました。この日本列島で彼等はいったい何をするつもりだったのでしょうか?

8、隠した筈の古神道が、三つの段階を経て次第に表に出て来ました。①全国神社の働きで、古神道が日本人の潜在意識に入る。②日本歴史の浮沈・苦しみの中でそれが日本人の大和魂として自覚される。③特に鎌倉以後の武家政権下で、それは武士道に結晶する。

9、武士道とは「死ぬことと見つけたり」で、命を賭けた忠と孝の道、それは世界で例を見ない「精神の桜花」の創造でした。

10、これあればこそ、幕末の黒船襲来でも独立を達成できたし、また明治以後に世界有数の近代国家に成長しました。

11、でも第二次大戦は大失敗、敗戦。あれは大きな過ちでした。なぜなら戦争は殺人剣、本当の武士道とは活人剣(人を生かす愛の剣)ですから。だから敗戦は、日本人が本当の古神道を身に付けるかどうかの試金石、最後の跳躍台なのです。ウマク跳べるかな?

12、皆様、ユネスコ憲章(前文)を御存知ですか。あれは「世界の人の心が皆平和になったら、世界から初めて戦争が消える」という国連の良心の表現です。そっくり古神道が目指して来たものと同一です。もし古神道が世界に行き渡ったら、世界が青人草の森（平和、幸福、豊饒《ほうじょう》の国）に変化します。古神道できっと世界はそう変わるでしょう。なぜなら古神道には世界の全民族の英知が入っていますから。

13、もし、日本人に武士道が残っているなら、これから世界で大仕事が始まります。命を賭けて、今度こそは地球と地球人のための命懸けの忠と孝の道――「地球の青人草の森つくり」の大事業。こんな大きな仕事が世界で出来るのは唯一つ、武士道の発祥の地、鶴岡八幡宮のお膝元、古都鎌倉からではないでしょうか。

むすび（参考のために）

- オオヒルメが「古神道」を作ったのは、地球を青人草の森にするためだった。
- 縄文人と弥生人が日本列島に集まったのは、右記の実行のためだった。
- 源義経は八幡神の使者ではなかったのか？――実現の魁《さきがけ》として。先ず、成吉思汗となり、殺人剣（武）で地球グローバル化の先鞭をつける役今、日本に戻り、今度は活人剣（愛）で地球グローバル化の先駆け役

参考文献

岡田英弘 訳注『蒙古源流』刀水書房
外務省調査部 譯『蒙古喇嘛教史』生活社
中野幡能『宇佐宮』吉川弘文館
中野幡能『八幡信仰と修験道』吉川弘文館
中野幡能『八幡信仰事典』戎光祥出版
神社と神道研究会 編『八幡神社』勉誠出版
『全国八幡神社名鑑』新人物往来社
飯沼賢司『八幡神とはなにか』角川学芸出版
田村圓澄・木村晴彦・桃坂　豊『宇佐八幡と古代神鏡の謎』戎光祥出版
村山修一『本地垂迹』吉川弘文館
小川進一『宇佐神宮と大神氏』文芸社
宇苗　満『幻の鎌倉』批評社
松尾剛次『中世都市鎌倉の風景』吉川弘文館
『堺屋太一が解くチンギス・ハンの世界』講談社
岡田英弘『世界史の誕生』ちくま文庫
岡田英弘『チンギス・ハーン』朝日文庫
鈴木大拙『日本的霊性』岩波文庫
鈴木重雄『幽顕哲学』理想社
鈴木重雄『幽顕哲学入門』平凡社
岩間　浩『ユネスコ創設の源流を訪ねて』学苑社

第二編

歴史と宗教の位置の転換

――地球の文明転換の時――

序

「歴史の転換」とは、人類史が戦争のある歴史から、戦争のない歴史へと、方向転換することです。「宗教の転換」とは、「外の神」から、「内なる神」への大転換です。即ち宗教の偶像崇拝の放棄、それだけでなく、外にあるお金や物を至上の神として生きる在来の人間の文明の方向転換です。そうして内在の神に目覚めた新たな人間の生き方の第一歩を踏み出すこと。こうすれば人類の恒久平和の歴史がそこから始まります。このような歴史と宗教のそれぞれの一八〇度方向転換のことを、「歴史と宗教の位置の転換」と、　宮沢賢治は称していたと私は考えています。以下これについて私見をいろいろ書くことにします。

一、宮沢賢治のデクノボーについて

宮沢賢治の生涯は「みんなの本当の幸福を求めて」の旅でした。そのため〈心象スケッチ〉と自分で呼んで詩を書きつづけました。それはこの世と見えない世界をとりまぜたスケッチでした。そして必死で童話を書きつづけた三十八年の生涯でした。彼はなぜ「ほんとうの話」とか、「ほとけの心を書いた話」とか母にも伝えた童話を、必死で生涯書き続けたのでしょうか?…………私の解釈では、みんなが（世界の人すべてが）本当の幸福になって貰いたかったからです。そのために本当の仏の心の童話を書きつづけたのです。では、彼にとり本当の幸福とは何だったのでしょう？

彼は死ぬ少し前に、病床で「雨ニモマケズ」という詩をひそかに手帳に書きつけていました。世界の人が皆デクノボーになるのが彼の夢でした。そうすれば世界が本当の幸福な世界に変わるからです。そのためには言い出しっぺの彼が先ず最初にデクノボーにならねばなりません。こうして死の間際まで賢治はデクノボーになり切ろうと努力していました。

彼にとってデクノボーとはいったい何だったのでしょう。それは法華経の「妙法蓮華経常不軽菩薩品第二十」に出てくる、常不軽菩薩のことです。この人は生涯みんなにバカにされながらも、人は皆仏であるとして礼拝して歩きました。常に人から軽んぜられる存在であった彼が、生まれ変ったら釈迦になったと言われます。皆さま、これが、常不軽菩薩の歩く姿が「本当の幸福」への道ではないでしょうか。「一切衆生悉有仏性」（涅槃経）、故に他者を仏として礼拝、それは即ち奉仕・献身に明け暮れる生涯。これが賢治のいうデクノボーです。世界のみんなが常不軽菩薩の道を歩いたら、皆がきっと未来は釈迦のようになれる。これが賢治にとり悲願としたデクノボーでした。そしてこれこそが宮沢賢治にとって、「世界が皆本当の幸福」になれるとっておきの道でした。

だから、処女詩集『春と修羅』が出た時、印刷屋が間違えて表紙に「詩集」と印刷しました。彼はあわてて、自分の手で一冊一冊ブロンヅの粉で詩集という文字を消しました。なぜ、そんな事をしたのでしょう。その意味は…………………森荘已池氏が岩手日報でこの詩集を高く評価した時、すぐに森氏に手紙を出しました。…………その手紙の中にこの意味がハッキリ記されていました。

〈「春と修羅」……これらはみんな到底詩ではありません。………或る心理学的な仕事の仕度に、正統な勉強の許されない間、境遇の許す限り、機会ある度毎に、いろいろな条件の下で書き取って置く、ほんの粗硬な心象のスケッチでしかありません。私はあの無謀な「春と修羅」に於て、序文の考を主張し、歴史や宗教の位置を全く変換しようと企画し、………〉

賢治にとり、詩とは心象スケッチ、即ち文学作品「詩」として構成されたものではない。なぜ、そんなスケッチを記しておくのか。それは未来に〈或る心理学的な仕事〉をする準備なのです。その心理学的な仕事とは、〈今は正統な勉強の許されない〉ような種類のもの。いったいそれは何か？　それは〈無謀な『春と修羅』〉の〈序文の考えを主張〉するようなもの。そうすることで〈歴史や宗教の位置を全く変換しようと（賢治が）企画し〉ているもの。

いったいそれは何なのか？　その事は『春と修羅』の序文さえ見れば判ります。

序

わたくしといふ現象は
仮定された有機交流電燈の

ひとつの青い照明です
（あらゆる透明な幽霊の複合体）
風景やみんなといっしょに
せはしくせはしく明滅しながら
いかにもたしかにともりつづける
因果交流電燈の
ひとつの青い照明です
（ひかりはたもち　その電燈は失はれ）

（後略）

これは一言で言うと、一八四八年から欧米で始まった科学者らによる〈近代心霊研究〉の帰結である「スピリチュアリズム」を、学問体系として〈或る種の心理学〉として成立させたいという試みではないでしょうか。なぜなら、「序」の詩句はまさしく近代心霊研究の最終帰結である「ネオ・スピリチュアリズム」そのものです。

〈わたくしといふ現象〉即ち現実の人間は、（あらゆる透明な幽霊の複合体）。つまり周りに生命エネルギー体である霊（善霊・プラスエネルギー体とか、邪霊・マイナスエネルギー体とか）がウヨウヨいて、それらから影響を受けながら自我意識を作っている生きもの。でも、ムヤミにアトランダムに周りから影響を受けているのではなく、〈いかにもたしかにともりつづける、因果交流電燈の、ひとつの青い照明です〉。つまり、自己の明か暗かの意識に正確無比に因果交流しながら、それに相応する明か暗かの周りの生命体である霊からの意識影響を受けながらキャッチしている生きもの。それはまさしく確かな因果交流電燈のような、一つの生きた（青い）照明燈みたいなもの、それが私、人間です。ネオ・スピリチュアリズムでは、これを「波長の法則」（注、物理学的に言えば共鳴共振の法則）と呼んでいます。

こうして生涯を終えたら、（ひかりはたもち、その電燈は失はれ）です。つまり電燈である（肉体）は壊れ失われます。しかし光は保たれます。不滅の光である霊（生命原因）が保たれ、死はありません。

何と、近代心霊研究の帰結であるネオ・スピリチュアリズムを、宮沢賢治は詩で正確にとらえ描写していました。八十余年も前に。彼はこれを科学として位置づける研究を将来したかったのです。何のために？　それは彼の悲願である「皆の本当の幸福」な世界を未来に作るためにです。それには、どうしてもデクノボー（釈尊の前世の姿である、人々から馬鹿にされた常不軽菩薩のような）生き方をしなければならなかった。なぜなら、霊魂を認めたり、ましてそれを学問体系にするなどということは、アカデミズムでは許されません。もしやったとしてもハジキ出されてしまいますから。

以上で、賢治の「世界がぜんたい幸福に」なれる方針が見えたでしょうか。永遠の生命、人と人は交流し合う兄弟同胞……それならば私達の運命は大きく一つのもの。どうしたらこの人類運命の共通の綱《ツナ》を良い方向に向けることが出来るか。それは一人一人が常不軽菩薩のようなデクノボーになること。どうしたら人はデクノボーになれるのか。また一人のデクノボーから伝染して皆が本当にデクノボーになれるのか。皆がデクノボーになれば次生でこの地球はみんなが釈尊のような人ばかりが住むパラダイスになれるものを。

こんな夢のような話を、宮沢賢治はハッキリ意識していたから、覚悟を決めて詩（心象スケッチ）を書いたり、あの珠玉の童話作品を書きつづけていたのです。私達は、少なくとも私は賢治を支持します。そして賢治が意図したデクノボーとは、「日本の心」そのものであることを確信しています。

これから、それを少しずつ解明していきたいと思います。

二、事の始まり、ジンギス汗から現代世界は流れ出た

もし義経がジンギス汗だったら、日本人から現代の世界が産み出されたということになりそうです。もし、本当に「成吉思汗は源義経也」としたら。

堺屋太一氏は最近しきりにジンギス汗に関する著書の執筆をしておられます。なぜ？　その理由を次のように述べておられます。

「チンギス・ハンの拓いた『地に境なく人に差別なし』の理念こそ、グローバリズムの先駆けだった。そこに二十一世紀世界の未来を見ることができるのではなかろうか」と。そう述べて次に、現在の米国はモンゴル帝国にそっくりであると、次のように記しておられます。

今日の米国の三大特徴

1. 多民族、多文化、多宗教の国家
2. 無敵無限の軍事力と大量報復戦略
3. 財政と貿易収支の大赤字とそれを乗り越えるスーパーマネー体制

しかしこの事から、米国から、世界へ向けてとんでもない烟霧みたいなものが吐き出されているのではないでしょうか。昨今の百年に一度と言われる金融危機、深刻な環境破壊の問題、底しれぬ人心悪化の淵など。もしそうだとすると、その犯人は世界グローバル化を仕掛けたモンゴル帝国、犯人は義経？　日本人？

さて、歴史学者の岡田英弘氏はその著書『世界史の誕生』の中で、次のように指摘しておいでです。

●世界史の誕生

「一二〇六年の春、ケンテイ山脈のなかの、オノン河の源に近い草原に、多数の遊牧部族・氏族の代表者が集まって大会議を開き、テムジンを自分たちの共通の最高指導者に選挙し、「チンギス・ハーン」の称号を奉ったのである。これがモンゴル帝国の建国であり、また世界史の誕生の瞬間であった」と。

なぜこの瞬間が世界史の誕生かというと、このテムジンのモンゴル帝国が、ご承知のようにその後大遠征を続けて、中国・中央アジア・西アジア・東ヨーロッパに至るまで世界史上最大の大領域国家を作り上げた（注、時に一二四一年息子の第2代オゴタイ汗の死までに形成。ちなみにジンギス汗は一二二七年死）。

岡田氏はここから、「現代の世界のインド人、イラン人、中国人、ロシア人、トルコ人という国民」が「モンゴル帝国の遺産」として産まれたと説明しておられます。いいえ、問題はそんなに単純ではありません。岡田氏は更に言葉をつづけて。

モンゴル帝国は遊牧民の国家だから、どんなに広大な帝国だとしても、内部はウルス（遊牧君主の所領）ごとに分かれているのです。ウルスの住民と家畜はそこの君主が支配するのが伝統で、「大ハーン（帝国の王）といえども、支配権が直接及ぶのは自分の直轄のウルスだけで、それ以外のウルスの内政に介入する権利はなかった」と指摘しておられます。それならモンゴル帝国はバラバラだったかというと、大違いでジンギス汗が一手に全帝国の支配が出来ており、この事は元朝にも継承されていきます。つまり超大帝国は一つであり得たのです。それはなぜか？

岡田氏は「こうした雑多なモンゴル人のウルスから成るモンゴル帝国を統合していたのは、偉大なるチンギス・ハーンの人格に対する尊敬と、チンギス・ハーンが天から受けた世界征服の神聖な使命に対する信仰であった」と言っています。つまりジンギス汗自身の優れた人柄、この人間性が統合のポイント。これは想像できます。でも〈神聖な使命に対する信仰〉とは何か。岡田氏は次のように説明します。

●世界支配の天命

一二〇六年春、テムジンがクリルタイ（部族長会議）で選ばれチンギス・ハーンとなったこと、「この事件は、世界史の中で最大の事件であった。つまりこの事件が、世界史の始まりであった」と。なぜなら、この即位式の時に、大シャマンであるココチュ・テブ・テンゲリの口を通して、天の神の託宣が下ったのです。

「**永遠なる天の命令であるぞ。天上には唯一の永遠なる神があり、地上には、唯一の君主なるチンギス・ハーンがある。**これは汝らに伝える言葉である。**我が命令を、地上のあらゆる地方のあらゆる人々に、**馬の足が至り、舟が至り、使者が至り、手紙が至る限り、**聞き知らせよ。**我が命令を聞き知りながら従おうとしない者は、眼があっても見えなくなり、手があっても持てなくなり、足があっても歩けなくなるであろう。**これは永遠なる天の命令である**」。

当時モンゴルでは、大シャマンであるテンゲリの声は天の声そのものであると認められていた。だから岡田氏は次のように記す、「この神託は、チンギス・ハーンを地上の全人類の唯一の君主として指名し、チンギス・ハーンの臣下とならない者は誰でも、天の命令に服従しない者として、破滅をもって罰するという趣旨である。」であるが故に「この天命を受けて、チンギス・ハーンとその子孫に率いられたモンゴル人たちは、神聖なる使命を果たすべく、世界征服の戦争にこれから乗り出して行くことになる。それが、世界史の発端になったのである」と。

馬鹿な、野蛮な……神託とか天命とか、などと鼻の先で笑われますか。しかし岡田氏の指摘されるように、これからジンギス汗によって世界がグローバル化されていく、歴史の発端となったのです。いいえ、二十世紀まで厳然と、天命を奉じた諸国が世界の各地にあり、それが世界史形成の大切な要素となったのです。

岡田氏の『世界史の誕生』から、更に教えて貰いつづります。大清帝国（1616～1912）は太祖ヌルハチが後金国として建国し、第二代の太宗ホンタイジが一六三六年に清と改称するわけですが、実はその前年の一六三五年に内モンゴルを征服します。その時元朝の正統のハーンは病死していて、その皇后と皇子が元朝の玉璽を捧じて投降してきました。この玉璽を手にして、ホンタイジは「これをもってチンギス・ハーン以来のモンゴル帝国の世界支配の天命を引き継いだと解釈し」、翌年、国号を清と称し大清皇帝の位につきました。ちなみに「清」とは清和源氏の清ではないかという説があります。

しかしこの清朝は一九一一年の辛亥革命《シンガイ》で倒され中華民国となります。だが、チンギス・ハーンの天命が二十世紀まで保たれ、中国という広大な帝国として存在していたということは、まさしく世界史形成の重要要素ではありませんか。事は中国だけではありません。

ロシア帝国もそうです。イヴァン四世が初めてツァーリ（皇帝）と称しました。岡田氏によるとツァーリとは、語源はラテン語の「カエサル」だが、意味はモンゴル語の「ハーン」であるとのこと。何故そうかというと、モスクワ大公であるイヴァン四世は一五七五年に、元朝の血を引くジョチ家の皇子を迎えて王座につけ、ツァーリとして推戴しました。だが翌年、譲位を受けて自分がツァーリ（皇帝）となりました。これがロシア帝国の起源です。つまりロシア帝国とは「チンギス統原理（注、チンギス・

ハーンの父方の血を承けた男子のみがハーンと称することが出来るという、天命を引き継ぐ者としての権威）を、イヴァン四世が禅譲で受け取ったという形式をととのえた上で形成されたのです。だからロシア帝国はチンギス・ハーンの流れを汲む国です。それが一九一七年のロシアの共産主義革命で倒れるまで存在しました。

また印度のムガル帝国（1526〜1858）もそうです。モンゴル人のティムールの子孫のバーブルが北印度に入ってムガル朝を建てます。ムガルとはモンゴルのこと。このモンゴル帝国（すなわち印度の帝国）は一八五八年の英国の植民地進出で倒されます。つまり印度には一九世紀半ばまでチンギスの威光が存在したのです。

トルコも同じ。オスマン・トルコ帝国（1299〜1922）を建国したオスマン家はモンゴル軍の出身でした。第一次大戦で解体された後、一九二二年のトルコ革命で倒れてトルコ共和国となりましたが、ここにも二十世紀までモンゴルの流れが続いていたのです。岡田氏が「インド人、イラン人、中国人、ロシア人、トルコ人という国民は、モンゴル帝国の遺産」と言われるのは、世界史の事実です。だからチンギス・ハーンが世界史の扉を開いたという事は、私達現代人にとっては厳然たる真実です。いいえ、それだけではありません。

三、現代世界の闇も光もジンギス汗から

1、東方から来て、西から発光した光

有名なマルコ・ポーロの『東方見聞録』が、コロンブスのアメリカ大陸発見や、世界航路発見を導き、その事から大航海時代（15・16・17世紀前半）が到来、その結果が西ヨーロッパ発の資本主義時代となります。この過程で民主主義や人権思想も生まれ、いわば近代の光の部面が誕生します。このマルコ・ポーロの「東方見聞録」は、元朝のフビライ汗（ジンギス汗の孫）から直接マルコ・ポーロが聞いた「ジパングの黄金の話」がそのさわりの部分になっています。なぜ、こんな話をフビライは語ったのか。きっと、祖父ジンギス汗からジパング（日本）の平泉・藤原氏の黄金の話を何度も聞かされていた、そんな気がしてなりません。とすると、ジンギス汗（もしかしたら義経）が現代の資本主義も民主主義の近代の光を産む震源地だったのでは？

それから、岡田氏はこう記しています。「特記すべきことは、世界最初の紙幣を発行して成功したのはモンゴル人であった。元朝のフビライ・ハーンは、盛んになった遠距離貿易の決済の便宜のために、一二七五年、世界最初の不換紙幣を発行した」と。また「元朝から中国を奪った明朝は、元朝に倣って不換紙幣を発行したが、中国人の明朝の信用はモンゴル人の元朝に遠く及ばず、その紙幣はまったく流通せず、中国の経済は沈滞した。」不換紙幣の産みの親は元朝モンゴル人である。天命を受け

たと世界から信頼を受けたジンギス汗の「統原理」への畏敬がこれを可能にしたのであったと。

でも、もう一つ、この不換紙幣の発行だけでなくもう一つ、ジンギス汗は資本主義の形成へ向けての役割を果たしていた。岡田氏はつづける、「明朝の中国の経済が好況を呈するのは、十六世紀半ばにスペイン人が太平洋航路でフィリピンに到着して、メキシコ産の銀が大量に中国に流れ込み、銀地金が決済に使われるようになってからのことである。この通貨制度（注、銀流通）で見ても、現代の世界がいかに多くをモンゴル帝国に負っているかがわかる。」即ち、マルコ・ポーロは「見聞録」によって、ヨーロッパに大航海時代が到来し、スペインはメキシコ銀を手に入れて太平洋を越えて中国・明に入る。こうして明だけでなく、銀は東南アジアの香料と共にヨーロッパにもたらされ、胡椒は砂金と同じ目方で取引きされたといわれる空前の経済の好況をヨーロッパから、ひいては世界へと波及させていくのである。経済の問題も、何もかもジンギス汗遠征から、と言いたくなるような「源義経は成吉思汗也」、この事は世界史上で揺るがせに出来ない課題ではないでしょうか。

さて、近代の光の部分を導いたジンギス汗ですが、現在の大きな闇も近代の光の裏に隠して世界に撒き散らさせたのではないでしょうか。


〈お断り〉文中、岡田英弘氏の著『世界史の誕生』から引用させて貰っていますが、岡田氏は「義経はジンギス汗」説とは全く関係ありません。岡田氏はこれについて何も触れておられません。引用は私見により適宜させて頂いた次第です。

2、闇も東から？ それとも西で発酵して地球上にグローバル化？

●紙切れから、バブル経済が生まれた

不換紙幣とは紙切れにすぎません。それがダイヤモンドに変わり、豪邸に変わり、果ては恐い武器になります。これは羽が生えたように地球の隅々まで飛びまわります。十三世紀にヴェネチアで銀行が生まれました。銀行はお金を貸してくれる、利息さえ払えば。今の銀行は預金を引き受け、これを庫に入れて寝かしておくわけでなく、信用創造という芸当をします。つまり、一億円の預金があれば、これはすぐに引き出される訳でないので、融資します。たとえば九千万円貸し付ければ、これは戻って来る筈のお金、銀行の資産です。だからこれを元にまた貸付けを、次々に繰り返し、一億円が十億円にさえなります。人のふんどしで相撲をとると言いますが、預かった一億円には預金者に利息を払いますが、九億円からは銀行が利息を取れます。いいえ、一億円が十億円に殖えて地球を動くわけです。いいえ、これで世界の経済は大活況、地球の資金が十倍に殖えたわけですから、銀行のおかげで。元はといえば、紙切れの紙幣という取引き便利の手段を、ジンギス汗のモンゴルから発信させたから。

それだけではありません。二〇〇八年九月十五日「リーマン・ショック」。米国のリーマン・ブラザーズというアメリカで四番目の大投資銀行が倒産。ここから世界へ金融危機の激震が走りました。アメリカのウォール街から別の四つの投資銀行も姿を消しただけでなく、世界各地の投資銀行、商業銀行、保険会社など、次々倒れかけたり、倒れたり。

それだけでなく、これが実体経済に影響します。たとえば車がパタリと売れなくなり、日本のトヨタはじめ、アメリカのビッグスリー（GM、フォード、クライスラー）がガタピシ。生産縮小だけならまだしも、この一角がもし消滅したら大変。下請け業界を含めて、経済界の破壊が目に見えます。雇傭の縮小、消費の落ち込み、世界の経済の火が消えます。会社倒産が続けば、不良債権が引き金で銀行が倒産。私達の預金もパーとなります。一億円の預金が銀行の信用創造で十倍になったと思っていたら、それがゼロになりかねない。どうしてそうなるのか。今回の金融危機で、既に金融機関の損失だけでも四〇〇兆円だそうです。もし本当に銀行が次々倒れたら、世界は闇です。どうしてそうなるのか？

元はといえば、やはり紙切れです。今回の世界金融危機、事の起こりはサブプライムローンにあると言われます。アメリカで低所得者向け（今までマイホームが持てなかった人）に、最初はごく低利で、年と共に高利になる仕組みで住宅融資をしました。これで住宅ブームが起こり、住宅価格が高騰。もし途中でローンが払えなくなっても、家を売れば元金くらいはそっくり戻ってきますから安心です。ますますサブプライムローンに火がつき、経済界も好況。そこで、このローンを金融商品にして売り出しました。こういうローンの証券化を「金融派生商品」というのだそうです。つまり住宅を担保にした貸し借りの約定書が、一枚の売買商品になったわけです、ハイ住宅が一枚の紙切れ。でもリスクの多い金融商品。ローンを借りた人は低所得者層。やがて高金利支払いの時期が来たら、返済できない人々が出る。だから住宅を手放す。こうして売り物の住宅が殖えると、住宅価格の低落、だからサブプライムローンは極めてリスクの高い金融商品です。

だから、リスクを「見えなくする」ために、他の証券化商品（国債とか、社債とか、いろいろ）と混合させた新たな金融商品を作ります。これをＣＤＯ（債務担保証券）というのだそうです。更にサブプライムローンを細かく幾つにも分けて、もっと見えなくして、ＣＤＯの中にもぐり込ませました。このようなＣＤＯは一見優良証券に見えるので、機関投資家（銀行、生保、損保、その他）が買いあさりました。機関投資家は更にこれを担保にして、安い金利で資金を調達し、またこれで金融商品を買いあさります。次々こうして投資資産運用してテコのように何倍、何十倍にも殖やしてゆくことを「レバレッジ投資」というのだそうです。レバレッジとは梃子のことです。こういう訳で、銀行も、生保も、損保も、その他の会社もレバレッジ投資をやったので、風船のように資産はふくれ、金融業界は大発展、ひいては実体経済の方も生産も消費も雇傭も貿易業界も万々歳。これがバブル経済（泡ふくれ経済）です。浮き立った一九九〇年代から二十一世紀へ。

●一枚の紙から、世界が闇にさえなる

ところが、バブルがパチンとはじけた。それが二〇〇八年秋のリーマン・ショックです。サブプライムローン、借り手の低所得者が住宅の投げ出し、住宅価格の急落。ローンのリスクがむき出しに出た。細分化されＣＤＯ化された金融商品をしこたま買い込んだ機関投資家は大手ほど損失莫大。なぜなら、レバレッジ投資をしていたから。たとえば十倍のレバレッジをかけて投資していたら、一割の投資対象の減価で、元が全部消えます。もし二十倍もレバレッジかけていたら、大損失です。

こんなバブル崩壊誰がした？　元はと言えば一枚の紙切れです。サブプライムローン証券、住宅という家を担保にした貸借《ローン》の証券。家が一枚の紙切れになって、泡のようにふくれ上がって、世界を活況にしたかと思えば、ハジケルと元も子もない。それどころか、本当の恐慌に移れば、会社は倒れ、銀行預金もパー、人々は路頭に迷います。私は終戦直後の状況を体験しているから判ります。銀行預金封鎖、国債は紙くず。人々はサツマ芋のツルまで食べて空腹に耐えた。私などはツルが手に入らないので、葉っパを食べたら、これは不味《まず》くて食えないが食った。蛋白不足で、田圃でトノサマ蛙とって食べまでした。世界中があああなったら、もう闇です。

こんなバブルを誰が作り、誰がハジケさせた？　一枚の紙です。物とか財物が一枚の紙になる、不換紙幣。思えば、これはジンギス汗の作ったモンゴルから始まっています。それが世界に流通し活況を呈させ、世界の人々を一つに結び付けてしまった。

四、魔物か、奴隷か、行く末の人の運命

人は衣食住の物が無くては生きていけません。真に大切なのは衣であり、食であり、住の財物です。だが、マルコ・ポーロの『東方見聞録』で、15～17世紀へと大航海時代が来て、ヨーロッパ人が世界の貿易でしこたま稼ぎ始めました。それは銀になり金になって入って来ます。こうして財貨そのもの

よりも、金・銀が富、ということになりました。16～18世紀はヨーロッパの重商主義時代です。諸国家が富（金・銀）を殖やせば国富が増し、強国になるというわけで、国家は特権商人を保護し、干渉したりして海外貿易で活動をさせ、植民地にも進出したりして、この貿易差額で、金銀を稼ぎまくりました。

ところが産業革命の到来です（18世紀後期の英国から）、蒸気機関の発明で財貨の大量生産が、機械で、工場で、始まります。鉄道や汽船が発明され大量輸送が可能となり、貿易と植民地侵略が激化します。こうなるといかに大量生産できるか、生産力（生産手段や労働力）が国富の指標となります。即ち金・銀ではなく、生産力が宝物。この生産力を殖やせばいいわけです。どうやって？　生産手段とは工場・機械・原材料を入手する資本と土地（植民地を含めて）、そして労働力とは賃金労働者。要するに資本はお金、労働力も賃金はお金です。貨幣を入手すればよい。どうやって。アダム・スミスは『国富論』を書いて、自利心を解放しておもむくままに活動したら最大の国富が生み出され、しかも「神の見えざる手が働いて」調和が得られる、と言いました。ここから、羽を伸ばして自由に振舞え、という自由主義や資本主義がハズミ車のようになって発動します。自由主義とか資本主義とか言えば語呂はいいですが、これこそ近代経済学が生み出した、ホモ・エコノミクス（利己的な経済人）の誕生です。いいえ、アダム・スミスは他人と共感し合う〈公共性〉にも配慮があったのですが、公共性どころか、一度走り始めた利己心には歯止めがききません。一路、現在の新自由主義と結び付いた市場原理主義へと走り込みます。

即ち、規制のない自由主義経済が良い、自由に放任して自由競争で、自己責任でやらせなさい。政府の介入は出来るだけ少ない方がよい、とにかく市場で決める事が正しいのだからと。まさに市場に働く「神の手の働き」やらを信じる行き方です。このような利己心と競争心が野放しになった市場に働くものは、神ならぬ悪魔の手でしょう。市場でウゴめくホモ・エコノミクス（利己的経済人）とは動物です。動物以下の餓鬼（食べても飽くことを知らぬ畜生以下のもの）、いいえ、まかり間違うと地獄の鬼（世界を呑みつくすまで止めない人類殺戮者）かもしれません。なぜなら、もうお金を神として仰ぐ魔物になっています。

今、この魔物みたいなものが、サブプライムローンを案出して、レバレッジまでかけさせて、実体経済の何十何百倍かのバブル金融資本主義経済を作り出させています。もし一発バブル破裂したら、今度こそは、百年に一度どころか、もう人類にとり返しがつかない破局に追い込まれましょう。

こうして、人類はあくなき金融資本主義まで来たので、地球環境は大量生産大量消費のために無責任に食いつぶされ、破壊の寸前です。人心はお金崇拝のため（まさに魔物崇拝）、畜生以下の餓鬼か地獄の住人にまでなり下がっています。どうしたら立ち直れるのでしょう。マネタリング経済から、どうしたら人々は向きを変え、畜生でなく、その上の動物でもなく、更に上のまともな人間に立ち返れるのでしょうか。

一つ恐ろしい話があります。先日『高橋五郎著『天皇の金塊』という本を見たら、ネイサン・ロスチャイルド（１７４３〜１８３６）は、「通貨発行と管理権さえもらえば、法律は誰がつくろうと構わない」と嘯《うそぶ》いていたそうで、現にロスチャイルド家の人々はそれを実行中だと書いてありました。その証拠に、世界の紙幣発行権・管理権をもつ中央銀行の多くはロスチャイルド家の手の内に入っているそうです。英国のイングランド銀行、アメリカのＦＲＢ（連邦準備制度銀行）、ドイツやフランスや等々、日本の日銀までも含めて。

信じたくないのですが、実際世界の紙幣発行権を誰かに握られているとしたら、お金崇拝の魔物か餓鬼になっている地球人は、彼の操る餌（お金）で自由自在に操られます。まさに地球人の家畜化です。マネタリングの金融資本主義で、全人類はその家畜化の寸前にある状況ではないでしょうか。

オバマ氏が出て来て、今までの小さい政府から、急いで少し大きめの政府にしようと仕掛けても、所詮お金で人間を動かそうとしている訳で、ロスチャイルドの手口と五十歩百歩です。お金で人を動かし、変えようとすることは禁じ手です、人は餌で動く動物ではないのですから。人は心で動かされ、心で動くものです。

日本の大和魂とか武士道とか、日本の精神文化そのものは、物より心の価値を一段上に置いた、一国一文明の、世界の星のような文化です。「武士は食わねど高楊枝」昔は小学校で習いました。もう一度目を向けてみませんか。

五、国宝とは何か　人なり、道なり、空《くう》なり（空《くう》とは永遠のいのちなり）

1、空海の教え、最澄の教え

お金で世界が変えられない（変わらない）とすれば、何で変えたらいいのでしょうか。それは人である、人が変われば世界が変わる。なぜなら人は仏性を持つものだから。「一切衆生悉有仏性」、いわば人は神の子なのです。そのことを空海は次のように指摘しています。

●空海のことば

「物の興廃は人による、人の昇沈は定めて道にあり」と。物事がうまく行くか破壊・破滅に終わるかは、人次第です。つまりお金ではありません。お金は宝物ではありません。但し、人は人でも動物の人では駄目です。まして畜生・餓鬼・地獄の亡者のようでは、その人も世も終わりです。人とは仏性（神性）を持つ者ですから、その仏性を外に光り輝やかせたような人、つまり人はもともと神に似せて創られた者だから、その源《もと》に立ち返った人。ここが人の昇沈の分かれ目なり。よろしいか、その昇は道による、道にはずれた者は沈の人なりと、こう教えています。

●最澄のことば

最澄も全く同じ様に教えています。**「国宝とは何物ぞ。宝とは道心なり。道心あるの人を名づけて国宝となす」**と。また**「一隅を照らさば、これ則《すなわ》ち国の宝なり」**とも教えています。つまり、道心ある人が宝、これは空海の言う「人の昇沈は道にあり」と全く同じ事です。即ち「道」が「宝」の根源です。道とは何でしょう。道とは世の道・人の道。この道を辿れば果報（幸運のことであり、因果応報により至り着く人生の果である幸運）に導くもの、が道です。これを宇宙の法とか、法は仏（神）ご自身であると申します。つまり道とは至上の果に至らせる、宇宙の法、神仏ご自身です。日本では、華道・茶道・芸道・武道など、何でも人の行う業《わざ》をこの道にいそしむ修行と心得て、こう名付けています。

さて、道にいそしむ者、道心ある人（神仏に至ろうとする人）、これが国宝です。なぜなら、人が道にいそしんで、皆が〈神に似せて創られた者〉にすべて帰れば、この世は万々歳、花盛りです。これをパラダイスと申します。だから「一隅を照らす人は国宝」です。なぜなら、人は群れをなす蟻みたいなものです。そうです、地球で群れをなす蟻。もし地球さんを一人の人間とすれば、六十兆の細胞の一つ一つ、つまり一匹ずつが人です。もし、その一つが黒いガン細胞になれば、いつか蔓延して地球さんが死にます。生々、生きの良い細胞さんが、ピカピカ光った人が国宝です、地球さんにとって。だから〈一隅を照らす者、国宝なり〉です。皆が一隅を照らす一匹ずつの蟻になりましょう。この光の蟻の群れで地球がピカピカの巨人、宇宙の輝く大蟻（星）になりますから。こういう星を創る仕事をしているのが、私達蟻です。皆が光の蟻になりましょう、その時に地球がパラダイスになります。これ国宝。

さてさて、こんな「道」ってあるのかしら？　人が果報に至る（至福に至らされる）道というものが？　それはあるけど見えません。

見えないけれどもあるんだよ
見えないものでもあるんだよ

と金子みすずが歌っています。なぜ？　昼のお星は昼間は見えていません。でも夜はピカピカとなって見えます。だから見えないものがある、「見えないものでもあるんだよ」と歌ったのです。

2、これより釈迦の説法に入る

●色即是空〈見えないけれどあるんだよ〉

そのように「道」は見えません。なぜ？　神（仏）そのものですから。でもあります。それを釈尊は「色即是空、空即是色」と教えられました。色（形あるもの、物質）は空《くう》なり。ここで空とは、むなしく形を失ってはかなく消える〈無常〉という意味もありましょう。それは形あるもの（物質）は必ず消え失せますから。しかし唯そうではなく、消え失せたのでなく〈空《くう》〉に帰ったのです。ここでいう空《くう》とは神（仏）ご自身。それは形なく目に見えない存在。ですから「色即是空」とは、形ある物は必ず滅びる〈無常〉だが、それは見えないモノ神（仏）ご自身の源に返ったのだよ、という意味でしょう。だからみすずさんは〈見えないけれども（神仏は）あるんだよ、見えないもの（無常に消えたモノ）でも（本当は神仏の源に返って）あるんだよ〉と歌った訳です。つまり「色即是空」を詩で表現してみせたのです。

私は、これを次のような詩で書きました。

●空即是色〈見えてるけれどあるんだよ〉

二つの世界

見えないけれどあるんだよ
見えてるけれどあるんだよ
二つの世界があるんだよ
お魚は水の中を泳いでく
息をしないで泳いでく

人も世界を泳いでく
息をしながら泳いでく
どっちが楽に見えるだろ

これ「色即是空」だけでなく「空即是色」も歌ったものです。なぜなら〈二つの世界〉と言っています。二つとは何と何？　見えてる（物質）世界と、手に触れられないけど見えないけど在る（空《くう》）の世界、この二つです。でも元々は一つなのですけど。だから〈色即是空、空即是色〉です。それなら、これ一つでいいのじゃないの？　どっちか一つで。いいえ、そうはいきません。なぜなら

お魚と人と、どっちが楽に見えますか？　人は息をしながら、魚はまるで息をしてないかのように、だけどスーイスーイと、まるで重力の無い世界を行くかのように。

だから、辛く見えるのは人間の方です。なぜ、人は辛そうなの？　いいえ本当に辛いのです。地獄があり、地獄に墜ちますから。お魚は地獄があっても、墜ちません。なぜなら、息をしていないから、いいえ、まるで息をしてないかのように、それでも本当は息をしているから。では、その吸っている息とは何でしょう。これが秘密、でも宝物。何でしょう、人が息をしてても中々吸えないもの。でも無心（無欲）の魚が吸っているもの。でも、それは同じ空気の中にあるのです（水中にだって僅かだが空気はあります）そこの酸素ではありません。………でも、しかし、………それって、空気の中にあって、中々人間に吸えないモノって何でしょう？

それは無欲になると、吸える何か。空気中のいわば〈霊《スピリチュアル》的な酸素〜世の中ではこれを「気」と呼

んでいる〉あるモノです。それは空気の〈物質そのものの〉中にありながら、見えない物だから、欲のある人間には吸えません。
お魚にはなぜ吸えるの？　〈欲の無い人にはやはり吸えます〉、それは見えない何かですから。見えない存在〈神・仏〉を心で深く感じ取る人は、見えない物を見ているのです。そういう人は無欲で、この〈気〉つまり霊的《スピリチュアル》な酸素が吸えます。そうするとスーイスーイと水中の魚のように、この濃密な物質界の中を歩けます。これ人生を歩く秘訣です。だから私は

二つの世界があるんだよ

と御注意申し上げました。恐縮ながら詩で。そうして、お魚のように無欲になって下さいと、人間の生き方と竝べて言及し、最後は「空即是色」の方を付けておきました。

見えてるけれどあるんだよ

〈無〉とニヒリズムに、この宇宙をお考えの方々、特に近代西欧の物質主義、その代表が〈残念ながら今のところ〉現代科学。それを人間世界で実行してみているのが、現在の新自由主義、マネタリング金融資本主義。金融工学を駆使しながら。これでは危なくて、行く道は破滅です。なぜなら、見えてるニセの宝の方〈お金〉だけを追っているから。そうではなく「空《くう》」なるもの神仏は存在し、そ

の形に似せて創られた者、人の中に神性（仏性）があります。こちらが真実の国宝です。すなわち「空即是色」《形のある人体の中に空（見えないもの）があり、空が具象化（空即是色）となったものが、私、人間です》と、私は歌ってみたのです。

ですから、空《くう》とは永遠のいのち（神仏そのもの）でございます。

六、人は今、即身成仏の時に来ている

1、人が変わる

●良い宗教の出番です

宗教を侮《あなど》ってはいけない。科学は必ずしも万能ではない。心の在所は脳ということになっている。しかし潜在意識はどこにあるか、今の科学ではハッキリしていない。潜在意識の中に抑圧されて隠れていて、自己意識ではコントロール出来ないストレスとかトラウマ。これらは脳のどこにあるのか説明できない。厄介なこれらを薬品で脳を攻めてみても容易に消えない。しかし私達の美しいリラ自然音楽を聞いていると、これらの多くは消えていく。これはなぜか？　今の科学でそのメカニズムが説明できない。だから触れようとしない、黙視される。

宗教も同じです。「善人なおもて往生をとぐ、いはんや悪人をや」と親鸞上人は言いました。薬物で脳をいじらずに、手術もせずに、悪人が往生して（注、この世で信心決定《けつじょう》して）善人に生まれ変わる。これはなぜか？　科学には説明できない、科学ではやれない。それだから宗教をバカにしてはいけない。

世を変えられるのは（人を変えて、世の中が変わるのは）宗教の方の働きです。でも、どの宗教でもという訳ではない。脳とは別に心の在所があって、良い宗教はそこに触れている。もう一度言います、「物の興廃は人による」、その「人の消沈は道（法に従うこと）にあり」とすれば、ここは科学の出番ではありません。良い宗教の出番です。いいえ、私のいう良い宗教とは、今までの世の宗教ではなく、その位置を転換させた、真実の宗教という意味ですが。

●純粋密教の話

過去の宗教の中には、位置を転換させた宗教が存在していた。空海や最澄の純粋密教。いいえ、このすべてが今そっくり何もかもいいと言ってるのじゃありません。この中に一人が説いている本質、その部分が現に人を善人に急速に変える（変える・変わる）ことの秘密が隠されています。これ即ち万《ばん》人《にん》を「一隅を照らす者」国宝に変える道です。科学の独走で、人々がお金を神と拝むマネタリング大衆社会化している今、ニヒリズムに陥っている今、その処方箋として、人が国宝に変わる別の道を提示してみましょう。

最澄は『山家学生式』の序の中で、こう喝破しています。「国宝とは何物ぞ……慈悲の極なり」と。これは何という意味でしょう。ここで国宝とは、道心（宇宙の法に従う心）を得た人のこと、この人は、仏性である元の本質に立ち返ることを悲願としています。この元の人の心である仏性とは何物か？最澄は一言にて「慈悲の極なり」と喝破しています。美事です。慈悲の極とは（無償の愛、もしくは無私の自己犠牲をいとわぬ至愛）のことです。これが神性（仏性）です。

では、どうやって現に人は慈悲の極に至れるのか。事は極めて単純です。釈迦の真似をすればよい。仏教とは人がすべて釈迦のように成る道です。なぜなら、釈迦が歩いて悟りを得て、大日如来と一体となった、そのやり方を（法を）説いたものが仏法ですから。どうやって釈迦になるか？

空海は〝真の仏教とは即身成仏なり〟と言っています。即ち人が、この世一代のうちに仏に成る（釈迦のようになる）道だと、喝破しております。なぜ、そんな事ができるのでしょうか。昔々、

●即身成仏の現証とは何か

嵯峨天皇が「ならば、その即身成仏の現証を見せよ」と空海に迫った時、彼は結跏趺座して、印を結び、口に真言を唱えると、たちまち全身が黄金に輝き、眉間からは白光を放ち、頭に宝冠が現れて光明を放ちました。人は皆びっくりして、口々に「大日如来さまのようだ」と言いました。これはお

話、昔話でしょうか。

いいえ、見る目を持つ人、即ち見えないモノ神仏の〈即ち、空なるものの〉実在を感じとっている人、私の詩の〈見えてるけれどあるんだよ〉が判って下さる方なら、心眼でハッキリ判ります。これに近くなってる人は、私の周りには数々《かずかず》存在します。

これらの人はなぜそうなったか。空海や最澄がやった修行の本質を、易々と生活の中で実践したからです。〈易々と〉は少し語弊がありますが、〈やろうとすれば万人《ばんにん》がやれる道〉という程の意味です。

●教行証と三密

その道とは何か。これ仏法の真髄でしょう。釈迦の教え、これは「教《きょう》」。これを実行する道が「行《ぎょう》」。実践したその効果が表に実現される、これが「証《しょう》」。教・行・証、この三つを通り抜けるのが仏法です。その通り抜けるためのポイントにあるのが「行」、その要《かなめ》の実践方法とは何か。それを「三密」という。三密とは身・口・意の三つを通じて、まことの行為・まことの言葉・まことの想いを実践すること。

それを密教ではどうやるのか。①印を結ぶ、②真言を唱える、③瞑想する、この三つです。これは修行しないと、なまなかに出来ることではありません。形だけ印を結び、形だけ真言を唱え、形だけ心を集中さして〈三摩地《さんまじ》〉の境〈三昧《さんまい》〉に入ろうとしても、入れるものではありません。つまり大日如来と合一できません〈すなわち即身成仏は成りません〉。だから山に入って荒行を積むのです。時には、熊野での山岳修行、那智の一千日滝籠り。比叡山での千日回峰行。一日に山中の二六〇カ所以上の聖所を礼拝、片時も真言を唱えることを怠らず、山の登りも下りも同じ呼吸を持し、一定リズムの回峰行一〇〇〇日、これを「歩く禪」と呼ばれます。

なぜ、こんな事を？　それはそれ、山に霊気ありです。なぜなら山には神々が住み給う、ないしは山そのものが神のご身体である。これは日本の古来からあるアニミズム。自然界そのものが生きものなり、です。この自然、あるいは大日如来そのものとも考えられる神との一体を、自己を捨てた荒行で行い、その中で印・真言・三摩地《さんまじ》（瞑想）の三つを実践させ成就しようという訳です。

こんな難しい事、誰にでも出来ることではありません。だから私達凡夫には即身成仏ができない。いいえ、いいえ、釈迦が万人に出来ない法（即身成仏の道）を説いている筈はありません。断じてありません。釈尊は慈悲の極ですから。私達は密教でやるのと同じ三密を、この荒波の現世の荒行で成就できます。この道を釈尊は「八聖（正）道」として説いておられました。

2、今や、現実世界が「即身成仏」荒行の場なり

●「八聖道」の真道とは、万人の道なり

要するに、三密とは身・口・意でまことの道を踏むことです。なぜなら、人の身体は動物ですから「身」（行為・行動）が大切です。また、人は動物と違い言葉を話すものですから「口」（言葉）が大切です。

それに人の本性は仏性（神性）であるが故に、「意」（その心は神の様であること）が大切です。動物・人・神この三つを一つに融合した者が私。それだから、身体と言葉を心（人の本性の仏性）に従わせれば、これで出来上りです。身・口・意の神性化、この行が「三密」です。これを私達は最大の荒行でやり抜けば誰にでも出来ます。では、その最大の荒行とは何か。………現に、今あなたがやっているのが、それです。

人にとって、口で飯を食い、その糧を入手するために額に汗して働き、糧をめぐって人と争い、死の時までに体と家族と財を守り、風雨災厄にもめげず生きる事は「行《ぎょう》」です。只《ただ》、生きるのでなく、神のように成るという事は。それにロスチャイルド氏のように、地球人奴隷化の餌（金融資本主義の、幻影のやがて必ず破裂する幻の宝）をキラキラ撒き散らして誘惑する方もいるのですから。油断なく、三密の行をすることは至難事。

しかし、釈迦はその道を通らねば金輪際ホトケには成らぬと、八聖道（日常生活の中で、言・行・想を正しく真《まこと》の道を踏み行い、ヨシこれで生涯貫こうと肚を定めたら、そこから瞑想を行う）、これが八正道で、人がこれをやりぬけば万人が仏に成ると教えられました。だから、現世こそが千日回峰行の舞台です。

でも、誰でもやれるのか？　やれます、熊野山中、比叡山でなくても。私達はやりつつあります。やってる人は半歩・一歩・二歩・三歩と近付きます、己が内在の神性を身体に顕現する仕事、つまりは即身成仏の方向に。肝心な事は二つ、八正道の励行、もう一つは自然界と一つになること。これが現代の千日回峰行です。

でも、どうやって自然界と一つに？　街の中のビルやマンションで生活しているのに。それは「色即是空」（山々は移り変わるのに）、「空即是色」（その中に見えない〈空〉のコトバあり）。このコトバ（真言）を自然界から聞き取って、万人の耳に伝えればよいのです。私達は、今これをリラ自然音楽という形でやっております。しかし、ここではこれ以上記しません。未来の科学がそのメカニズムに答えを出してくれるまで。只、誰でもやればやれる事を、私達はやっておりますと申して、次の話に移ります。

参考（追記1）　大石凝真須美のみろく出現説

『弥勒三部経』によると、弥勒菩薩は釈迦入滅後五十六億七千万年の後この世に下生して、衆生をことごとく救い、みろくの世（地上パラダイス）にすると記されています。気が遠くなる夢のような話。いいえ、もうそうなると私達とは無縁の遠い出来事のように思われます。しかし明治の著名な言霊《ことだま》学者の大石凝真須美《おおいしごりますみ》は『仏説観弥勒下生経』を言霊で読み解いた結果、「弥勒下生の地は現在の日本国である。そのころ大真人の出現により人心の進化が起こり、弥勒菩薩の出現を見るだろう」と断定し予告しています。即ちその記すところは次の通り、「弥勒出現の期は五十六億七千万念と予算したる稔限は時々の呼吸によりて機を見す事故に、至真の大真人の大度衡を以て経論しつつ世を教導する時、今日にもせよ明日にもせよ………人心の進歩次第にて遅速はあるとも必ず弥勒は出現すること確乎たり…………其の条々日本国今日の機運に一々的中する事は既に了解する所なり」と。

参考（追記２）　末法の世と、地下から菩薩らが出現

仏教の時代観として、釈迦入滅後は①正法時代、②像法《ぞうほう》時代、③末法時代の三時代が来ると言います。正法時代は教（釈迦の教え）・行（その実践修行法）・証（実践効果の悟り）がそろってある時代。像法時代は教と行のみあって、証のない時代。末法時代は教のみで、悟りに至る行法もなければ、従って証も無い時代を言います。この時代は五〇〇年説と一〇〇〇年説とありますが、日本では平安朝以後は一〇〇〇年説がとられます。釈迦の入滅の年は諸説あってハッキリしません。紀元前三八三年頃とか、紀元前四八六年頃とか、その他いろいろ。しかしいずれにしろ一〇〇〇年説でいくと、西暦一五〇〇〜一六〇〇年頃（現在より四〜五〇〇年ほど前）からは末法の時代に入っている訳です。成る程、現在のパンドラの箱を引っ繰り返した状況はまさしく末法、いいえ、滅法の世（教えも完全に消えた世）というべきでしょうか。

『法華経』の「妙法蓮華経従地湧出品　第十五」には、仏滅後、大地が裂けて下方の虚空界から多数の菩薩・摩可薩が湧き出て来て、釈尊の教えの法を説くと記されています。実際にこの説を釈迦が口にされた時、「仏、これを説きたもう時、娑婆世界の三千大千の国土は、地、皆、震裂して、その中より、無量千万億の菩薩・摩可薩ありて、同時に湧出せり。

この諸の菩薩は、身、皆、金色にして、三十二相と無量の光明とあり。先きより、尽く娑婆世界の下、この界の虚空の中に住せしなり。」と。

これを見て釈尊をとりまく者達は驚いた。この光の方々はどこから来たのかと。釈尊は、この者達は前世の記憶を持つ者であること、それから釈迦の教えを受けて悟りを得た者達であると次のように言われた。「おまえたちが未だかつて見たことのなかったかれらだが、かれらは今、大地の割れ目から現れ出た。余はこれらすべての求法者たちが、このサハー世界（注、娑婆、私達が住んでいる現世界）において、この上なく完全な「さとり」に到達するように、かれらを鼓舞して奮起させ、心を勇みたたせ、その気にさせた。余はかれらがこの仏の教えに到達するように、かれらを成熟させ、決心させ、専念させ、確信させ、理解させ、覚悟させて、教化したのである。また、これらの求法者たちは、このサハー世界において、大地の下にある中空の世界の境域に住んでいる。」と。

末法の世、今なら、また釈迦の教えが全くの偽りでないならば、弥勒菩薩の出現、地湧《じゆ》の菩薩らの出現、皆様方はいかに考えられますか。「阿呆か、バカも休み休み言え」と言われますか。私としましては、大石凝真須美が記した条件〈人心の進歩次第にて遅速はあるとも必ず弥勒は出現すること確乎たり〉は、聞くに価する示唆と考えます。なぜなら「物の興廃は人による」、「人の消沈は定めて道にあり」ですから。人心の進化いかんで「歴史と宗教の位置の転換」が起きるのではありませんか。これは法です（宇宙の法）、そうではないのでしょうか。

七、衆心進化論のすすめ

「武士は食わねど高楊枝」、日本には高い精神文化が存在しました。人は食（餌《えさ》）で操られる動物ではない。この誇りはどこから生まれてくるのでしょうか。人は霊止《ひと》です、（霊が肉体に来て宿っているもの）。霊《ひ》とは目に見えないけど実在する神ご自身、その分けみたまということです。即ち仏教でいう仏性です。ですから、人は動物なりとするダーウィンの進化論を生んだ西欧文明とは、人間観が全く異質です。

今、この日本の精神文明、即ち人間観が世界に広がらねばなりません。でなければ世界を包んだ泡沫主義の金融資本主義を人類は乗り越えることが不可能です。

日本人には脈々と、この血筋が流れています。つまり霊脈と申しますか、物質よりも心（精神）を一段と高いものにおいて生きる、貴い心性。これが、一国一文明を守ってきた、日本の世界における役割です。もし、世界が動物化して家畜とされる危機が来たとき、断固として立てと、これが日本民族の役割です。

明治維新で、日本がもしかして植民地化され、そのためにアジア全体が欧米の植民地となる危機にあった時、日本人はなり振りかまわず命懸けで、欧米に一時は屈した形を示しながらも、急いで欧米の科学文明を受け入れました。欧米は「力」の文明で、日本は「愛（心）」の文明で異質ですが、愛が十分に日本人全体で結晶し尽すまでに、未だ時期が早かったため、欧米の科学技術の金の力・武器の力で倒されてしまっては元も子もありませんから、負けたふりをしながら、一生懸命西欧の科学文明を受け入れて学びました。それが殖産興業政策となり、他方では立憲君主制など、政治や経済の制度となりました。これはこれでいいのです。但し、もしかして日本としての魂までも抜かれてしまいさえしなければです。

右のような自覚をしかと持った少数の明治の日本人達がいました。鈴木大拙、西田幾太郎、内村鑑三など、もう一人福沢諭吉。諭吉の『学問のすすめ』を読むと、**「一身独立して、一国独立する」**とハッキリ言っています。つまり国の独立には、政治や経済などの「物」の方はもちろん大切だが、何より欠いてならないのは「人」である、独立の精神なりと教えたのです。つまり「物の興廃は人による」です。

それから、有名な「天は人の上に人を造らず、人の下に人を造らず」です。これは西洋の人権思想や民主主義から学んだと通常言われますが、そうではありません。日本人の心性から元々出たものです。だからハッキリ言っています、「されば天より人を生ずるには……………万物の霊たる身と心の働きをもって」と。人は霊です霊止《ひと》です。

それから文明論についても、「物」ではなく「人」が主と教えています。更には「人の心」が文明を生み、文明を動かす原動力だと説いています。これを福沢諭吉は「衆心発達論」と呼びます。即ち「文明論とは、人の精神発達の議論なり。………天下衆人の精神発達を一体に集めて、その一体を論ずるものなり。これを**衆心発達論**という」と。（『文明論之概略』より）。

ですから、これは最澄の「一隅を照らすものが国宝」、光の蟻が集まればパラダイスが産まれるというのと全く同じです。人が生きることは、そこに政治とか経済とか、いろいろの営みがありますが、結局これは人の精神の発達のためにある。それも衆人の人類全体の精神発達のためにある。この全人の精神発達の暁《あかつき》には、恒久平和が産まれるのであると、こう言ってる訳です。

ですから、福沢諭吉は最後にこう記します。『福翁自伝』より、その最後のところです。「私の生涯の中《うち》に出来《でか》してみたいと思うところは、全国男女の気品を次第々々に高尚に導いて真実文明の名に恥ずかしくないようにすることと、仏法にしても耶蘇教にても孰《いず》れにしても宜しい、これを引き立てて多数の民心を和《やわ》らげるようにすることと、………高尚なる学理を研究させるようにすることと、この三ヶ条です。」

諭吉が官途に就《つ》かず、生涯を教育に身を捧げたのはこのためでしょう。一つ、全国男女の気品の向上。二つ、民心の和ならしめること。三つ、高尚なる学理研究（つまり、武器と金儲けの手段化した現代科学ではなく、地球と人類の進化を助長させる未来科学の創造）、以上です。

結び　もう一度、歴史と宗教の位置の転換

こうして見てきますと、私達は成吉思汗は八〇〇年前に死んだのではないという結論に到達します。なぜか？　マルコ・ポーロから、コロンブスが出て世界が円いことが分かり、アメリカから多人種・多文明・なかんずく西欧文明の極致が生まれました。この事は、結局のところ、誰か（ロスチャイル

ド氏かも？）に誘導されて、泡沫金融資本主義に到達したという意味である。ここが断崖です、下は地獄です。ここまで、……衆心文明論の言う人類文明の瀬戸際に立ちました。ここから墜ちるか（ロスチャイルド氏やらの仕掛ける）、家畜化の餌である……不換紙幣からふくらまされた、デリバティブ（金融派生商品化）されて、それもレバレッジかけられて巨大風船化した、美事な虹の麻薬入りの餌……それに飛び付くか。もしくは、ここで人類は宗旨を変えて、武士道の精神の気品の餌「武士は食わねど高楊枝」の方にするか、瀬戸際です。

ここでお断りしておきますが、ここまで誘《いざな》われて来たのは、ロスチャイルド氏の手品、トリック、強欲《ごうよく》の責任ではありません。人類が選んだのですから。止《や》めればいいのです、選択を。

こういう仕掛けをして、人類を「衆心文明論」で一挙にどこかで飛躍させて、パラダイスへと送り込むために、もう一人仕掛けた人物がいました。その人が源義経ではなかったのでしょうか。この人が成吉思汗に化けて、八〇〇年間私達を引っ張りまわし、ここへ来て正体を現わそうとしています。だから、チンギス・ハーンは八〇〇年前に死んだのではありません。今も生きています。きっとその正体を顕《あらわ》にして、私達の前に出現する筈です。

もし、そうでなければ、歴史がここで終わります。救い主は（イエス・キリストか、弥勒菩薩か）好きな方を選ぶことにして、ここで人類は皆ともに飛び上がりましょう。今、決断の時です。今こそ、日本人の決死特攻の時です。もう一度やりましょう、この日本人から、今度こそは一億総特攻隊、人類ごとを羽に乗せ、空中への飛翔のとっておきの技《わざ》を。

それが、歴史と宗教の位置の転換です。「外の神」から「内なる神」への転換、切り替え。これによって、人は動物の段階から、神に似せて創られた（神の子）の段階へと進化します。それによって、地球人の歴史が、これまでの戦争をしてきた歴史から、戦争の無くなった新しい歴史へと、位置が転換します。宮沢賢治が八十年も前に考えていたのはこれです。「チンギス・ハーン義経説」と妙につながってくる、不思議な巡り合せの時に、私達は今来ています。

参考文献

桑原啓善『宮沢賢治の霊の世界』でくのぼう出版
桑原啓善『変革の風と宮沢賢治』でくのぼう出版
熊谷えり子『ネオ・スピリチュアリズム』でくのぼう出版
岡田英弘『世界史の誕生』ちくま文庫
堺屋太一『チンギス・ハンの世界』講談社
堺屋太一『世界史を創った男　チンギス・ハン』ＮＩＫＫＥＩ　ＮＥＴ
山本雅男『ヨーロッパ近代の終焉』講談社近代新書
佐伯啓思『人間は進歩してきたのか』上・下　ＰＨＰ新書
佐伯啓思『日本の愛国心』ＮＴＴ出版
佐伯啓思『自由と民主主義はもうやめる』幻冬舎新書
佐伯啓思『大転換』ＮＴＴ出版
中谷　巌『資本主義はなぜ自壊したのか』集英社
水野和夫『金融大崩壊』ＮＨＫ出版

安部芳裕『日本人が知らない恐るべき真実』晋遊社
高橋五郎『天皇の金塊』学習研究社
梅原　猛『空海と最澄』小学館文庫
『最澄（日本思想史大系）』岩波書店
『密教の本』学習研究社
『大石凝霊学全集』第一巻　八幡書店
『法華経』中巻・下巻　岩波文庫
新保祐司『内村鑑三』構想社
福沢諭吉『学問のすすめ』岩波文庫
福沢諭吉『文明論之概略』岩波文庫
福沢諭吉『福翁自伝』岩波文庫

第三編

鎌倉大仏の印の秘密

序　武家の古都・鎌倉はエデンの東にあり

●鎌倉には三つの気があります。

①「緑」が出す癒しの気、②「大仏」の安らぎの気、③「八幡さま」の救いの気。この三つが不思議な魅惑を生んでいます。鎌倉に来るとホッとする（人の過去がいやされる）。元気が出る（なんとなし未来に目を向けるゆとりが出る）。これが鎌倉の魅力。癒し、救い、文化、この三つの香気。

●この源をつくったのは源頼朝です。

山と海それに緑、そこに神々が住み給うことを知っていた日本人の血が、ここ鎌倉に武家の砦の都をつくらせました。七つの切り通しや出口だけで、城壁の無い、あとは神々が守らせ給う都《まち》です。そのためには、人は信心深く、心清らかでなければなりません。だから御家人たちは一死《いっし》主君に報いるために、もう一つは己れの生き死にのホゾを固めるために、武のほかに心を磨きました。ですから禅の寺はいやしの緑につつまれ、神社は神を宿す森の中にある。ここに、緑豊かな武家の古都の誕生です。

●今に残す日本人の血の文化の古都が鎌倉市です

だから日本人が次々来る。来てもまた来てみる。それだけでなしに、外国人にもご本人のふる里とつながる、何かなつかしさのお土産を差し上げている。ここに鎌倉の魅力がある。そのお土産とは何か?……ここで、大仏と八幡さまの出番となる。なぜ八〇〇年も、お二方が坐っておられるか、鎮座しておられるか。その一つの秘密を、私は鎌倉大仏の印に見ております。

この秘密を解いていくと、結局、「武家の古都・鎌倉は、エデンの東にあり」という結論に到達します。その意味は、「地球全員が再びパラダイスに入る、その入口は頼朝公が作った〝武家の古都・鎌倉〟にありました」という事になるのです。何故か? これから次々とその秘密を解いていくことにします。

一、鎌倉大仏の定印の謎

頼朝はなぜ、緑深い山々に囲まれた鎌倉に都をおいたのか。それを解く鍵は大仏の印にあります。大仏(阿弥陀如来《あみだにょらい》)が瞑想のために結ぶ定印《じょういん》が狂っている。大仏は頼朝の没後五十余年たって鎮座しました。それにも拘らず、印の狂いが問題なのです。

鎌倉の大仏は謎に満ちているとよく言われます。その一つは、二度作られている。一度目は一二四三年に木造大仏の開眼供養がされている。二度目は一二五二年から鋳造の大仏が作られ始めている。現在の大仏はこちらの金銅大仏です。では木造大仏はどうなったのか、資料がない。しかし木造大仏が原型となり、鋳造大仏になったと現在は理解されています。二つ目の謎は、大仏の勧進をした僧浄光の来歴が一切不明なのです。三つ目は、余りにも大仏につきまとう災厄が多い。一三三五年の台風、一三六九年の台風、一四九五年の洪水、一四九八年の大地震津波で、いずれも大仏殿が倒壊し破壊された。以後は現在のように露坐となっています。

以後、盗賊が大仏の胎内に住みついて賭博の場となったり、男女密会の場とされたりしました。更に一七〇三年の元禄大地震で台座の石段がくずれ下に傾いたり、大正十二年の大震災では、大仏が数十センチメートル前方に滑り出しました。現在大仏は露坐のままで酸性雨にさらされ、青銅の体躯は瀕死の状態です。

四つ目の謎は、先述したように大仏の定印が狂っていること。阿弥陀仏の定印は、人差指の爪先が親指に向かっていなければならない（写真1）（図1）。鎌倉の大仏は、人差指の先に親指が乗っていない（P.122写真2）。これは明らかに狂いです。なぜこんな事が?………この定印の狂いのために、災厄が続くと言われます。そうかもしれません。しかし意味はもっと大きいのです。阿弥陀如来が末法の世の到来を示しているのです。もし弥

（写真1）
平泉・中尊寺金色堂の定印阿弥陀如来像
「特別展 平泉みちのくの浄土」より

（図1）
図説佛教語大辞典　中村 元 著
東京書籍 より

勒の到来下生なかりせば世の安定はあり得ませんぞと。そうして、弥勒菩薩到来を実現させるのが鶴岡八幡宮なのです。謎の中の謎は、鎌倉に鶴岡八幡宮と長谷の大仏の二つが鎮座するというこの事実です。

二、大仏の定印とは何か、誰が狂わせたか

1、大仏建立までの経緯

一一九五年（建久六年）、源頼朝は政子と共に奈良東大寺の大仏落慶法要に参列しました。東大寺の大仏は毘盧遮那仏《びるしゃなぶつ》です。そこで5丈3尺5寸（十四・七三メートル）の金銅仏を見て、深く心をとらえられました。武家の都鎌倉にも、このような大仏を建立したいと。

東大寺の大仏は、聖武天皇が漸やく日本の中央集権化が実現された

鎌倉大仏

（写真２）鎌倉大仏　定印

奈良の都に、国家鎮護の守り神として、七五二年（天平勝宝四年）に開眼供養されたものです。しかし一一八〇年に平重衡の手で焼かれ、その復興落成式が一一九五年に行われたのでした。

奈良の大仏は毘盧遮那仏《びるしゃなぶつ》、毘盧遮那仏は大日如来、仏の中の仏です。頼朝が鎌倉・武家政権の守り神として大仏建立を悲願したこと、えいえんの栄えの礎として何としても欲しいと思った心情は分かります。

しかし、頼朝は一一九九年（正治元年）に不可解な急死をいたしました。頼朝の心願を生かそうと奔走したのは、東大寺へ政子に従って参列した稲多野局《いなだのつぼね》でした。政子を動かし鶴岡八幡宮にも祈念して、これがみのり、鎌倉大仏建立の運びとなりました。このとき同じく大仏建立の勧進《かんじん》をして歩いたのが僧浄光です。

さて、こうして一二三八年から木造大仏の建立が始められたのです。ただ、鎌倉大仏は毘盧遮那仏でなく、阿弥陀如来《あみだにょらい》の大仏です。なぜそうなったのか。一つは、浄光が鶴岡八幡宮の社壇で夢告を受け、八幡大菩薩の本地である阿弥陀仏がよろしいということであったらしい。もう一つは、一二三〇年鎌倉は大飢饉で、現在の長谷のあたりは餓死者が群れをなし、地獄谷と呼ばれており、そこに極楽浄土の主神である阿弥陀如来の大仏を置き、衆生亡者救済の結界を作ろうということもあったようです。それにもう一つ、一〇五二年（永承七年）から世界は末法の世に入った、という末法思想が当時は広がっており、阿弥陀仏の浄土系信仰が強かったという事もあります。

2、末法思想と阿弥陀仏の定印

仏教には、釈迦入滅後に次第に正しい教えが失われていくという予言、仏教的史観があります。それは三時説、三段階に衰滅していく。先ず正法時代、それは教（釈迦の正しい教）があり、行（正しい実践の方法）があり、証（その成果である悟りが得られる）、この教・行・証そろった時代。次の像法時代は教と行のみあり、証がない時代。最後の末法時代とは教のみあって行も証もない時代。これには五〇〇年説と一〇〇〇年説があります。また釈迦入滅も紀元前六〇九年説と九四九年説とあります。中国の隋唐で盛んになり、日本に入って来て、平安後期には飢饉、天災、疫病流行、僧兵の抗争が続いたので、人々は末法の到来に脅えました。これが次の鎌倉時代へかけて末法の世の救いを阿弥陀仏に求める浄土信仰の流行となります。

日本では一〇〇〇年説をとって、釈迦の入滅を壬申の年（前九四九年）とし、一〇五二年（永承七年）に末法の世に入ったとされました。ですから、この年に関白の藤原頼通は宇治に平等院を建て、そこの鳳凰堂（阿弥陀堂）に阿弥陀如来像を安置しました。これは現在、世界遺産に登録されています。また奥州の平泉では、藤原清衡が現実に極楽浄土をこの世に現出させる悲願をもって、一一〇五年に中尊寺を建立しました。そこの金色堂は阿弥陀仏をまつる阿弥陀堂で国宝。清衡・基衡・秀衡と三代をかけて、黄金による現世の浄土化の夢をそこに実現させていきました。

さて、鎌倉の大仏は長谷（地獄谷）にあり、露仏。それに何としたことか、阿弥陀仏瞑想の定印が狂っています。これでは極楽浄土への成仏など叶う訳がありません。ところが、これが現実世界浄土化の、とっておきの仕掛けなのです。ワザと狂わせた？　浄光（来歴不明者）の仕業？……判りません。いずれにしろ、阿弥陀さまは、仏法では西方極楽世界を主宰する仏です。はるかに遠い久遠の昔、衆生救済の四十八願を発し、そのすべてを成就して仏となられました。即ちこの世で二千数百年前に仏になったお釈迦さまとは、ケタ違いに古い偉い如来です。今も、死後の極楽浄土にあり、すべての者をそこに救済されます。その決め手が第十八願、念仏を唱えることで誰しも極楽浄土に往生できるとされています。ですから、親鸞は「善人なおもて往生をとぐ、いはんや悪人をや」と喝破し、「願をおこしたまう本意、悪人成仏のためなれば、他力をたのみまつる悪人、もとも往生の正因なり」（注『歎異抄』）と、万人の極楽への往生を保証しています。しかも、それは死んでから（この世でヒィヒィ言いながら）、あの世でやっと成仏するというのでなく、この世で信心決定《けつじょう》すれば（専心念仏で極楽に往生すると弥陀の本願を確信すれば）、その者はおのずからこの世で善行をなし、すべての宿業カルマを消して、現世成仏するとしています。これを早くから説いたのが最澄です。最澄はこの世での「即身成仏」を最も早く唱えた人です。

中村元氏はその著『日本人の思惟方法』の中で、次のように指摘しています。「大乗仏教は凡夫がまっすぐに仏になりうる道（直道）（山波の注、直道とは即身成仏のこと）を教えるけれども、この思想をもっともよく徹底させているのは、『法華経』の教説である（大直道）。最澄は「即身成仏」という語を用いている。このような思想は、仏教に古くからあるものであるが、この語を用いたのは、最澄が最初であるらしい」と。

この天台の最澄の教えが、法然や親鸞らの浄土門の教えとなり、禅宗では道元の「只管打坐」で得道する教えとなり、もちろん即身成仏を本道とする密教の核心となっております。

さて、鎌倉の大仏ですが、阿弥陀仏の瞑想の定印の狂いは、アヤマチではなく、（弥陀の誓願こしばらく休憩です）、の印ではないでしょうか。なぜなら、末法の世は末法万年と言われます。そして五十六億七千万年後に弥勒菩薩が下生し、世を救うと法華経に記されています。待っておれません。五十六億年など、私達に縁もゆかりもありません。

そこで出番となるのが八幡大菩薩です。大菩薩とは正しくは「護国霊験威力神通大自在王菩薩」が正式の名称で（注、七八三年宇佐八幡神の託宣）、その意味は、弥勒下生の時まで、末法の世にも衆生を救う悲願をもちその機能をもっている菩薩という意味、だから大菩薩です。いわば弥勒にバトンタッチする大菩薩。だから大急ぎでバトンタッチやって下さればよい。阿弥陀大仏の定印の狂いは、これの催促の印です。だから、裏鬼門（西南）の方向にいる大仏から、表鬼門（東北）の方角に鎮座する鶴岡八幡宮へ、ここ八百余年間催促のサインが送られ続けて来ていました。

八幡さまの本家は宇佐八幡宮です。宇佐神宮が現在の小椋山に正式に鎮座なされたのは七二五年（神亀二年）。このとき同時にここに弥勒寺が建てられました。八幡さまは弥勒信仰を中心とする神宮寺です。鶴岡八幡宮も明治維新の廃仏毀釈までは、鶴岡八幡宮寺でした。弥勒の信仰と深くかかわっています。ですから、八幡神は弥勒菩薩の下生の時を催促できる、催促するバトンタッチ神です。

では、いつ催促するのか、これについては後で触れます。その前に一言、

源頼朝がそこまで知っていたとは思いません。しかし日本人ですから、それに真剣に日本の統一を考えていたでしょうから、きっと潜在意識の中で、深く現世での弥勒の世の実現を悲願していたと思

います。平等院のように、阿弥陀如来の姿を池の水に映して安置するだけでなく、平泉のように黄金で極楽浄土を現実にこの世に作り上げるだけでなく、武家政権により極楽浄土を鎌倉の地から世界にまで広げたいと思っていたのではないでしょうか。

少し大袈裟に聞こえますが、日本人ならではの感性と、信心と、それと天命があれば、そうしたいと思った筈です。

三、日本人ならではの、自然の守りの城塞都市鎌倉の建設

1、宇宙飛行士・若田さんの「地球は草の香り」

二〇〇九年七月三十一日、宇宙飛行士の若田光一氏が、四カ月半の宇宙長期滞在を終えてケネディ宇宙センターに無事帰還しました。その時、その瞬間の感想を若田氏は次のように伝えています。「(シャトルの) ハッチが開くと、草の香りが入って来て、やさしく地球に迎えられました」と。このように、「地球は草の香り」と、同じように地球に帰還した他のアメリカ人飛行士達の誰が言ったでしょうか、感じたでしょうか。

「地球は草の香り」と感じるのは日本人の特性です。四カ月半も地球から離れていると、地球その

ものの本質がハッキリ判るのです。日本人なら、それは地球のもつ生命の香り（草の本質は生きもの、生命です）。

若田氏は、日本人である若田さんは、ハッチを開けた瞬間に、地球から生命の香りを匂ぎ取ったのです。これが日本人の特質です。

それは若田氏に限りません。同じ宇宙飛行士であった毛利衛氏が全く同じ事を言っています。（注、二〇〇九年八月四日の読売新聞より）、「2度目に宇宙に出た2000年、スペースシャトルの尾翼をかすめて見える月に心がひかれました。自分の生が他者や万物とつながっている、という感覚でしょうか。以来、私は、どこかで「日本人」にこだわってきた気がします」と。

何と、毛利氏は日本人ならではの感触を伝えています。宇宙の空間に、ポツンと一つ光る月を見て、自分の生命《いのち》が他者や万物とつながって見えると。万物・万象、月も地球も含めて、勿論すべての人を含めて生命は一つであると。私はすべてとつながったもの、鈴木大拙の言う「一即多」ですか。すべてのものが生命《いのち》に見える、即ち見えない筈のいのちが見えてくる、これが日本人の特質、いわゆる日本的霊性でしょうか。

ここで私からも一言。見えない生命《いのち》が見えるのが（感じられるのが）、日本人です。この見えないモノを感じる感性が、日本文化の特性を生み出しています。本居宣長の「もののあわれ」、何となく分かりますね。そこはかとない哀しみ、それは物事の裏にあるいのちが見えるからです。幽玄の美、それは能楽のかもし出す美しさ、動きは少ないのにすべてを語り尽すような、真実の深さ。それは裏の命を見せているからです。このように〈見えないモノ〜いのち〉を感じとって、〈見える形やモノ〉

にして作り出す至芸が日本人の特性です。深さがある、かなしみがある、それは幽顕です。つまり幽（かすかにして見えないモノ）、それを顕（見える形のモノ、言葉や舞や技術など）にして此の世に表現させる特質。また反対に顕（見えるモノ）から幽（見えない命）へと返してみせる至芸。もののあわれを感じる心、これが日本人の特性です。

なぜ日本人にはこんな事が出来るのか？　それは日本人ならではの宇宙観と生命観と人間観があるからです。宇宙観とは「産霊《むすび》の宇宙観」（神が身を二つにして、神々を生み、国土を生み、人々を生み、万象を生んだから、神人万象これ一つの愛のいのちなり）これです。そして、すべては一つの宇宙の「生命観」、そして最後は「人は神の子」の人間観です。人は神の本性を宿すモノ。釈迦の言う一切衆生の「悉有仏性」です。ですから人の生きる道は「愛」、これはキリストの教えです。

ですから武士道では、これを惻隠の情「武士の情け」と言います。死屍に鞭打たず、これは日本人の心です。亡骸《なきがら》とはなっても、その魂は神（生命の源）に帰るものですから。ここに「人は祖に基づき、祖は神に基づく」日本人古来の生命観があります。

宇宙飛行士毛利さんと若田さんは、日本人ですから、アメリカ人飛行士達とは違って、宇宙から地球に戻って来たとき、日本人ならではの生命を感じ取ったのです。ここに日本文化が、世界で類《たぐ》いのない、ある意味では孤絶した独自の文化を維持しています。これは日本人の天命です。即ちこの「幽顕生命観」を、換言すれば「産霊《むすび》の宇宙観」を、やがて世界の人々へ伝え、世界がこの生命観・自然観によって一つに結ばれ、恒久の平和へと進んで行くための。ですから毛利衛氏もこれについて一言触れています。「私は、ここで再び、日本の役割が必要とされる気がします。他者や自然、万物との

「つながり」を重視し、慈しむ日本的な生命観こそ、技術の底辺に据えられるべきだと思います」と。そして「進歩だけを猛烈に追いかける20世紀は終わりました」「人類に豊かさを導く哲学とは何でしょう」。そして最後に「科学の位置付けを文化の域に高めたいですね。その先に、地球の未来も見える筈です。」と締めくくっています。日本人の使命感、世界の歩むべき方向をハッキリ見据えて、日本人の持ついわば天命を指し示しておられます。

この意味で、源頼朝は日本人でした。日本人の中の日本人、世界を見据えて、末法の世の終わりを告げるべき21世紀頃を見据えて、天然の神々と共に在る、共に生きるべき、緑と自然の中に生きる「武家の古都・鎌倉」を作っておいたのではないでしょうか。

2、頼朝の苦心、信心、自然と神と風水を生かした都づくり

城壁の無い、要害堅固の、武家の古都。ここで日本的霊性が、武士道という黄金の卵を産みおとす。末法の世にこの卵から、弥勒菩薩が住む未来が孵《かえ》ってくる。八三〇年前に、計画的な都市づくりをした人がいました。源頼朝による鎌倉の誕生です。

一一八〇年（治承四年）十月六日に、源頼朝は鎌倉に入ります。翌日、鶴岡若宮を参拝、直ちに城塞都市鎌倉の、陰陽道の風水理論に基づく都市計画の実行に入ります。先ず住まうべき御所の建設。初めは父義朝の館があった所（現在の扇ガ谷の寿福寺あたり）に建てようとしたが、狭いので、改めて大倉に館を構えるのですが、それに先立っての仮住い。そのために北鎌倉の山ノ内にあった知家事・

兼道の家を移築して使いました。なぜか？　実はこの家屋は正暦年間（九九〇〜九九五）に陰陽師の安倍清明が地鎮祭をして、災害・火災封じの「鎮宅ノ符」が貼ってあったのです。つまり、頼朝がいかに陰陽道を大切にしたか、ですから鎌倉は陰陽道の風水に基づき一切が計画実践されたのです。もう一つ、なぜ最大の陰陽師安倍清明が、二百年も前に、わざわざ京から鎌倉まで来て、何年もとどまり地鎮祭などしたのか。この謎？　鎌倉はもともと風水から見て吉運吉祥の土地だったのではないか。それと、安倍清明は鎌倉の地に何か仕掛けをしたのではないか？　判りませんが。

さて、風水はともかく、頼朝は日本人です。それと信心深い人だったでしょう。現在の私達と違い日本の感性をしっかり持っていたでしょう。当時の人は皆（末法の世の脅えもあるから）殊更に信心深く、素朴な日本人の感性を具えていた筈です。

だから、頼朝は城壁の無い城塞都市・鎌倉を建設したのです。三方向（東・北・西）は山々、そこに神々が住み給う。陸路から鎌倉に入る七つの口、極楽寺坂・大仏坂・化粧坂・亀ヶ谷・巨福呂坂・朝比奈・名越に、人為的に切通しを作るだけでオーケーとしたのです。ここで外敵を防ぎます（注、もちろん平時は交通の通路ともなりますが）。人事を尽して後は神々がお守り下さるのです。城壁など人工的に何もかも張りめぐらさずとも、山々には神々が住み給う。信心深くあれば神が守り給うのです。宇宙飛行士の毛利氏と若田氏が、見えない生命《いのち》を見たのと同じ目があったのです。その通りに鎌倉は八百年の間守られています。

山々は緑、緑はいのちを養う生命の素エネルギーの宝庫です。南は海、海は未来をつなぐ希望の光の翼です。

さて、風水では吉運の地は四神相応の地（東西南北に四神～霊獣があって守っている地）です。鎌倉は東に青龍に当たる河川（滑川）あり、西に白虎に当たる街道（東海道）あり、北に玄武にあたる山（大臣山）あり、南に朱雀に当たる海（由比ガ浜）ありです。頼朝は要《かなめ》の北・大臣山の麓に、一一八〇年十月十二日（鎌倉に入って六日目）に、早くも由比郷鶴岡から八幡宮を移し「鶴岡八幡宮若宮」と称しました。（注、現在の鶴岡八幡宮は、一一九一年に火事で若宮が焼失したので、新しく大臣山の中腹に本宮として造立されました。このとき改めて京の石清水八幡より八幡神が勧請されています。）ともかく、頼朝は北に鎌倉の守り神として源氏の氏神（武神ともいわれる）八幡神をおき、えいえんの礎としたのです。風水ではたとえば平安京ではここに天皇の内裏があります。ここを起点に南へ朱雀大路があります。鎌倉ではこれが若宮大路です。つまり南北を貫く中心軸（神聖軸）です。

風水では、表鬼門（北東）と裏鬼門（南西）があります。頼朝は表鬼門に荏柄天神（祟りの神・菅原道真が本尊）をおき、裏鬼門に江ノ島弁財天（一一八二年に怨敵調伏の八臂弁財天を勧請）し、鬼門封じをしました。こうして、鎌倉は山々の神々に守られつつ、怨霊・魑魅魍魎《ちみもうりょう》の侵入を防ぐ、完全な結界（神聖な地）となりました。

それにもう一つ、これは先に記しましたが、長谷の地獄谷を結界（聖域）に変化させています。地獄谷の北に大仏（阿弥陀如来）、西に長谷寺（十一面観世音菩薩）、東に円応寺（閻魔《えんま》大王）を配置し、地獄谷変じて聖域（結界）となりました。それだけではありません、大仏さまは阿弥陀如来、西方極楽浄土が長谷に出現したということでしょうか。

いいえ、右は信仰の上のことです。しかし本当に源頼朝が目指したのは、現実の鎌倉の地から人々が住む極楽浄土（恒久平和の地球）の出現を夢見たのではないでしょうか。

その証拠は、大仏さまの瞑想の定印が狂っている。これは時来たれば、鶴岡の八幡大菩薩（弥勒の出現を催促する神）よ、お出まし下さいのサインでした。その時が来たのです。ここでもう一度、阿弥陀如来定印の狂いについて、深い意味を尋ねてみましょう。

四、大仏定印の狂いの深い意味

1、弥勒菩薩出現を催促するメッセージ印相

もう一度復習します。正法時代は教（釈迦の正しい教）・行（教え実現の正しい実践の方法）・証（実践の成果である悟り）の三つがある時代。像法時代は教と行のみの時代。末法時代は教のみの時代。今は、日本では（一〇五二年より）末法時代に入ったとされています。さて、阿弥陀の定印のことですが、印とは何か。印（印相《いんぞう》）とは、仏や菩薩の働き（誓願とか功徳など）を指の形で表現したものです。定印《じょういん》は、仏や菩薩の坐相（瞑想などしている姿）のとき示す印です。阿弥陀如来の定印は（図1）・（写真1）に示されたように、この形に定まっています。だから（写真2）にある鎌倉大仏の定印は明らかに狂っています。なぜ狂ったのか、狂わせたのか。これは既述のように、末法の世の到来

を示し、急ぎ弥勒出現を催促しているメッセージ印です。

2、三密の行法の狂いあり、これは滅法到来か？

しかしもう一つあるのです。即身成仏を悲願とする密教では、人が身・口・意の三つを通じて仏と一つになれば、それで即身成仏が叶うとします。これを三密の業と言い、身密・口密・意密の三つです。身密とは宇宙的真理の身体的表現、口密とは宇宙真理の言語的・音による表現、意密とは宇宙的真理の観想。その実際の行法は、身密は印を結ぶこと、口密は口に真言を唱えること、意密とは瞑想。この三密の業を（三つの行法をすべて正しく）行ずることにより、人は即身成仏に至ります。

さて、大仏（阿弥陀如来）の印が狂っているということは、身密が正しく行われていない事を現しています。つまり、今世間では口密にあたる念仏やその他色々な真言（マントラ）を唱えることがはやっています。また意密すなわち色々な瞑想に類する事がはやっています。そうしてそのマントラを唱えさえすれば、あるいはその瞑想さえやれば、それだけで救われるように宣伝しています。しかし鎌倉大仏の阿弥陀如来は、八〇〇年も前からその誤りを警告しています。身密を手抜きにしてはならぬ、身密を狂わすことはなりませんと。

いいえ何よりも、身・口・意のどれか一つだけで、または二つだけで救われると言うのは、釈尊の教えとは全く違います。釈迦は三密の行すべての実践を命じておられます。これがその教え「教」です。ですから、今は教・行・証の教も無い時代になりかけています。これはもう末法ではなく滅法の時代です。滅法の時代には、もう弥勒菩薩の出番は無いのです。

3、鶴岡八幡よ お出ましください

ですから、まさしく今はその時です、阿弥陀如来（大仏）が弥勒の出現を促して、八幡大菩薩（鶴岡八幡宮）にメッセージを発するその時です。この時のために、源頼朝は鶴岡八幡宮のほかに、大仏を準備しました。

そう言えば、世はまさしく末法より滅法になりかけているのではないですか。リーマンショックで金融パニックとなりかけましたが、公的資金（税金）などの一時的大量注入で、ひとまずは息をついています。すると、もう金融危機は去ったかのように言って、再びデリバティブ（金融派生商品）投機などの動きが出始めています。もしそうなれば、この世は確実な滅法の世、虚栄虚飾、お金を際限もなく追う、無常なバブルの夢の価値観を追う文明によって、パチンと壊れるでしょう。これを人は自由主義、民主主義、基本的人権などの美名によって裏打ちさせ、実は歯止めのない畜生、餓鬼、地獄的資本主義の暴走によりまさにこの世は終わるでしょう。今こそ頼朝公の出番の時です。

五、日本的価値観とは、本当はいったい何なのか

1、現世極楽浄土の悲願、日本人の霊性

大仏さまから、鶴岡八幡宮への催促のメッセージとは何なのか。これは八幡神よ御出陣下さいとのメールです。何故？八幡神は「古神道」をしつらえられた神です。今こそ古神道（惟神《かんながら》の道）よ、世界の檜舞台へ御登場下さいとの要請である。（注、古神道とは何かについては、小論、本誌の創刊号、本書第一編の「鎌倉から、世界へ霊性の風吹く」を御参照下さい）。そこに記してあります。「オオヒルメは仏教と、ユダヤ教・キリスト教と、道教の三つを、アニミズムに組み込んで古神道を作りました」と。その結果生まれた古神道とは、そのエキスは、下記の「表」をご参照ください。

いかがでしょうか。人には「仏性あり」これは釈迦の教えですが、日本古来からの産霊《むすび》の思想では、神・神々・人・

古神道エキス（愛の教え） 1、人の本性は愛（産霊の原理） 2、清浄心を培え（八正道） 3、自然と一体となれ（自然界はエネルギー宝庫） ⟸ これで人は青人草（愛の人）となる

万物は元の神が身二つとなりつつ、次々に生まれたものですから、親子兄弟のようなものです。ですから産霊の心は愛。人には神性ありです。「2、八正道」とは釈迦の核心の教えです。人が本性である仏性（神性）を現実のものにするには、つまり覚者となり、いわば即身成仏を遂げるには、一にも二にも三にも「八正道」が不可欠。八正道とは、人が日常生活で言・行・想を正し、（仏教的に言えば身・口・意を正しくし）、ヨシもうこれで行くぞと、即ちこの無心無私の愛の生活で一生を貫くぞと肚を決めた時、その時から瞑想を行えという、とっておきの教えです。ですから、これはまさに身・口・意を仏《ほとけ》と一つにする「三密の業」と瓜二つのものです。三密は修行者の道、八正道は万人《ばんにん》が日常生活を通じて即身成仏を遂げる道。但し、瞑想は誰にでも出来る道ではありません。だから「3、自然と一体となれ」です。これが瞑想の代りです。自然界は神の体、仏の身ですから、これと一つになることはまさしく瞑想して〈三摩地《さんまじ》の境地～仏と一つになる三昧の境地〉と一つです。以上で人は即身成仏します。この即身成仏へ導くのが日本の古神道（惟神《かんながら》の道）です。

　源頼朝は万人《ばんにん》の即身成仏（この世の極楽浄土の現出）を望んでいたかもしれません。「かも」というのは、潜在的に抱いていたという程の意味です。なぜなら日本人ですから。日本的霊性の本質にあるものは〈この世の極楽浄土〉の現出です。なぜなら、それこそが産霊《むすび》（神も人も万物は一つの生命）の意味ですから。

　さて、仏教は印度の釈迦から生まれ、中国を経て日本に来ました。仏法の本質は即身成仏、これは空海の言葉です。ただ、浄土教にしても、中国でも慧遠や善導などの手で広く唱導されましたが、それは死後の極楽浄土での成仏です。日本に来て、先述したように親鸞は信心決定《けつじょう》すれば宿業を消して現世で仏になると教えました。まして最澄や空海の密教では現世での即身成仏を説きます。仏教は日本に来て、現世での極楽浄土実現の可能性を説き始めたのです。

ですから、宇治の平等院は西方極楽浄土の主宰仏・阿弥陀如来の姿を、現世の池の水に映そうとしました。平泉の藤原氏は、黄金の寺とあの世ならぬ庭園をちりばめて、「現世の浄土」ともいうべき「文化的空間」を創出しました。鎌倉で源頼朝は、でんと鶴岡八幡宮を真北に置き、神々の住む緑の山と海で包んだ、他方風水で呪的空間をつくりつつ、鎌倉を結界（聖域）にしただけでなく、ひそかに大仏（阿弥陀如来）を西方の結界にすえ、時来たらば八幡神出陣のメッセージを送る仕掛けをしておいたのです。

八幡大菩薩は弥勒を呼び出すまでのお役目、八幡神こそは現世極楽浄土の出現を下知なさる「古神道」をお持ちの方。いざ出陣、今その時が来ています。

2、恥の文化と罪の文化

頼朝はまさしく世界の極楽浄土化を夢見ていたかもしれません。いや、意識としてではなく天命としてです。これが日本人の証です。なぜなら、即身成仏とは個人だけでなく、頼朝の場合は、日本全土へ………そのための仕掛けが〈八幡神〉と〈大仏さま〉です。それならば、それは地球全体へ及んでも可笑しくはありません。なぜなら、〈人は神〉とはすべての人の事でしょうから。人が神の子ならば、誰しもが即身浄仏が可能です。もし「惟神《かんながら》の道」を発効しさえすれば。

それならば全世界の浄土化〈恒久平和の実現〉は夢ではない訳です。もしも、世界の人が「人は神の子」説を受け入れて、持って下されば。

しかしながら、残念ながら、大きな障害が日本と西欧の間にはあります。日本人はその文化の本質は「恥の文化」です。しかし西洋の文化の本質は「罪の文化」です。この間には天地の違いがあります。罪の子と神の子の違いです。日本人は何を恥じるかというと、動物であること、畜生であること、餓鬼地獄の徒であることを恥とします。なぜならば「武士は食わねど高楊枝」、動物のように餌に恋々とすることより、腹〈餌は無くて〉減っても、礼節を、志を、品格を重んじます。それは動物ではなく〈神の子〉だからです。しかし西洋は〈罪の子〉決して、餌を奪い合う競《きそ》い合う資本主義経済を生んだことを誇りとすることはあっても、それをサラリと捨てて、無名の無私の従順〈献身の美徳〉を表にかざして誇りにすることはありません。それは罪の子だからです。神に背いて土くれの中に放逐された、〈神の子〉ならぬ前歴があるからです。神の子はイエス・キリスト一人きりだけなのです。ここに水と油ほどの、同じ人間でありながら永久に融けぬ謎のような差があるのでしょうか。私の答えは「ノー」です。

八幡神がしつらえられた「古神道」〈惟神《かんながら》の道〉、人はすべて〈神の子〉、この方が真実です。そうでなければ、西洋人は即身成仏できず、地球は極楽浄土〈恒久平和の地球〉になることは決してあり得ないからです。人への愛、お互いの尊敬、真実の人権の意味から言って、私は八幡神の「古神道」を支持します。

六、エデンの門は、地球の東から入る全人に開かれた門です

地球が恒久平和の浄土となるためには、読み解いておかねばならぬ仕事があります。それは旧約聖書・創世記の「失楽園」の一章です。

あれはアダムとイヴが神の言いつけ「知恵の木の実は食べてはなりませぬ」を破って、イヴが蛇のサタンの誘惑に負け、アダムがイヴの言いなりになって食べてしまった、犯してしまった、永久に消えぬ人間の罪「原罪」つくりのお話です。絶対神（宇宙を創り、人間をお創りになった方）の言いつけに背いたのですから止むを得ません。そういう事になっています。

今、私はこのお話に疑いをはさむのです。それなら、神は愛ですか、恐《こわ》いだけの方ですか？　許されぬのですから二人を、それも永遠に、答えは「恐い方」の方です。しかしキリスト教では、至愛至大の方が神ということになっています。だって、もし〈蛇に騙された始祖アダムとイヴ〉が、誤ってもう一つエデンの中央にある生命の樹（これを食べたら神と同じ永遠の生命を得る）の実を食べたら、それきり二人は永遠にサタンの子「罪の子」になりますから。それで神は二人を下界に追放し、地を耕《はた》い（額に汗して働いたり、女は子を産む苦しみをもつ者）とされた。それだけでなく、エデンの東（入口）にグルグル廻る焔の剣を置き、番人のケルビムまで置いて、もう決して二人がエデンに入れぬようにしてしまわれた。これは神が人間をサタンの子（永遠の罪ある子）となる定めからお救いになった「愛のしるし」ではないか。それだけではありませんよ。もう一つ、もっと大きな愛の御証《みしるし》がございます。

神は何としても人間を救いたいと思われた、とキリスト教では考えます。救いの方法は恩寵（神の特別の恵み、罪ある人に神から与えられる無償の賜物）という方法です。その方法として、神はただ独り子のイエス・キリストを降された。そして磔刑にかかることで全人類の罪を負われ償わせられた。この大いなるキリストの犠牲こそは、独り子の親なる神の最大の愛ではないのか。従って、この神の至大の愛を認める者は、必ずイエス・キリストを神の独り子と信じる者である。この神への信、キリストの愛の犠牲への涙、これこそキリスト者の証《しるし》である。おおむねこういう事ではないでしょうか。

これこその愛があろうか。親がたった一人の子を人類の犯した罪の償いのために差し向けられること。キリストが潔く人類の罪を背負い死なれたこと。これで絶対神・神の言いつけに背いた人間の始祖アダムの犯した罪・原罪（決して消える筈のない罪）から、その子孫の子らは救われることになるのです。

私はこれが愛であることに一抹の疑いをはさむ者ではありません。でも、もっと大きな愛が欲しい。愛されることよりも、愛する者である事の愛の方を。地を耕い、額に汗し、子を産む苦しみを負いつづけ、人々が作る茨の道を歩き続けようとも。必ずいつかは自ら愛する者となる事の道の方を。

まさしく、神はその道の方をしつらえ給うておられます。私が読む「失楽園」の文字の背後に、神はひそかにその道を準備し給うておられました。神は知恵の実（永遠の罪つくりの実）を食べた始祖二人が、決してサタンの子に落ちぬために、追放されただけでなく、エデンの東の入口に、ケルビムと焔の廻る剣とを置かれた。誰でも入ろうとすれば、チョンと首を刎《は》ねられ入れません。だから、ここに神の至上の涙の愛の道が隠されているのです。

●ここから本番、私の解釈です

もし、サタンの子となりたくなかったら、始祖の子らよ、自分で〈知恵の実〉を吐きなさい。吐く方法は隠してある、エデンの東まで行き、そこを見よ。そこに「惟神《かんながら》の国」なる、孤絶した文化の島国がある。そこの八幡神なるものが唱導する「古神道」とやらのもの。それであると。

これは「武士は食わねど高楊枝」の意味が判った者らのみが手にする秘薬の如きもの。**それを決死で実践せよ。**なぜ決死かというと、それは「お金より礼節を重んじるから」。それは人が一番嫌がるものである。人が無心無欲とならねば、その価値観は判らぬであろう、きっと神ならそう言われるでしょう。

サテ、これで知恵の実を嘔吐した者は（注、神が古神道は嘔吐の秘薬と言われるから、それを実践すればきっと嘔吐する筈）、この者はもう一度決死で、エデンの東にある門から入り、エデンの中央にある生命の樹の実を食べます。これですべてが終わります。生命の樹の実を食べた者は、永遠の生命を得て、神さながらの（惟神《かんながら》の）神の子に復活いたしますから。

（注）知恵の実を嘔吐した者は、エデンの門から入る時、ケルビムの門番は止めだてをしません。知恵の実を持たない者は、中に入って生命の樹の実を食べても、決して永遠の生命をもつサタンにはならないからです。これは神のお言いつけ、いいえ始めからの約束ごとです。それからグルグル廻る焔の剣もこの者の首には触れません。なぜなら「決死の愛」を持つ者は、神と同じ種《たね》の者ですから、神に剣が触れないのと同じく触れません。

以上で、私の勝手な旧約聖書「失楽園」のくだりの解釈は終わりです。ただ最後に一言、**古神道は〈決死の愛〉**を教えるものです。主君に、親に、「忠孝」、これは本当の親であり、本当の大君《おおきみ》であられる「神」への決死の愛と一つのものです。これに私達の方から最大の愛を捧げる道が、ただ一つへ**一つきりない命〉**を捧げること。これが「決死」です。そしてこれこそが、エデンの東にあるとされる「日本」からエデン（恒久平和の地球）、それはまぎれもない現世の極楽浄土、そこへと入る方法です。

源頼朝は天命として、このことを知り、黙々と実行して死にました。その仕掛けが今、城塞都市（緑と海と山に包まれた）不動の守りの、武家の古都・鎌倉に残っているのではありませんか。

蛇足ですが、武士道（サムライの道）とは、**決死の愛**を地球人に教えるために、つまりはエデンに帰る（再生・復活の）ために、日本人が古来より、日本的霊性を武士道という形に顕わして、ひそかに守り推し進めてきたある種の道だったのではありませんか。ある種とは～いわば日本人の天命～すべての民族、すべての人にそれぞれの天命があり、その道を恙無く歩けば、等しく誰しもが天頂に至るというほどの意味ですが。

〈追記〉弟の源義経と、最愛の女静《ひと》も、この天命を一つづつ担い、鎌倉と深い縁《えにし》のあった方々です。今日はこのことは述べませんが。

参考文献
宇苗　満『幻の鎌倉』批評社
松尾剛次『中世都市鎌倉の風景』吉川弘文館

村山修一『本地垂迹』吉川弘文館

中村　元『日本人の思惟方法』春秋社

熊谷えり子『スピリチュアルな宮沢賢治の世界』でくのぼう出版

『歎異抄』岩波文庫

久保田展弘『森の癒し』ＰＨＰ研究所

逵日出典『八幡神と神仏習合』講談社現代新書

貫　達人『鶴岡八幡宮寺』有隣新書

『平泉みちのくの浄土』ＮＨＫ仙台放送局発行

第四編

武士道の極は愛なり

序　「終戦」で吹いたのは神風だった

元寇（1274年の文永の役、1281年の弘安の役）は、二度とも神風（時ならぬ台風の襲来）による勝利だと言われます。ところが昭和二十年八月十五日、日本降伏の日にも、もう一度神風が吹いていました。それはマッカーサー憲法と呼ばれる「日本国憲法」の押し付けです。これはまさしく神風でしょう。なぜなら、一部の人が言うように戦勝国アメリカからの押し付けだったのですから。押付けでなくて、どうしてこんな絶対平和の憲法など、自分の手で作りましょうか、作れましょうか。だから神風です。神風の仕業です。………このおかげで、日本は以後六十余年もの平和を保ってきたのですから。………と人は言いたいでしょう。でも、これは全く間違った解釈です。

なぜか？　六十余年の平和とは、アメリカ氏の隷属犬として飼われた動物としての身の安全にすぎなかった。でも、やはり神風なのです。なぜか？　このおかげで日本が日本に目覚めます。全世界がこれからこの憲法のおかげで、恒久平和の歴史の時代に移れますから。但し、それには一つの大事な条件があります。その秘密が日本国憲法の「前文」の中に秘められております。

一、君知るや「日本国憲法」「前文」に秘められた地球開闢の真義

皆さま

日本国憲法の「前文」には次のように書かれています。

「日本国民は、恒久の平和を念願し、……………、平和を愛する諸国民の公正と信義に信頼して、われらの安全と生存を保持しようと決意した。」と

右の前提条件あればこそ、有名な第九条が成り立ちます。

第九条 日本国民は、正義と秩序を基調とする国際平和を誠実に希求し、国権の発動たる戦争と、武力による威嚇又は武力の行使は、国際紛争を解決する手段としては、永久にこれを放棄する。

前項の目的を達するため、陸海空軍その他の戦力は、これを保持しない。国の交戦権は、これを認めない。

（注）傍線は筆者が付す

即ち日本国の永久の、一つ、戦争の放棄と、二つ、陸海空軍その他の戦力の放棄の条項です。これで有史以来最初の平和国家「日本」が出現しました。でも、エヘンと日本が威張るためには、絶対二

つの事が必要です。一つは「日米安全保障条約」を結んで、日本の空に核の傘を張りめぐらしておいて貰うこと。でも、これ百パーセント絶対ではありません。アメリカだって国益のために、知らんプリをしたり、手抜きをすることが無いとはいえません。どうしますか。その時あわててはいけないために、平素から忠犬ハチ公みたいに準属国になっていればいいわけです。マア、奴隷犬、つまり動物ですね。これだって絶対安全ではありません。犬ですからね、ポイと都合によって見捨てられることがないとは言えません。これが平和国家「日本」の実状です。

ですから、動物犬になり下がりたくないなら、またどんな事があっても平和国家でありたいなら、もう一つの条件が絶対に必要になってきます。筆頭に前記した日本国憲法の「前文」です。もう一度記します。

「日本国民は、恒久の平和を念願し、……………、平和を愛する諸国民の公正と信義に信頼して、われらの安全と生存を保持しようと決意した。」

これを空念仏にしないこと。他人《ひと》頼み、空頼み、お天気まかせにしないこと。必ず日本国の手で右を実現させること。つまり全世界諸国民が「平和を愛する諸国民」になって下さること。「公正と信義に信頼」できる人に全世界諸国民がなって貰うこと。もしこの前提条件がなければ、日本国憲法なんてアブクです、仮空の空事《そらごと》のニセ憲法です。だから一部の人々が「マッカーサー憲法」「押し付け憲法」と言って馬鹿にするのです。つまり、早く憲法改正せよとか、戦力を持てとか、核装備までせよとか言うのです。これらの人々は単なる戦争愛好者ではありません。愛国者です。ですけど、過去の一度犯した過ちの道に逆戻りすることです。どうしますか？

ここで決断が日本人に必要です。やはり日本国憲法の「前文」を成就させることです。つまり私達の手で、全世界諸国民を「平和を愛する諸国民」に変えること。「公正と信義に信頼」できる全人類に切り変わって貰うこと。これ以外に道はありません。

そんな馬鹿なことできるか、ユメみたいな事言うな。それなら、日本国憲法を改正して下さい。再軍備でも何でもして下さい。でないと日本はいつか必ず滅びます。それとも、永久にアメリカ氏か、どなた氏か、強い人の飼い犬に甘んじますか。二者択一です。

再軍備か？　飼い犬か？　………そのどちらも嫌なら、日本人の誇りのために、ここらで腹をくくって、腹を切る覚悟をして、日本国憲法の「前文」を成就させたらいかがですか？　私が八月十五日「敗戦の日」に、神風が吹いたと言ったのは、ここの事です。あの日、日本は焼土作戦、全員玉砕戦法も考えていました。昭和天皇の裁断で降伏しました。そのかわり天からマッカーサー憲法が落っこちてきました。これが神風です。どうせ腹を切るなら世界のために腹を切りませんか。即ち日本国憲法「前文」の成就です。日本人が決断して、これから全世界の地球人を平和を愛する諸国民に変える、命がけの仕事にとりかかるということです。そんなユメのような事、成せば成るです。日本の独立と名誉のために、それがひいては世界のためです。これからその方法、いきさつ等についていろいろ書いてみます。

皆さま、その前に一言。ユネスコ憲章をご存知ですか、その「前文」にこう記されています。「**戦争は人の心の中で生まれるものであるから、人の心の中に平和のとりでを築かなければならない**」と。

これは地球人類を愛の人類に切り替えようという大仕事です。思い切ったことを記してあるものです。でも、まだ実現をみていません。私達日本人は、ユネスコに代って、それより一歩早く、独自の力と方法でやり抜かねばなりません。ユネスコ待ちでアテにしていたら、いつの日かポカンと日本の独立が脅かされますから。

二、人間とは何か、この至大の難問

〈三つの問い〉

1、地球人がそっくり、その心が愛の人に変われば、地球から戦争が無くなる。理窟は単純です。そんな事が出来るのですか。

2、人は戦争をするもの、これが常識です。人は戦争を通じて、その文明が発達してきた、これが歴史です。

3、人が愛の人になるとはどういうことですか。成れるのですか。日本人にそんな大それた〈人類全体を愛の人に変えてしまうという〉大仕事がやれるのですか。

先ず、「人間とは何か」から考えてみましょう。

初めに、私は「日本人は犬になり下がっている」と言いました。人は犬になれるのですか。成れます。犬より下にも成れます。狼とか、鬼まで成れます。今まさに〈鬼さん文明花盛り〉になりかかっています。それが、核戦争の危機とか、地球温暖化・地球環境破壊とか、もう一つまさにこれが鬼の仕業、人類の経済格差の酷《ひど》さ。六秒間に一人ずつ飢えて死ぬ（飢餓人口約十億人）。それなのに毟《むし》り取ることを放任している・競い合っている〈自由主義〉とか〈民主主義〉とか呼ぶ誇らしげな歪《いびつ》社会に平気で住んでいる。そうでしょう、たとえば世界の一年間のGDP（国内総生産）は約五〇〇〇兆円。世界人口は六七億人なら、一人あたり約七五万円になります。四人家族なら三〇〇万円。日本ではギリギリですが、外国でなら悠々生活ができます。これだったら飢える人は一人もいない筈。何かがおかしい。聞くところによると、世界の富の40パーセントは0・1パーセントの人が所有し、わずか1パーセントの富に50パーセントの人口がしがみ付いているとか。これって鬼社会でしょう。だから人は鬼にまで成れるのです。

それなら、神さまには成れないのですか。もしなれるとすれば、それが絶対平和、ユネスコ憲章の言う恒久平和「人の心の中に平和のとりでが築かれた」暁の（戦争が消えた）夢の現実世界です。ユネスコ憲章「前文」が嘘を吐いていなければ、ユネスコは人は神さまに成れる、世界の人全部を神さまにしたい成れるからと、世界に率先して叫んでいるわけです。本当に人は神さまに成れるか？

鬼になったり、神さまに成ったり、人間は器用に上にも下にも行けるものですか？　これが「人間とは何か」です。

私は、人を十段階に、上はピン（神さま）から人はキリ（鬼）にまで、登り降りするもの（つまり進化したり、堕落したりが出来るもの）、そう考えて『表』を作ってみました。これを示す前に、先ず私達日本人が登ったり降りたりした過去の歴史を考えてみます。

三、幼年期・少年期・青年期、それからいよいよ壮年期

1、日本の国産みをした聖徳太子

人に人格があるように、国には国柄があります。この国体がハッキリ意識自覚され（注、物心つき）、内外に明らかな形で表出されたのは、聖徳太子によってです。有名な隋の煬帝への国書「日出づるところの天子、日没するところの天子に書を致す、恙《つつが》なきや」。これは日本の独立を外交の上で鮮明にし、邪馬台国とは異質の存在（中国の四囲の朝貢国に非ざる存在）を、内外に闡明《せんめい》した、大和政権の世界史への夜明けです。

日本は物真似・猿真似上手、外来文化の攝取で肥《ふと》った要領のいい国家に思われますが、これは見当違いです。内にある天分を外に発揮する幼年期・少年期に学習と体験が不可欠であるのと同じように、

天分発現の歴史期間を見てそう評されるのです。

天分の目覚め自覚が聖徳太子の飛鳥時代で、大化の改新を経て、奈良朝でこの天分が国体として国史に記されます。この記す作業が『古事記』『日本書紀』の編纂でした。国体とは万世一系の天皇がしろしめす国、その源に神話（天地《あめつち》の初発《はじめ》の三位一体の神と、陰陽二神イザナギ・イザナミが産んだ国々・神々・人・万物と、とりわけ三貴子《みはしらのうずのみこ》の筆頭天照大神の本流であるニニギの霊統を代々伝える日本国の天皇たちという形で）、この神話に基づいて日本国の国体を形成させました。

ですから日本の国体とは何でしょうか。宇宙初発の、いわば創造主の生成の目的を完遂すること。ここで目的論的に宇宙がとらえられます、生成の目的ありと。ここが西欧文化の枠である自然科学と分《わ》岐《か》れる点。東洋では、なかんずく日本の文化では、自然界は（宇宙は）生きもの、生命として受けとります。だから生成に目的あり。生きものですから。その目的とは自己貫徹。自己とは愛です。なぜなら、宇宙だけあって、私が無いのが無いように、私が在って、宇宙が無いこともありません。これは私は宇宙ということです。これが我れ在り。換言すると、意識とは生命であり愛です。

これ以上の愛がありましょうか。私がそっくり宇宙大にハマッテしまいました。一切万物衆生《しゅじょう》——何のことはない私です。何だか落とし噺に聞こえますが………宇宙は自己増殖をつづける生きものです。蒸《む》す霊《ひ》です、ムスヒは結びです。ですから自己完結します。それは愛の結実です。

ですから、日本の国体とは、そもそも宇宙の自己完結をつづける姿を、日本の歴史にうつしとらせるパーソナリティ（国柄）というほどの意味です。ですから日本の歴史は地球全体の愛の結実で終わります。ここでユネスコ憲章「前文」とピタリ一致します。また、日本国憲法「前文」の貫徹が、その役目（天命）となります。

という訳で、聖徳太子は次に（独立闡明《せんめい》の次に）、仏教をとりあげ国に定着させて、幼児《おさなご》日本国の背骨を作る仕事をなさいました。それだけでなしに、有名な「憲法十七条」と「冠位十二階」で、日本国の君（天皇）と臣との分を明らかにして、臣の心構えを厳しく示し、その上に立って日本国の進むべき大方向を「和」にあるぞと明示されました。この和とは君臣の和、人の和は勿論ですが、実は神と人の大和ということです。これについては後で考えます。これは国体の完結と地球の愛の結実と深く関わってきます。

もう一つ、何としても中国の律令制度を取り入れて、天皇を中心にした日本国の律令体制を確立させねばなりません、中央集権化です。この仕事は後に委せるために、さっーと身をひかれました。

2、権力と権威、動物に無くて人間にあるこの二つのもの

人間というものは二つのものが無ければ生きていけない。一つは食、これは体を支えるもの。これは動物なら（生物なら）皆等しく無ければならないもの。しかしもう一つ、動物には必要がないが、人にだけは不可欠なもの、権威（ひろい意味で精神の糧《かて》）。

食は動物なら拾って得られるが、人間の場合は集団として組織的に、高度なより多量の食を得ようとするから、組織者つまり支配者が必要であり、ここに支配と被支配という形で権力が生まれる。だから、人間において、不可欠な二つは食を確保するための権力と、もう一つ、精神の糧のための権威。

権力と権威。

この二つをめぐって人類の歴史は展開されていく。権力は食、動物性の不可欠物。権威は心・精神のため、人間ならではの不可欠物。人は単に動物ではない。もう一つ魂と呼ばれ、精神性を保持する別種の生きもの。

従って、人類が辿り来し道筋には、権力（食）だけでなく、権威（心・精神）の二つの興亡、二つの結び付きや分離、その有《あ》り様《よう》が伝えられている。このような意味での人間の歩み来し道筋、また、これから歩んで行く道筋、即ちこれが人類史である。この観点から、日本の歴史を眺めてみよう。

3、武家政権の時代に、日本の心が芽を吹き出した

一一八〇年に源頼朝が鎌倉に入る、一一九二年に征夷大将軍となる。これが日本における武家政権の始まりです。これは地震で言えば中地震。聖徳太子が夢みた天皇主権（神の皇統者である権威と、政治による現実社会支配の権力と、二つながら握る）、その半歩前進です。なぜなら、大地揺らいで、人はその動物性（人は食で生きるもの）と、神聖性（精神で生きるもの）との、二つのうち前者・動物性の牙を先ず表に出して、経済力と武力つまり「権力」で人類支配が出来る、その貴重な体験の歴史を作っていった時代ですから。

とはいうものの、神は在りますから………（注）現代の無神論者には通じませんが、古代・中世の人は何民族によらず神の存在を怖れをもって信じていましたから、………神は在りますから、権力（物と力による

支配）だけではうまくいきませんので、必ず神威を笠に着ながら治めねばなりませんでした。

ヨーロッパでもローマ帝国では、キリスト教を国教化して皇帝がこれを笠に着たり、やがては皇帝と別にローマ教皇を神の代理者として置きながら、皇帝は、また中世の領主たちも、その後の近代の領邦国家の王たちも、権力による支配が事なきを得ていました。中国でも易姓革命などと言って、徳ある者が天命を受けて支配する禅譲時代を通り、やがて革命で天から権力による社会支配を委任されたとする、放伐（武力による権力支配の交替）をも是認する巧みな、権威を笠に着た権力支配が続きました。

日本では、西欧や中国とはちょっと違います。何といっても、人民が山や海や木にも精霊（神々）が宿っているというアニミズム信仰が強かったので、この神々の大元である三位一体の神（天之御中主神・高皇産霊神・神皇産霊神）……国産み・神産み・人と万象産みの陰陽二神（伊弉諾尊《いざなぎのみこと》・伊弉冉尊《いざなみのみこと》）……その三貴子の筆頭天照大神の、レッキとした皇孫瓊瓊杵尊《ににぎのみこと》につらなる万世一系の天皇を立てておかないと、権力の座がゆるみます。ということで、頼朝以来江戸幕府まで、京都に坐《いま》す天皇の権威を犯すことなく、将軍は代々征夷大将軍を天皇から任命された者としての地位を保ち、つまり神なる天皇の笠をやはり被《かぶ》り、権力支配（土地と人民を、武力経済力で支配する）体制をとってきました。

でも、天皇はあっても後には風のように弱く、直接人民を威圧するまでには至らないので、権力者である将軍は何かの権威を持たねばなりませんでした。ここで培《つちか》われたのが武士道です。忠孝一本を大元に、いろいろな人倫をからませて、鎌倉から江戸期に至る武家の倫理道徳です。これは人民にまで及び、武士道が元になりつつ、日本の精神が誕生しました。

これは人の道。日本人が大元の根源神に連《つら》なる天皇に忠誠を尽す工合いに、将軍へ、大名なる主君へ、家の君たる親に、忠誠をつまり忠孝を致さねばならぬというきつい人倫でした。というわけで、この武士道を元にした日本精神がある限り、日本の武家政権は安泰を得てきたのでした。

随分うまいことといったものです。人はパンだけで生きるものではない。パンの他に、人倫という掟《おきて》みたいな、人の精神の首に輪をはめるような日本精神がつくられたので、歴代の将軍はつまり武家政権は安泰だったのです。

しかし、この輪は犬の首輪に非ずして、白鳥の羽とか、天馬、つまりは神そのものの手が、人を天空にまで引き上げるための、仮りの手懸りであったとしたら、ここから歴史がすっかり変わる筈です。

4、明治維新は武士道による勝利でした

黒船の来航は一八五三年（嘉永六年）、それから十五年後には、大政奉還・王政復古（政治権力の座を将軍から、天皇へ移す）大号令が発せられ、一八六八年明治維新。名実ともに権力の座が天皇の権威の座と一つになる大方向が決定されました。この間わずかに十五年。

中国（清）は一八四〇年のアヘン戦争から半植民地化への道を一筋に歩いており、十九世紀後半は全世界が西欧の帝国主義的侵略の波を受け、一九一四年第一次大戦が始まる頃には、実に世界の84パーセントがその植民地、ないしその支配下に入るという状況になっています。アジアの孤島日本の厳た

る独立は奇跡でした。

この奇跡はひとえに、日本精神の結晶体である武士道による精華だと思われます。なぜなら、明治維新を実現させたのは、薩摩や長州など下級武士の活動によるものでした。ある者は勤皇攘夷、または開国を叫び、命を賭けて（多くの者が命を捨てて）実現されたのでした。この滅私奉公（無償で、国のため、君のため、主のために命を捨てて働く）これこそが武士道の本道です。つまり「武士道とは死ぬことと見つけたり」、むなしく命を捨てるのでなく、主君のために、これが明治維新ではお国のために（日本国のために）発現されたわけでした。

それから日本は近代化も急ピッチで進みます。明治二十二年「大日本帝国憲法」の発布。これで日本は民主的な立憲君主国家となります。また殖産興業政策で近代的な工場がつくられ、資本主義経済体制へと入っていきます。また徴兵制も施行され、近代的な国民軍が作られて、富国強兵・近代化。こうして西欧諸国にひけをとらない一流国家への道を歩み続けます。

こんな目覚ましい、東洋の孤島の奇跡は、武士道精神の賜物です。なぜなら、明治以前、政権の座にあったのは武士でした。鎌倉以来七〇〇年間、武家は権力の座に坐っておりました。武士はそのいわば官僚、民衆から見ると特権階級です。この武士が明治維新では、いわゆる近代化・民主化へと革命を実行したわけです。これは西欧と反対です。西欧のフランス革命など民主革命は、平民である市民が特権階級である貴族（政治・軍事・経済の特権階級）を打倒することで実現されたのです。

日本では武士自身が特権の座から下りて、近代化を進めました。これこそが滅私奉公、彼らは国のために、自己を捨てたわけです。滅私と奉公、ここに武士道があります。ただ、単に彼らは自分を捨てたわけではありませんが。国の独立、その中には、天皇家を守る日本の国柄という強い意識がどこかにあった筈です。これが勤皇です。これは外国には無い日本独自のものです。

5、騎士道と武士道は、異質の別々の道

西欧には騎士道といって、武士道と似た道が中世以来あります。敬神・忠誠・武勇・礼節を尊《たっと》ぶ。これは武士道と瓜二つです。でも、これは全く別々の異質の道です。なぜなら、騎士道は契約関係であり、武士道は愛の道だから。

どういうことかというと、中世の騎士道は領主から荘園を貰う時、これと引替えに契約をして封建領主との間に主従の契約を結びます。一つの荘園については、戦争の時、これこれの兵を差し出す。二つの荘園を貰う時は更にこれこれの軍を差し出す。更に、A・B二人の主君を持つことも、A・B・C三人の主君を持つことも可能です。なぜなら、貰う荘園の数に応じて、戦争の時に兵を差し出しさえすればよいのですから。AとBが戦っても、自分の部下を二つに分けて、大きな荘園を貰った方に自分は参戦すればよいのです。この契約を守ることが忠誠であり、二君に見《まみ》えることも、三君にまみえることも決して二股武士ではなく、荘園授受の時の契約を誠実に履行するかどうか、ここが忠誠のけじめです。だから西欧の騎士道の根底にあるのは、土地、財を産む土地、即ち物質です。言い換えると、騎士道の価値観は食（肉体を支えるもの）、つまり「人はパンで生きるもの」、この人間観の上に成立しているのです。

ところが、日本の武士道は全く異質です。決して二人の主君を持つことは出来ません。それは恥です。なぜなら、自分の命は一つしかない、つまり一番大切なものが命です。この最も大切な一つしかないものを、相手に差し出すことが忠誠です。それは愛だからです。愛とは、自分と相手とが同じ一つのものという意味です。一心同体、一身同体です。日本の忠誠はこの愛が根底にあります。

なぜそうかというと、西欧とは人間観が全く違います。人は青人草。むすび（蒸《む》す霊《ひ》）によって産まれた、国々・神々・万象と一つのもの。つまり霊止《ひと》、根源の霊《ひ》の子です。親子ですから、親が子に命を賭《か》けるように、子も親に命を賭けます。ここにあるものは忠と孝、ここにあるのは愛の価値観です。そして一番根底には、人は食で生きる〈肉体〉だけでなしに、魂の糧（精神）でも生きる〈霊止《ひと》〉である、という人間観です。

ですから、日本の武士道の忠誠は二君に見《まみ》えず、命は一つだから。決死（一つしかない命を捧げること）、この愛の形が唯一つの忠誠です。ですから、日本人は恐ろしいとか気味が悪いとか、馬鹿だとか評されますが、玉砕、切腹、捕虜になることを恥とすること、すべてがここから出ております。

西欧の騎士道では、捕虜になることは、最後まで勇敢に戦って、勝ち目はなくなったので捕虜になる。これは契約を最後まで遂行した忠誠の立派な姿です。人間観、「人はパンだけで生きるもの」か、「魂（精神）でも生きるもの」か、価値とは〈食〉か、〈魂（精神）〉か、ここに岐れ目があります。

四、聖徳太子の夢実現したのに、日本はなぜ敗戦したのか

1、聖徳太子の国が、なぜ敗けたのか

明治維新で、日本はアジアの中で唯一つ、植民地化を免がれ独立しただけでなく、西欧なみの近代化までも実現しました。こんな見事なお手並を見せた日本は、もう一つ、西欧諸国にも出来ない著《いちじる》しい精華までも実現させていました。それは『大日本帝国憲法』にハッキリ明記してあります。

第1条　大日本帝国は万世一系の天皇これを統治す
第3条　天皇は神聖にして侵すべからず

これは、第1条により日本国の「権力」が天皇一身にあること、また第3条により天皇は「権威」そのものであること、を語っています。

つまり大日本帝国の明治天皇は「権力」と「権威」の双方をもつ神の如き人となったのです。ですからこれを現人神《あらひとがみ》と呼んだりします。これを西欧史の中でたとえれば、どこかの王様がローマ法王を兼ねたということ。あるいはローマ教皇が、マサカの話ですが、ヨーロッパの皇帝になったという程の意味です。しかしまたひるがえってみると、一四〇〇年前に聖徳太子が夢みた、日本国の天皇が完

全な中央集権化を実現して、後の〈公地公民〉で「権力」の座につき、しかも万世一系の天皇が、その祖は神につながるとされる神聖性の「権威」までも実現をみたということです。聖徳太子のユメ実現。

それだけでなく、あの有名な太子の『憲法十七条』のエキスである、第1条「和をもって尊しとす」と、第2条「篤く三宝を敬へ」（仏法を日本の心とせよ）が、どちらも明治二十三年に発布された『教育勅語』に、これ以後日本人の歩む道として結晶されました。これは、忠と孝を大元にした人倫道徳を束にしたもので、言い換えると、武士道のエキスと一つのものです。

ですから、明治維新後の日本国は、聖徳太子のユメ実現。即ち「権力」と「権威」が一つになり、しかもその「精神」までもが一本化した理想国だったのです。その日本がなぜ一九四五年（昭和二十年）八月十五日に敗戦したのか？

2、草食系人と、肉食系人のたとえ話

武士道と騎士道を人に喩えれば、武士道は草食系人、騎士道は肉食系人と言えます。なぜか？ 騎士道は「人はパン（食）で生きる」ことを強調します。パンは植物ですが、必ず肉食好きとなり肉食系人になります。そしていつか草食系人（草食獣）を襲う、肉食獣化します。つまり西欧から発した帝国主義とはこれです。

武士道は「人は魂（精神）で生きる」方を特色とします。もし地球という広場で、草食獣と肉食獣が散在しているとすれば、折々に肉食獣が草食獣を襲い食らうことで事足りています。ただ、

十五・六世紀の大航海時代で、西欧人が自由に世界のどこまでも行けるようになると、様相が変わります。うまい草をタップリ食う楽しみを知り、あまつさえこれを貯蓄したり（商業活動）、殖やしたりする術《すべ》（工場制度）までの味を覚えると、止められなくなって、肉食獣が肉食する人に変化します。これは人間のもつ魔性です。つまり肉食獣が知恵を持ち、鬼のような人に変化する程の意味です。

羊たちは逃げまどいますが、鬼である人（魔性）にはかないません。こうして世界の84パーセントまでが、肉食系人（欧米人）の植民地ないし支配下に入りました。これが第一次大戦頃までの世界の様相です。人はこれを帝国主義時代と呼び、この魔性が使う捕食網の仕掛けを「資本主義経済制度」と称したりします。また「資本主義」を成り立たせた「自由主義」とか「民主主義」は、素敵な精神の精華「文化」と称しますが、その出所《でどころ》は「万人の万人に対する戦い」これが人間の本性であると言った十七世紀英国のホッブズあたりから出ています。彼はまた「人間は人間に対して狼である」とも言っています。これはまさに肉食系人の魔性の叫びですね。

なぜ、こんなひどい事を彼は言ったのか。その源はステキなものです。「人は生まれながらに自由であり平等である生得の権利〈基本的人権〉を持つもの」と言っています。これがフランス革命でも自由平等の『人権宣言』となり、また一九四八年の国連総会では『世界人権宣言』として世界に発せられています。ですから、自由主義も民主主義も資本主義経済制度も、世界公認の文化的遺産です。しかし肉食系人の魔性の声でもあります。

ところで、草食獣と肉食獣とどちらが強いかというと、それは肉食獣に定まっています。だが、羊を皆食い殺したら肉食獣も餌不足で死にます。だから地球上ではいつもバランスが保たれております。

ところが困ったことに、大航海時代の到来で、肉食系人が世界を覆ってしまいました。だから、歯止め役を演じたのが、草食系人の中の一つの日本国です。ドッコイ、私も草食系から肉食系人に化けよう、これが文明開化の日本の近代化です。巧みに外来文化を素早く自己掌中の玉に出来るのが、日本人の特技です。たちまち立派な肉食系人ぶって、一流国家にまで成り切ったのが昭和です。そこで満州事変・日中戦争・太平洋戦争を起こして、とうとう負けました。やはり、ホンモノの肉食系人には叶わない？………まだ勝負はついていません。私は〈序文〉で、敗戦は「神風」だと書きました。神が加勢して吹かせるから神風です。その結果は必ず勝つということです。

でも、この結果は横に置いておきます、話すには早すぎます。

その前に

日本人には変身術があるということです。草食獣から肉食獣へ、それもびっくりする程手早く。だから肉食系人から神サマにも変貌が出来るのです。この変身術を「仏性」と釈迦は呼びました。〈如来蔵〉と大乗仏教では言います。つまり、人間の内部には、神の子の性質「仏性」がある。つまりは如来（仏、神）に成れる本性があると言い切っているのです。日本人はこれをうまく使って、草食系から肉食系へ変身したり、これから先（未来）に、人から神の子までに変身術を使います。つまりは神ですから、成らざること無しで、やろうとすれば〈魔性〉も見せられるし、本気になれば神にだって成れる。これが理《ことわり》です。

西欧人が〈魔性〉を発揮したのもその一つです。西洋人も同じ元は人間（源に仏性をもつ、神の子）ですから。ですけど魔性のままでは、お互いにいつまでも不幸です。ここで一番、日本人に踏ん張って貫って、魔性を振り切って、神の子に変貌する「神性」の本領を発揮して貫いたいものです。敗戦で「神風」が吹いた。いよいよ日本が勝つという本当の意味はここです。日本が勝つのでなく、世界人がいっせいに「神性」を発揮して世界皆勝ちにするということです。もう一度換言すると、ユネスコ憲章「前文」の「人の心の中に平和のとりでを築」いて、世界から戦争が無くなるようにするということ。また、日本国憲法の「前文」に示されている「世界の諸国民が平和を愛する諸国民」に成りきるということ。まさしく「公正と信義に信頼」できる全人類に、これから変貌するということです。

出来ますか、やれます、武士道精神が百パーセント発現できさえすれば。残念ながら敗戦前の日本の武士道は未だ五十パーセントあたりで、足踏み状態だったのです。

3、竹槍〈精神主義〉の敗北

八月十五日、敗戦の日に私達日本人が肝に銘じて悟った事とは何か。「物量の差で負けた」。結局、戦争は物質（経済力）と、その上に重なって出来る戦力（武器力）の差で決まるのだ。この一事です。ですから、戦後日本人は躍起となって、経済の発展に力の限りを尽しました。お金だ、物だ、これです。その成果が高度成長です。その代りお金の亡者になりました。お金で何でも出来る、軍隊もそこそこ自衛隊でよい、核の傘をたっぷりお金を出してアメリカ氏に国土の上に張っておいて貰おう。これが〈平和憲法〉国家日本の実状です。私に言わせれば飼い犬。草食系人が、動物・牙を抜かれた肉食獣の犬になった姿です。

なぜ、こんな哀れな姿になったのか。タップリ餌が食える肥えた犬になったと自負しながら。お金の亡者、アメリカ氏の犬です。今度は飼い主を変えようかと、中国あたりに尻尾を振ったりする犬もいたりする仕末です。

いつから？（敗戦から）、今日まで、ずっと戦後のままです。この長い日本国の討ち死に状態、その原因は実は戦前にあります。私はそれを竹槍〈精神主義〉と断じます。なぜなら、私は終戦時、福山の海軍航空隊にいました。そこは特攻基地で、私は学徒出陣の海軍少尉で、気象士官として沖縄に出撃する特攻機を、幾度も幾度も涙で送りました。同期のヤツラが何人も出て行って帰りません、今も。その福山航空隊では、特攻基地ですから、狙われてしばしば敵機来襲を受けました。低空から機銃照射を受ける訳ですが、隊には二機の機関銃があるだけで、あとは裸。私達は防空壕に逃げ込んで、空しく歯噛みをするだけでした。最後にこんな噂がたちました。ひそかに手榴弾を作らせている。ただ外殻は粘土で、焼き物で。つまり鉄が無いからです。これがレッキとした帝国海軍航空隊の実情でした。そんなもの何に使うのか。もちろん本土決戦の焼土作戦。でもそれ、結局自決用にしかなりませんよね。という訳で敗戦です。

こんな戦争誰がした？　戦後になって、箝《かん》口令が解かれたので、皆が口々に色々なことを言い出しました。でも、その一括した結論が、私が前記した「物量の差で負けた」この実感です。さて、何故そんな物量差の負け戦を、日本はしたのか。政府が国民の目をふさいで〈国力の差と戦力の差を隠して〉無理矢理に突入したのか。ある程度それはそうです。（私は大学生だったが、ハッキリ認識していなかった）。しかし、国民はウスウスそのことを感じながらも、矢張り戦争には入ったでしょう。なぜなら、開戦時の、国民の感情は次の通りです。（注、加藤陽子著『それでも、日本人は「戦争」を選んだ』の332〜336ページから一部を引用させてもらいます。）

〈中国文学者　竹内好〉
十二月八日、宣戦の大詔が下った日、日本国民の決意は一つに燃えた。爽やかな気持ちであった。
……今や大東亜戦争を完遂するものこそ、われらである。

〈作家・文芸評論家　伊藤整〉
開戦の翌日十二月九日の日記「今日は人々はみな喜色ありて明るい。昨日までとまるで違う」。翌年の二月十五日には「この戦争は明るい。……実にこの戦争はいい。明るい」。

〈小作農　阿部太一〉
開戦の日の日記「いよいよ始まる。キリリと身のしまるを覚える」。

〈高島駅の駅員　小長谷三郎〉
開戦の日の日記「落ちつくところに落ちついた様な気持ちだ」。

〈敗戦後の東大総長　南原繁〉
開戦の日の短歌「人間の常識を超え学識を超えておこれり日本世界と戦ふ」。

以上

右の通り、南原氏以外は戦争はやむをえない、身がひきしまる、やるべきだと感じていました。ちなみに私は大学予科（旧制高校）三年生でしたが、「いよいよ始まったか、俺は死ぬな。だがやらねばならぬ」と覚悟いたしました。なぜそうだったのか？

竹槍〈精神主義〉が、時の日本全体の空気だったのです。つまり、国力の差があろうと（そんな事は考えないで）、この戦争はやらねばならぬ。自衛（自国の利益を守る）というより、日本の天命みたいなものがあり、行くところまで行こう。勝たねばならぬ、勝つ、それは精神が至上の力で、それさえあれば必ず勝つ。これが竹槍〈精神主義〉です。

加藤陽子氏も前記の著書の中で、「物的な国力の差を克服するのが大和魂なのだ」と、政府は精神力を強調していたと指摘しておられます。その通りです。ただ私に言わせると、当時の大和魂はまだ未熟な大和魂で、つまり〈痩せた武士道〉であった。ここに問題点があったのです。

4、痩せた武士道

日本で武士道が芽を出したのは鎌倉時代です。それは、平安時代中期に武士が発生します。奈良時代の公地公民の制が崩れて、地方の豪族や有力農民が私有地（荘園）を作ります。彼らは地方に下った皇族や貴族を棟梁にして武士団を形成します。その代表的なものが桓武平氏や清和源氏です。

さて、源氏の天下が決定し鎌倉幕府が成立しました。源氏に従った武士達は従来からの所領が安堵され、また勲功により新しい所領が与えられたり、地頭の役などに任ぜられます。当時の財は土地から得られます。その土地の確保が安定したのだから、これ以上の安心はありません。この「御恩」に報いるために、彼らは命を賭けて軍役など「奉公」につとめます。この「御恩」と「奉公」の主従関係はヨーロッパの騎士道に似ています。ただ全く違う点は、彼ら御家人はこの奉公に命を賭けました。ここに「一所懸命」の言葉が生まれたり、「いざ鎌倉」の心意気が発生しました。

なぜ、彼らは命を賭けたのか？ 日本人にとって恩に報いることは、いのちを差し出すことです。なぜなら、命は親から貰います。この恩に命で報いることが「孝」です。同じ事が人と人との間でやり取りされます。その恩に命で報いる、これが「忠」。なぜなら人は他人《ひと》ではなくお互いに霊止《ひと》だからです。なぜそうか、知的に合理的に説明することはできません。ただ実感として分かります。たとえば日本語は世界で孤絶した言語です。アカサタナ等１１２の拍（言葉の一番小さい基本単位）で全言語を構成します。しかも一音有意、タチツテト等どの一音も意味を持ちます。それだけでなく、すべての語、すべての音の末尾に母音。即ち完全な母音系の言語です。聞くところによると、自然界の音はすべて母音系とか。とすれば、日本人は言葉をしゃべりながら、聞きながら、自然界と一つになって交流しているわけです。日本人とは生まれて言葉をしゃべり始め、息絶えて言葉を閉じるまで、まさに自然界の申し子です。だから、自然界は生きもの、コミュニケーションをつづけている相手です。切ったり殺したり刻んだりできる死物、物質ではありません。

こんな日本人ですから、親と同じ命を呉れ支えてまでくれる自然界は親。そして物的友です。というわけで、生きとし生けるもの、生きていることそのことへの恩に、こちらも命で返す、そんな自然の感情を本質的に持ちます。だから、武士は千石とりの大身も、五石三人扶持《ふち》の小身も、常に殿の馬前に死す、つまり全く同じく命を差し出す忠誠をします。これが忠であり孝です。日本の武士道はこの日本人の感性から生まれた落とし子です。ですから、騎士道とは異質です。それだけでなしに、仏法とかイエスの心志とも一つではないでしょうか。

釈迦が慈悲を説き、人生の苦から脱する処方として「八正道」（日常生活の言行想を正しくし、一生をかけてこれを貫き、心が定まったら瞑想して宇宙・自然界と一つになれ）と教えたのも、その源は唯一つ「悉有仏性」（人間の本性は仏性＝神性）であるからです。つまり、最澄が「山川草木悉皆成仏」（この世に神ならぬものがあろうか、すべてが神に成る）と説いたのは真実です。また、空海が最後の大乗仏教として、「即身成仏」（人はこの現し身のままで仏に成れる）と教えたのも、この源にあるものも一つ、悉有仏性（人は神の子）です。これは全く日本人の心性と一つのもの、これが仏法です。

ですから、鈴木大拙がその著書『日本的霊性』の中で、鎌倉時代の仏教の中に、日本的霊性がハッキリと顕示されたと指摘したのは、まさにその通りです。鎌倉新仏教（禅宗、浄土系、日蓮など）には、すべてその根底に本覺（人は生まれながらに、その本性として清浄な悟りの知恵をもつ）が認められています。これは恐らく日本人の心性です。この心性が鎌倉時代に新仏教の形で現れ、他面、武士道として発酵しました。ですから武士達は禅宗に心をひかれ、これで「生死一如」を体得しました。また庶民の方は浄土系に心ひかれ、すべての者が極楽浄土で阿弥陀如来に救いとられると知って、安堵をいたしました。

武士道は根底に、人生の大肯定である「人の生来は仏性（神性）」である相をもっています。ここが西欧の啓蒙思想の源「人は生来互いに争うもの」と全く異質なところです。ですから、武士道では敵をも憐れむ〈惻隠の情〉が出てきますし、また死者には鞭打たぬ、敵をも葬う異相が出てもきます。その大元にあるのは愛です。一つしかない命を主君（相手）に差し出す極めつけの大愛が武士道です。

ですから日本的キリスト教「日本を通うして顕はれたる基督教」を説いた内村鑑三は、「武士道の台木に基督教を接いだ物、其物は世界最善の産物であって、」と言いました。そして言葉を続けて「神は二千年の長きに渉《わた》り世界目下の状態に応ぜんがために日本国に於て武士道を完成しつつあったのである。世は畢竟《ひっきょう》基督教に由て救はる、のである。然かも武士道に接木されたる基督教に由て救はる、のである」と。そして最後に〈キリストの再臨を最初に認知するのは日本人である〉とまで言い切っています。

ここに仏法、武士道、キリスト教の一致があります。その根元にあるのは、ひとしく愛、万人を救い、万人をして愛の人に目覚ましめる極限の愛です。

これが武士道なら、日本人はなぜ負けたのですか。その原因理由はただ一つです。人を殺す戦争をしたからです。武士道は殺人ではありません。人を生かす活人剣です。だが、その日本人がなぜ戦争などを続けたのですか。その答えも唯一つ、日本人の、日本的霊性である「大和魂」がまだ未熟、痩せた武士道だったからです。

痩せた武士道とはいったい何ですか。それは明治維新以来、日本は「国家主義」をとってきました。国家主義は愛ではありません。地球の人は一つなのですから、一国の利益だけを追うナショナリズムは、どこの国にとっても互いに敵同士を生みます。合理的に話し合いで解決できるとか、核の抑止力で、戦争がストップできるというのはマヤカシです。一時《ひととき》の気安め、口実です。ですけど、戦争するより話し合った方が良いに決まっています。そういう訳で人類は永い間、合理主義を至上としてきました。ですけど、いよいよ年貢の納め時が来ています。核などの出現で、個人でもテロが可能となりました。一人の命と引き替えに、人類全体の命も消せます。そんなこと言ってる間に、生態系の破壊で、地球の生の歯車が狂い始めており、末路は目に見えております。

日本は明治維新で、「神仏分離令」を出し、仏教は葬式仏教化してその生命を失いました。神道は独り勝ちして国家宗教となり、これがいわゆる「国家神道」です。国家神道は、天孫降臨、万世一系の天皇を売り物にして神格化し、現人神に祭り上げました。

こうなると天皇の声は神の声、実際は補弼《ほひつ》する内閣、政府の声が天皇みたいになりました。もし政府も大臣も、国民全体も、武士道精神、つまり愛の心の持主達そのものであれば何の問題もないのですが。政府は時の世界の帝国主義の趨勢《すうせい》に便乗し、遅れまいとして、むしろ時には〝お国のために〟出し抜こうと焦って、ついついナショナリズムに拍車をかけました。

都合のいいことに、政府の声は天皇の声・神の声に聞こえますので、こうして一路心ならずも日本は戦争の泥沼にはまってしまったのです。この時、国力の不足に目を塞ぎ、自分で眼帯をかけるみたいに竹槍〈精神主義〉の旗を振りかざしました。これが痩せた武士道、未熟な大和心です。精神は大切なものです、「成せば成る」です。しかし、へッピリ腰の精神では無役です。中が空っぽですから。空っぽとは愛の欠落、万人を救う愛の本性が大和心の武士道なのに、未だナショナリズム程度、国益とはいえ、世界から見ればエゴイズムです。ヤセタ愛、未だ「痩せた武士道」です。

というわけで、明治維新は大いなる日本の独立維持、そして外国なみの近代化路線への上乗。そして優秀な驀進《ばくしん》をつづけたのですが、所詮武士道はまだ中途半端で、つい脱線。

さて、敗戦で立ち上がろうとしたが、「物量の差で負けた」などと悟ったふりをしたので、すっかり日本人としての矜持をスリ落としてしまいました。物量とは美しい言葉で言えば経済力ですが、平たく言えば動物の餌と同じもの。餌の差で負けた、これは動物的なものの考え方の反省にしかすぎません。だから日本人は敗戦で品格を失ったまま、「村山談話」などといって、ペコペコ中国や韓国やアジア諸国に頭を下げることしか知らない状態に身を落としてしまいました。

ですから、ここで奮起一番、「一身独立して、一国独立す」と喝破した福沢諭吉の言葉を、ここでしっかり思い出し身に付けるようにして、品格を先ず取り戻すこと。それには武士道をもう一度、根底から考え直してしっかり取り戻す、この他に方法はありません。

「いざ、鎌倉!!」、鎌倉の原点に立ち返りましょう。そして日本的霊性を根本からもう一度見直すことにしましょう。そのために動物と人間と、どう違うか、また人が神性（仏性、ないし日本的霊性の源）に立ち返るにはどうしたらよいか、ここからもう一度やり直してみましょう。では皆様ご一緒にここで、そんな事について考えてみてはいかがでしょうか。

五、動物と神の子、いったい人間とはどちらか、ここが思案のしどころです

日本人の品格の下落、村山談話の体たらく。そのポイントは、人とは動物かそれとも神の子か、この思案にかかっています。

人は大別して二種類の人がいます。一つは「衣食足りて礼節を知る」を理想とする人。これには「大きな政府」主義、政府の手で手厚く雇傭など行き渡らせれば世は治まる。いやいや「小さな政府」主義。自己責任で競争を煽れば、技術革新が起きて、世は活性化する。どちらも一長一短があります。しかし同じもの、「人はパンで（衣食足りれば満足して）生きるもの」、西欧流のホモ・エコノミクス（人は経済的な打算によって行動する生き物）の人間観に立っています。

これに対し、もう一つが「武士は食わねど高楊子」を良しとする人。こちらは餌が無くても人間らしく生きようではないかと、意気がっているわけです。皆様方どちらを取られますか。前者は「人は動物」とする人間観、後者は人は動物ではない、別種のいわば「人間」という生き物だと言おうとしているわけです。

誇りをとるなら後者、餌をとるなら前者。ここが岐れ道です。でも、人は動物ではない、人間ですと言いたいですね。しかしながら、パンが無いと背に腹は変えられないと、つい餌の方に手が出ます。

これを『表』にしてみると次のようになります（「人の進化10段階」表を参照）。人には進化の十段

階があります。これを仏教の［十界］説や〈六道輪廻〉とスリ合わせてみると、こんな具合いになります。「武士は食わねど高楊子」と「衣食足りて礼節を知る」の間に太い線があります。ここが人を「動物」と見るか、人は「神の子」と見るかの分岐点。つまり「人はパン（餌）で生きる動物」とする西欧人間観と、「人は神の子（仏性あり）」と見る東洋流の、いえ、「むすび」の原理に立ち神と人は親と子、だから「人は神の子」とする日本的人間観の大分岐点です。いえいえ、人間観だけでなしに、それだから餌（経済）が第一か、それとも人（精神・魂）が第一かの価値観の大境界線です。どちらを取りますか？

その1

なぜ下段の6段階は「動物」なのか。人が動物とはどういうことか。その根拠は4です、ここが

人の進化10段階

©山波言太郎

		[魂のレベル]		[仏教十界]	[人間10種]
「神の子」の段階	10	与えるのみ	四界（悟り）	仏界	神さながらの人
	9	生涯かけて奉仕に明け暮れ		菩薩界	決死の愛の人
	8	自己は食わねど与える努力		縁覚界	愛の心ある人
	7	**「武士は食わねど高楊子」**（常に礼節を志す）		声聞界	清潔な心の人
「動物」の段階	6	**「衣食足りて礼節を知る」**（足りねば礼節を怠る）	六道（輪廻）	天上界	立派そうな人
	5	衣食足りて、争わず（足りねば我慢する）		人間界	いい人
	4	衣食足りて、争わず（足りねば争う）		修羅界（動物）	ただの人
	3	衣食足りて、なお欲しがる		畜生界	欲張り
	2	衣食足りて、餓狼の如し		餓鬼界	悪人
	1	衣食一人占めにするまで、他を殺す		地獄界	悪魔（サタン）

基準になっています。ここは「ただの人」平均的な一般人、私達のことです。そしてここはまさに「動物」です。草食獣はもちろん、肉食獣も皆この段階です。なぜなら〈衣食足りて、争わず〉（足りねば争う）、この通りです。お腹が一杯の時は、眠ったりゴロゴロしたりしています。もし空腹ならば、他を襲っても餌を求めます。これが争い、戦争です。だから仏教ではこの段階を『修羅』（人と争う段階）と呼びます。しかし私達一般人は皆この段階です。だから「ただの人」これはまさに「動物」の段階なのです。

ところが、人間は動物以下になれます。3、〈衣食足りて、なお欲しがる〉これは「欲張り」、こんな人は沢山います。仏教ではこれを動物以下の「畜生」ケモノとします。更に、2、〈衣食足りて、餓狼の如し〉お金のためなら何でもする人、腕利《うでき》き、頭が良く活力もある遣《や》り手、国家でいえば帝国主義の植民地主義。これは「悪人」です。だから仏教では「餓鬼界」とします。

もう一つ最低、1、〈衣食一人占めにするまで、他を殺す〉、これは鬼（サタン）です。仏教では「地獄界」とします。マネタリング・金融資本主義の現状はこれではないでしょうか。最先端の数学の頭脳・金融工学を駆使して、地上の富を漁り、極端な経済格差を生み、他をかえりみることをしません。今、地球が大恐慌の淵にまで来てオロオロしているのはこのせいです。だから鬼・サタン、地獄の人です。人は「動物」ではありません。サタン（悪魔）にまで成り下がることが出来る、得体の知れない存在です。

その2

せいぜい良くなっても、5、〈衣食足りて、争わず〉〈足りねば我慢する〉、これが世間では「いい人」。だが……ウジウジ腹の中には愚痴や不満が一杯。それでも健気《けなげ》に人生は苦とあきらめたりもしています。そこへいくと、6、〈衣食足りて礼節を知る〉これは「立派な人」です。人生は苦と知りつつも、良い社会を作ろうと、自《みずか》ら人間としての礼節を守り、こんな人は社会改善の活動もします。それでも「でも……」が付きます。なぜなら〈足りねば礼節を怠る〉、これは人情です。それだけでなしに〈時に豹変〉もします。これは何かというと、いい人ならいい人なりに、所詮こんな世ならばと崖から飛び降りるつもりで、マネタリズムのチャンピオンにならないとも限りません。割り切った人です。時には、自殺はせぬまでも、自己を殺し、世を殺す決断に出ぬとも限りません。こんな英雄、歴史上になかったでしょうか。

人生はここが限界ではありません。もっともっと上、はるかな天があります。だがなぜ、ここから上へ突破できないかというと、「人間は餌〈パン〉で生きるもの」と確信しているからです。だから「動物」と全く同じ段階です。だから釈迦はここの次元を〈何度でも生まれ変わって〉クリアーしなさいよという意味で、「六道輪廻」と名付けました。

その3

新しい天地に出る望みを人は残しています。もし、目を上に向けさえすれば。上とは神です。これは決断です。人は「餌（パン）で動くゼンマイ仕掛けの動物」、これに人としての矜恃をかけて貴方が挑戦するつもりがあるならば。決断です。神（仏）は在る、貴方はその子供である、だから内在に神性（仏性）あり。イエスも釈迦もこれを教えました。「愛」が人の本性、生きる道であると。

ここから道が開かれます。無限に上へと、そして人は神になります。仏法で言えば如来（仏）になります。なぜならば、内在の神性（仏性）とは、神（仏）の卵です。卵は孵《かえ》り羽も手足を付けて、飛び、飛び去る彼方に天上の世界（今まで見えなかった至上の世）が見えて来ます。これが仏法で言う悟りです。悟りといっても段階がありまして、『表』を見て下さい。声聞（仏の説法を聞いて悟る人）、縁覚（師なくても悟る人）、でもまだここは小乗の悟り（自分一個の進化のための悟り）の段階です。それでも、ここから大きな世界の始まりです。

なぜなら『表』をしっかり御覧下さい。7、〈武士は食わねど高楊子〉武士道の始まりです。これを「清潔な人」と呼びます。なぜなら（衣食足りなくても、礼節を守る努力をする）からです。決して人を害しません、美しく人としての矜恃を守ります。つまり彼はひたすら「美しい心――清浄心」に生きようとしています。これが大和魂・本居宣長が歌う〝敷島の大和心を人問はば朝日ににほふ山桜花〟、あの清明心に生きる人、これが日本人の心性。これこそが日本的霊性です。武士道の根底にはこれが貫かれています。でもまだ痩せ我慢、痩せた武士道の段階です。なぜなら〈高楊子〉、楊子をくわえて意気張っています。彼ひとりの清潔な人の段階です。だからまだ小乗の悟り。

その4

でも、ここからが人間としての大障害物越えです。人はパン（餌）で生きる「動物」ではない、魂（心の気高さ）をパンとして生き始めた人の姿です。「人はパンのみにて生きるものにあらず」、あのキリストの教えをクリアーした人。釈迦のいう輪廻を脱皮しかけた人。だからここから無限の道が開かれます、神への道。人はここから神に向かって進化します。ですからここからの「武士道」が「神への段階」のすべてです。

しかし、7と8は未だ痩せた武士道、竹槍〈精神主義〉の域です。なぜなら、すっかり愛の人に成りきっておりません。

9、〈決死の愛の人〉からが活人剣の武士道です。聖徳太子がユメ見た、第1条「和をもって尊しとす」の和とはこれです。ここまで日本人ぜんたいが行けば、活人剣になります。自分（日本国）を生かすだけでなく、世界までをスッポリ包んだ、地球が和の戦争の無くなったクニに変わります。これがユネスコ憲章「前文」や、日本国憲法の「前文」に書かれている、〝人の心に平和のとりでができて〟〝公正と信義に信頼できる、恒久平和を愛する諸国民〟にみんなが変化します。そんなこと出来るのか？出来ない話をしても意味がありません。

源義経が、もしジンギス汗となったとすれば、これをやるためでした。従って、鞍馬山に九年（7歳～16歳）修行の日を過ごしたのです。そこで修行したのが「神軍兵法」でした。これは人類がすべて愛の人に変わる神法（いわば降魔の兵法）でした。

六、聖徳太子と源義経の「神軍兵法」

『日本書紀』によると、推古天皇の時に百済の僧観勒が『遁甲方術の書』を献じたと記されています。この書は兵法の書ですが、占星医卜《ぼく》のこと等が記され、中国では『三国志』で有名な軍師・諸葛孔明が得意としていました。この方術、即ち兵法を聖徳太子は学びました。

太子と兵法？ 少し奇異な感がしますが、そうではありません。「仏法は軍法の父母とす」と記され、その目的は「厭離穢土《おんりえど》、欣求浄土《ごんぐじょうど》」つまり地上の楽土の建設が目的です。成る程。そして使う方術の粋が「神軍兵法」です。これは降魔の術すなわち霊的世界における戦闘を説くものです。魔軍を滅ぼして天下を太平ならしめるための、いわば呪的な神軍駆使法とでもいうものでしょうか。

さて、会津の甲斐源氏の流れをくむ望月家に伝わる『太子流神軍神秘巻』によると、聖徳太子の兵法は鬼一法眼から源義経に伝わったことになっています。鬼一法眼は義経がまだ鞍馬山で牛若丸時代に接触があった陰陽師で兵法・兵術家です。奇怪な人物とされていますが、彼は中国の兵法の祖・太公望の秘伝の書『六韜三略《りくとうさんりゃく》』を所持していました。牛若丸は鬼一法眼の娘の皆鶴姫に頼みこんで、鬼一法眼が留守の時、一夜これを盗み読んだと言われています。この書は政治・軍事の極意を説くものです。その要諦は「愛」です。民への愛深い聖王の元には聖なる人士が集まります。これら人士の手で天下は治まり、また強国となります。「戦わずして勝つ」これが極意です。これは「神軍兵法」と主旨は全く同じです。ただ、「神軍兵法」は霊的世界での降魔天下太平の法、「六韜三略」は現世での天下太平の術。ここ、つまり二つの世界「裏」と「表」の違いはありますが。

私見によりますと、この裏と表、霊の世界と現実世界の二つを一つに結ぶ、深い体験修行の時代が、鞍馬山での九年間の牛若丸時代だったと思われます。父・源義朝は平治の乱で敗れて死にます。母・常盤御前の懐に抱かれ雪の中を脱出した牛若丸は、縁あって鞍馬寺の東光坊にあずけられます。七歳の時です。それから十六歳までこの鞍馬山で昼は学問、夜は武術の修行に明け暮れます。源氏の遺臣の鎌田三郎が修行僧に身を変えてまぎれこみ、牛若丸に父義朝のことや御曹子である事実を伝えます。牛若丸（当時は遮那王と称していた）は、源氏の再興と平氏討伐を決断します。これが激しい修行に明け暮れるに至った原因です。毎夜、鞍馬山の奥深い僧上が谷に入って剣術の修行をします。ここは天狗の住む所で、だから義経は鞍馬天狗に兵法を習ったので強かったと言われます。マサカ天狗が？……そうです、しかし天狗は実在するかも。実は、私は昭和21年3月に天孫降臨の伝承の地である日向の高千穂峰にほど近い、都城市の旭丘《ひのお》神社で天狗に会い問答をした経験があります。全く普通の平凡人である私がです。（この経験談は都城市の文化誌「霧島」に投稿してあります。）

さて、鞍馬山は極めて曰《いわ》くつきの不思議なお山です。ここに古くから鞍馬寺があります。そこの管長・信楽香仁師の著書『鞍馬寺』を参考に少し記してみます。鞍馬寺の縁起とでもいいますか、その伝承です。

× × ×

今から650万年前、鞍馬山に金星から魔王尊が降下しました。すさまじい響きと巨大な焰光、そ

鞍馬寺の山門［平成 21.9.15 長瀬充弘 撮影］

れが回転しつつ降下したそうです。魔王尊は地球の霊王、また地球空洞世界の支配者、そして人類進化の父。その時は、宇宙根源エネルギーである「尊天」の指令で地球へ降下したそうです。魔王といっても悪とは反対、あらゆる魔障を征服し屈伏させて、それを善に転向させる大王という意味。ですから破邪顕正の剣を振う大王のことです。永遠に若い16歳の姿だそうです。毎年五月の満月の日には鞍馬山では「満月祭」が行われます。この日、天上と地上とに道が開かれ、かつて地上に釈尊やイエスを送り出した魔王尊を讃仰しつつ、人々はやがて救世主の再臨を願うのだそうです。五月満月祭は「ウエサク祭」とも呼ばれ、国際的な神秘の祭典なのだそうです。

　さて、鞍馬寺は770年に鑑禎によって開かれました。鑑禎は唐から日本へ来て唐招提寺を建てた鑑眞上人に従って来た青年僧でした。この年の正月四日、霊夢を見ます。鞍を負った白馬に導かれて辿り着いたのがこの鞍馬山。鬼が現れて呑み込もうとしますが、危うく神呪でこれが消え、そこに毘沙門天像（仏法の守護神）が現れます。その後千手観世音も出現します。ということで、鞍馬山の御本尊は、三位一体の尊天（大宇宙根源のエネルギー）です。その三つの顕れのお姿が、魔王尊（地球の霊王）、毘沙門天（太陽の精霊）、千手観世音（月の精霊）です。ということで、この三尊が本殿の奥深くに奉安されています。

鞍馬山に御本尊存在の意味は「地球平和と人類救済」、この働きのためだそうです。

さてさて、本殿から僧上が谷に分け入り、そこから更に行くと奥の院魔王殿があり、奥の院遮那王殿に源義経は「遮那王尊」として神格化し祭られています。つまり魔王尊の脇侍《きょうじ》、つまり魔王尊の力を人間世界に発揮する人という意味です。なぜか?……深い意味は私には言えません。ただ不思議なことに、鞍馬山では毎年九月十五日に「義経祭」が行われ、義経のための法要がいとなまれます。以前は旧暦の八月十五日でした。聞くところによると、モンゴル国では八月十五日を中心に「オボー祭」が国家行事として行われます。なぜ八月十五日か、この日はジンギス汗の命日だとされています。

× × ×

これで答えが出たも同然です。神軍兵法とは降魔(除魔)の兵法ですね。聖徳太子が先ず学び、これを伝えたのが源義経とされています。鬼一法眼を通じてということですが。この義経が鞍馬山で修行をつんだ御本尊である尊天(その地球代理者・魔王尊)が振う破邪顕正の剣は、世のすべての魔性を降し、転迷開悟させ、善に転ずるものです。源義経はこの尊天の脇侍、すなわち破邪顕正の剣を、自ら手にして力を世界に現実に顕わす使徒でございます。それならば、あまねく世にこれを及ぼすために、先ずジンギス汗にならなければならなかったのです。これが武の征服による、次いで世界航路の発見に伴う世界の資本主義化、グローバル化でございます。ここでジンギス汗の役目は終わり、いよいよ転迷開悟、魔性の転善の仕事にとりかかります。これからが神軍兵法の出番です。源義経の出番です。

さて、口では破邪顕正とはいうものの、いかにして67億人の地球人口を転迷開悟させ得るのでしょうか。これが可能でなければ「神軍兵法」などとは申せません。聖徳太子に『未然本紀』という予言の書があります。これは日本の行く末を案じ、予言の形で地球の終わりを見透して記されたものです。終末論といえます。これによると、救世主の再臨と、世のいわば神国化が予告されています。

聖徳太子は厩戸皇子《うまやどのおうじ》と呼ばれていたので、イエス・キリストになぞらえていたわけです。なぜ？恐らく古往の日本には何らかのキリスト教の確かな影響があったと言わねばなりません。太子はイエスになぞらえ、または仏法で言えば弥勒菩薩でもある。そして後の世には源義経を使い、更に八〇〇年の後に世が行詰りを見せる時、破邪顕正の剣を現実に振う、そして地球の恒久平和を実現させる。このような形になるのではないでしょうか。

秘法「神軍兵法」がマヤカシでなければ、今の世に現れなければマヤカシです。人類の歴史そのものがアヤフヤになります。そうでしょう、かつてジンギス汗があり、大航海時代があり、高度資本主義、今、マネタリズム金融資本主義の危うい淵。そして核時代の到来、地球温暖化とか、西洋の科学が行き着き、それで解決できない難所に立っています。このときに破邪顕正の大鉈「神軍兵法」が出現しなければ、太子の『未然本紀』はウソ、キリスト再臨もウソ、仏法の弥勒のお話もウソ、ウソ、ウソ。人間の歴史そのものが、ニヒリズムの結晶みたいに見えてきます。という訳で、私の拙い論説など無と等しきもので、ここで終ってよいわけのものです。

結語

もし、破邪顕正の剣が世にあるとすれば、人類の価値観がデングリ返りをする事の他にあり得ましょうか？　たとえば人は「動物」ではなく、「神の子」であったのだと。これは天と地の転倒です。ケモノの最極「鬼」になり得た人が、今度は神、仏に成り得るという程のことです。これが価値観の転換です。お金を至上とした世から、魂を宝とする世への成り変わりです。これがまさしく方向転換。そしてこれこそが、破邪顕正の剣を振うという事ではないでしょうか。世の権威、宝という宝、既得権益が崩れ、世の様が変わります。泣く人と、笑う人、二つに分かれます。転迷開悟、破邪顕正がまさしく行われます。これが「神軍兵法」そのものではありませんか。

誰がいったい、これをやるのですか？　日本国の他にありません。大和魂〝清明心〟を尊ぶ心意気。これこそが鎌倉時代から始まった、武士道の行き着く場所ではありませんか。頼朝、義経、今一度出現せよ。日本人よ転迷開悟せよ、神国日本の真価をここへ来て覚悟せよ。

天皇は毎年、年の始めに四方拝をされます。元旦の朝五時半、宮中の庭に莫蓙《ござ》を敷いてここに坐し、周りは屏風で囲んだだけの寒天下、四方の神に祈られます。一〇〇〇年以上前からの宮中行事です。その祈りとは、このとき天皇が口にされる御言葉は「わが身をすべての禍が通りすぎて、この一年、世のすべての人々の幸福と平和がありますように」と。これが日本の天皇の真の姿です。日本は言霊《ことだま》の幸ふ《さきは》国です。口にしたことが心であり、心が国の姿（歴史）になって現れる国です。日本国は、人民が主君（国の象徴である天皇）に忠誠を致し、天皇が地球のすべてに忠誠をなされます。忠誠とは命を捨てて、相手に奉仕することです。これは愛です。愛の至極が忠誠です。真の愛とは相手の禍を身に引き受ける覚悟です。母が子にする愛です。

というわけで、もし日本に武士道の完熟があるとすれば、四方拝に見る天皇の姿です。八月十五日の敗戦を経てそろそろ日本人は目覚めねばなりません。平和憲法第九条はまさしく「神風」であったと。これから日本が世界に実行していく試練ですと。それは命を賭けて、破邪顕正の剣を振いなさいという。

この剣は義経・ジンギス汗が用意しました。価値観転換、「動物」から「神の子」へ変わりなさいよ。鬼から、人の子、それから神の子へ進化を遂げなさい。「山川草木悉皆成仏」最澄の言葉は、釈迦の真意であり、イエスが人類の罪を身に引き受けて死ぬ磔刑の前に教えた言葉「幼児のようになれ」、これは神の幼児に戻りなさいというのが真実です。そしてこれはまた日本古来のムスビ（蒸《む》す霊《ひ》）の原理と一致します。

「いざ鎌倉」の時が来ています。鎌倉から、日本から、世界へ発信しましょう。価値観転換の時が来ています。お金から魂へ、動物人間から、神の子人間へ。破邪顕正のデングリ返りがここから発します。

義経は鬼一法眼の『六韜三略』を盗み読みして、聖王の愛が政治・軍事の要諦と知りました。また鞍馬山で降魔の秘術を学んだことでしょう、これは聖徳太子の「神軍兵法」の実践修行でした。なぜなら、それは魔王尊の降魔の秘法と一つのものです。そして、それは神の如き愛がないと振えない降魔の破邪顕正の秘術です。ですから、義経は『六韜三略』を盗んでも読まなければならなかった訳です。こうして術と愛がそろいました。術と愛、この二つが一つとなると、ここに「神軍兵法」が現実に発動します。なぜなら、人と神が「和」するからです。即ち愛で人と神とがつながり、神人協同の巨大エネルギーがこの地球に発動します。これは今までの地球になかった巨魁エネルギーの発動です。これが神軍兵法の現実化です。これさえあればどんな降魔も可能です。人の世界に巣食う魔が、神の力が人を通して現実世界に入ることで、魔を降し改悛させるのです。聖徳太子が夢見たのはここでした。第1条「和をもって尊しとす」とは、神人協同のエネルギー発揮、かつてない事を地球に発現させる、最後の決め手の地球の立て直し法です。ですから、結局、人の心の立て直し、地球の人が愛の人に変わること、これが価値観転換の決め手になります。

源義経は、裏（心を変ずること）で、表（政治・経済・社会体制を変ずること）の道理を学んでから、ジンギス汗になりました。もし、本当に義経・ジンギス汗ならば、世界のグローバル化は、遮那王、その源である毘盧遮那仏《びるしゃなぶつ》。その代理者八幡神が破邪顕正の剣を世界で振われるための前提だったのです。

ちなみに、最後に一言だけ付記すれば、世界にはこれまで魔が入っていました。そのことを私は、鎌倉大仏の印の狂いということで指摘していました。印の狂いは教・行・証の「行」の狂い。行の狂いとは世の中の〈修行法〉の狂い。更には言行想の〈生活の姿勢〉の狂いです。これを狂わせれば地球に魔が入ります。日常生活の言行想を正しくせずして、世界では色々な形での「行」、すなわち瞑想法が行われています。その多くが手抜き〝厳しい生活規制なしの手放し〟瞑想……祈り、祈願、写経すらも瞑想の仲間です。世界の宗教はこうして永きにわたって狂いがあったので、地球に魔が入り込みました。私達はこの宗教の位置の転換をここでしなければなりません。魔の侵入を許す宗教から、魔の入らない神の純正な宗教へと。これさえ出来れば、政治・経済・文化のすべてが自ずから整ってきます。今まで経済はもちろん、政治・文化の各面においても功利主義をよしとしてきました。ここは魔をはびこらせる温床です。もうこれを許してはなりません。

これら世界にはびこった魔は、破邪顕正のとっておきの「神軍兵法」、これなくては粛清できません。換言いたしますと、完熟した武士道、日本の大和魂「清明心」、この価値観が世に行き渡ること。単純なこの一事です。言い換えると、至極の愛を目指して世界の人々が歩き始めることです。「イザ鎌倉!!」、今がその時です。

天皇お一人が四方拝をなされていても、世界は動きません。衆心の品格の変化発達があって歴史が進化します。日本人の孤絶した言語のように、日本人の孤絶した文化が今立つべき時に来ています。私達日本人は自信をもって今立ち上がりましょう。

〈最後の一言〉

「神軍兵法」で、地球の降魔が実現すれば、人間に仇《あだ》するもの、人間を誘惑するものが無くなるので、魂の進化が一路進みます。前掲した『表』をもう一度ご覧下さいませ。「餌」で誘惑する者がいなくなるので、「動物人間」がいなくなり、地球は〈7段階〉以上の「神の子」タイプの人々の住地になります。

これがユネスコ憲章「前文」の、「人の心に平和のとりでが築かれ」たこと。また日本国憲法「前文」の、「平和を愛する諸国民」ばかりの住地に地球が変わったことです。ここに憲法第9条が名実ともに実現を見ます。そうしてこれは「神風」が吹き終わったことです。またこれが聖徳太子が夢みた神国日本の建設です。そして、ひいては地球が恒久平和の、〈戦争のない歴史へと位置を転換したこと〉でもあります。

参考文献

鈴木重雄『幽顕哲学』理想社
田中　晃『日本哲学序説』閑山房
鎌田東二『神と仏の出逢う国』角川選書
松尾剛次『仏教入門』岩波書店
新保祐司『内村鑑三』構想社
鈴木大拙『日本的霊性』岩波文庫
加藤陽子『それでも、日本人は「戦争」を選んだ』朝日出版社
遠藤周作・信楽香仁『鞍馬寺』淡交社
『日本書紀㈣』岩波文庫
守屋　洋『六韜三略』プレジデント社
七海晧奘『ボルテ・チノ　真・義経記』歴史春秋社

福沢諭吉『福翁自伝』岩波文庫
『都城文化誌～霧島』第85号　発行人・桑原啓介「霧」社

第五編

日出づる国から世界へ

日本敗戦で神風吹いた
〈武士道が熟す時〉
武士道は愛なり
日出づる国から世界へ

序にかえて　〈神軍兵法と、義経と、日本国民〉

1、もう一度、神風憲法について

私は日本国憲法は神風が吹いて生み落とされた憲法だと言いました、（第四編を参照）。つまり人力では到底作ることはない、作り得ない、絶対平和の憲法だからです。マッカーサー主導の下に、アメリカの意志で作られた押し付け憲法。しかし、それは神の御心そのままの内容をもっている。戦争放棄、戦力放棄、交戦権放棄、これなら決して武力で他国を傷つけることはない。しかも、これが日本国を真実に永遠に守ることになる。だから神風憲法です。だって、武力で他を傷つければ、必ず今度は武力で傷つけられる、これは因果の公法です。

この点、日本国憲法は戦争放棄・戦力放棄・交戦権放棄です。だから、武力で他国に犯されることはない。その代りに二度と武力で他国を犯すことはしない。従って、完全な神風憲法、安全な憲法です。

●本当にそうか？

そのおかげで日本国はどうなってしまったか。米国の飼犬同然です、自分で国は守らないのですから。アメリカの核の傘がポッカリ日本国の空の上に広がっています。万事その下で、好き勝手なことをしていてもいい。お金を出しておけば、今までのところ罷りとおっています。これでいいのか。

これは動物以下です。自力で自分の身を守るのが動物の習性ですから。虫ケラ？　虫ケラだって自分で自分の身を守ろうとします。虫ケラ以下の、動物ですらないもの。これを奴隷といいます。憲法で、人権、自由が認められているので、我がまま奴隷、天国奴隷という状況です。

65年も天国奴隷をやっていると、腑ぬけ、タワケ。日本人は自分が人ではないことに気付いていません。まして動物ですらでない、虫ケラですらもないことなど、思いも寄りません。ですから、北朝鮮に一発核ミサイルあるよと言っても、どこ吹く風。アメリカさんに委せておけば、と口癖で言って済ましています。ある日、肩すかしがあって、一発落ちたらおしまいです。そんな日がないと、誰が保証できますか。

ですから、平和憲法は神風憲法といっても、ウソ事です。殺人憲法、亡民憲法、亡国憲法です。

こんな国に誰がした、と死んだ特攻兵士たちが歎いています。オレ、死んだけど死にきれないよと。だから神風が吹いて、マッカーサーが憲法作ってくれたけど、まだ本当の神サマの魂が封じ込められてはいませんね、ということです。

●神封じの憲法にするには　どうしたらよいか

単純に一言で言えば、再軍備をすればいいのです、核まで持って。そうなれば、魂が入って踏ん張って、北朝鮮だろうと、中国だろうと、相手が何国《なにこく》だろうと負けない国になれます。魂までしっかりします、核対核ですから。真剣そのものに国のことを考える人ばかりになります。政治家だって、票を集めて金撒いて、政権とやらの取りっこゲームに明け暮れてはおれないでしょうよ。一事が万事、平和憲法が悪いのです。神風なんて嘘っぱちです。と言ったら…………、何のための敗戦だったかということになります。

明治維新から１４２年、近代化、軍備拡張、黒船から日本を守るとどのつまりが敗戦…………それから65年の中休み。またぞろ再軍備。これでは何を歴史から学んだのですか。痛い・辛い思いを重ねてまで。

矢張り、神風だったのですアレは。よーく日本国憲法の「前文」を見て下さい。何と記されていますか、ここが神サマが神風を入れたところです。

「日本国民は、恒久の平和を念願し、…………、平和を愛する諸国民の公正と信義に信頼して、われらの安全と生存を保持しようと決意した。」

これはどういうことかと云えば、〈全世界の人民にスッカリ公正と信義に信頼できる人達になり切って戴きましょう〉ということです。これが、恒久平和を念願する日本人のこれからの歩く道です。この前提条件あればこそ、第九条の、戦争放棄・戦力放棄・交戦権放棄の三つを釘付けにして記しました。これに頬被りして、政治も外交も文化も思い思いの事を言うから、戦後が混乱してしまいました。

戦後の日本国の行く道は唯一筋、全世界の人民にスッカリ公正と信義に信頼できる人達になり切って貰う、その仕事です。これが神風です。神風憲法の勘所です。これは日本国の真の安全のため、そればかりではなしに、世界全体の恒久平和実現に不可欠のことです。この仕事をするために、明治維新以後142年をかけました。いいえ、聖徳太子「日出づる国」が中央集権化をして、象徴天皇の下に、挙国一致してやるべき仕事の国定《くにさだ》めでした。

2、聖徳太子が「日出づる国」に仕込まれた「神軍兵法」の秘法かずかず

●地球全人の心変わりは可能か

地球の人全員を良い人に出来るのですか、戦争をしない平和を愛する人に、この疑問が出てきます。

信義の人、信頼できる人に。マサカ？　地球全人を。出来ない相談は千年万年していてはラチがあきません。サッサと見切りをつけて、平和憲法をいっそ捨てて、再軍備路線に走った方がマシです。すぐ追っかけてくる中国にも決して負けないように。

というわけで、ここで、地球全人の良い人への切り替え、可能か不可能か判断して下さい。一刻の猶予もありません。直ぐです。でないと北朝鮮だって決死の食まで切りつめて仕立てた核弾頭がもう幾つかはあるそうですから。

義経がここで登場です。鞍馬山から出てもらいましょう、あそこで仕込んだサナートクマラとかいう尊天氏仕込みの、必殺の「降魔消滅」の剣を振るって貰いましょう。が、その前に聖徳太子の出番があります。

それは神軍兵法とかいって、中国の僧観勒が献じた『遁甲方術』の書から学んだというものです。それは一言でいえば、魔軍消滅の兵法。魔群といえば、それは見えない霊的世界にいるらしいものですが、太子はそれを人間のウラの心、見えない潜在意識、いわゆるそれを黒から白に切り替え大浄化する秘法・兵法として確立されたということです。

この法を１４００年前に飛鳥の大和の王朝の国是に定めおかれ、身はサーッと退かれました。その後の日本国がこれを完成させる定めとされました。また、源義経の未来出現で、現実にそれを太刀として揮《ふる》う仕組みを考えておかれました。これが聖徳太子の『未来記』の真相です。日本の国の歩みにつれて、ひもといてみましょう。

3、鶴岡八幡宮（鎌倉）の千年の大銀杏が倒れた

晴天の霹靂、平成22年（二〇一〇年）3月10日午前4時40分、樹齢千年とも言われる鎌倉の鶴岡八幡宮の有名な大銀杏が倒壊。なぜ？　老朽腐敗のためではない。秋には見事な黄金の葉を鈴生りに付けていた。この朝、鎌倉消防本部によると、夜来の雨もあがり平均7～8メートルの北風が吹いていたと。瞬間最大風速でも12メートル。北風だから南側へ倒れた。しかしここは由比ガ浜から若宮大路を通じて一直線、冬季は20メートル級くらいの海風（季節風）が時々吹きつける。台風の時など30メートルを越す烈風がまともに来る。そうやって何百年も平気だったのに。なぜ7～8メートルの風で？だから風のためではない。老朽腐敗のせいでもない。ではなぜ？

原因は分からない。ただ、倒壊の時の状況は少し奇怪。当日の朝日新聞の報道によると、「鶴岡八幡宮によると、午前4時15分ごろから、詰め所で警備員が5分おきぐらいに「ドンドン」という音を聞いていた。同40分ごろに、雷が落ちるような大きな音がしたため外に出たところ、大石段そばの大イチョウが根元から南側に倒れていたという」。

この大イチョウは鶴岡八幡宮のいわばシンボル。3代将軍源実朝がこの木に隠れていた公暁に暗殺された。これで源氏の血が絶え鎌倉幕府の実権は北条氏の手に移る。北条氏には平家の血が流れている。いろいろ因縁のある木です。それはさておき、鎌倉の観光客は年間約1935万人。そのうち約950万人が鶴岡八幡宮を訪れる、施設別ではトップだそうです。そのトップ施設・八幡宮のシンボル大銀杏が突如倒壊した。

不吉？………そんな事はありません。倒壊から20日後、４月２日の朝刊報道によると、「鎌倉市の鶴岡八幡宮は１日、倒れた大イチョウの土中に残った根元から、10を超える若芽（ひこばえ）が生えたと発表した」となっています。万才、ひこばえ（子供の新芽）の誕生。縁起がいいです。倒れたことが引き金となり、ここから新しい鶴岡八幡宮が生まれます。

鎌倉市の二大シンボルは、古都の中心・八幡サマの大銀杏「隠れ銀杏」と、もう一つ大仏サマでした。この二大シンボルが観光のメッカでもありました。その一つ大銀杏がこれから新しく生まれ替るのです。なぜ？　今ここに来て、風のせいでもないのに倒れたのはなぜ？

回答は、既に私が第三編『鎌倉大仏の印の秘密』に記しておきました。何と書いたか。「大仏さまの瞑想の定印が狂っている。これは時来たれば、鶴岡の八幡大菩薩（弥勒の出現を催促する神）よ、お出まし下さいのサインでした。その時が来たのです。」

その時とは、「隠れ銀杏」大銀杏の突如倒壊です。なぜなら、風の仕業と思われない歴史的倒壊。そして旬日を経て蘖（ひこばえ）たちの芽生え。これ以上の印《しるし》がありましょうか。なぜなら千年の古木が芽出たく芽を吹くことは、奇蹟のような蘇《よみがえ》りです。千年万年を夢みるひこばえ達の誕生です。

さて、「鶴岡の八幡大菩薩よ、お出まし下さい」とはどういう意味か。それは八幡大菩薩は弥勒菩薩の出現を催促する神ですから、いよいよ弥勒の出現する時が来たということです。即ちミロクの世、地上のパラダイスが出現する時節が来たということです。マサカ？

（注）右の説明は第三編をご参照下さい。

ともあれ、**大銀杏の突如倒壊は「八幡大菩薩ご出動のサイン」です。**即ち世が変わるのです。いわば「ケモノ（動物的時代文明）の世」から、「人間（神の子たちの時代の文明）の世」に、歴史が転換するのです。

（注）「動物」段階文明と、「神の子」段階の文明については、第四編『武士道の極は愛なり』の「表」〈人の進化10段階〉（176ページ）をご参照下さい。（本編最後にも「表」を再録）

4、禅問答でしか語れない、八幡大菩薩との対話

では、八幡神の出動とは何か？………それは、八幡神は源氏の守り神、武神。武士道の産みの神。それならば武士道が熟す時お出ましになる神です。武士道が熟す時とは何ですか？　それは、過去の**「殺人剣」**の時代から、新たな**「活人剣」**の時代に突入の時。

それはいつ？　それは今。それに活人剣とは何ですか？　それは「降魔の剣」、一振り（一殺）で、（百生）地球上のすべてのものを生かします。これは柳生新陰流の極意、**活人剣とは一殺百生の剣**であると共に、日本精神の行きつくところです。

誰がこの活人剣を編み出し、誰がその使い手となればいいのですか？　それは貴方がた、私達です、日本人のすべてです。まるで禅問答のようで、よく分かりかねますが。唯一点「降魔」とは何ですか、

これが分かればすべてが分かる気がします。魔とは見えないところで働くもの、「魔性の女」とか、人の潜在意識の裏には魔がいます。人類の「総潜在意識」の裏には魔群が住みついています。武士道の極「活人剣」は一殺でこの魔群、魔軍を消します。今その時が来ているのです。こうして弥勒出現の世、地上のパラダイス（動物的人間が、神の子的人間に生まれ変わって住みつく国）が来ます。これが日本国憲法の「前文」で予告されている神風の吹く時。また、ユネスコ憲章「前文」で意図している「戦争は人の心の中で生まれるものであるから、人の心の中に平和のとりでを築かなければならない」、その時の到来です。

では最後にもう一言、誰が、現にその活人剣を振るのですか。それは八幡神、八幡神の申し子、使い人、源義経（ジンギス汗）です。鞍馬山で習った遁行方術、聖徳太子の神軍兵法です。太子は後世の日本人なら誰でも使えるようにと、日本の基《もとい》として、一四〇〇年前に定めおき世を去られました。それが「日出づる国」のえいえんの国の掟、「冠位十二階」そして「憲法十七条」です。この中に活人剣（一殺百生）の降魔調伏の秘伝中の秘伝が記されております。

第一章　未来世界のデザイナーとして出生された聖徳太子

一、日本国のデザイナーが、遠き世の世界の形を定めた

㋑出生の不思議、法隆寺の七不思議

用明天皇の皇后・穴穂部間人は（伝承によると）、「わたしは救世観音である、貴女のお腹をお借りしたい」という夢を見せられて懐妊し、宮の厩（馬小屋）の前で一子を産みおとされた。この子が厩戸皇子と名付けられ、これが後の聖徳太子であると。話が出来すぎている。だから聖徳太子は実在しなかったとか、いや実在はしたが、『日本書紀』が都合よく讃美してデッチ上げた太子像だとか、史家によってはいろいろなことを言っている。

梅原猛氏は『隠された十字架』の著書中で、法隆寺七不思議の一つとして、夢殿の本尊・救世観音像をあげておられる。「あの救世観音像の不思議な微笑は、なぜ?」と、指摘しておられる。あれは永い間秘仏で、明治17年にフェノロサが明治政府の命令書を持参して、強制的に初めて開かせた。長い木綿布でグルグル巻きにされた布を解いて見て、フェノロサは驚いた。この救世観音像の笑みは何?と。そしてこれをモナ・リザの永遠の微笑みに比定した。梅原氏は救世観音像を聖徳太子の等身大の像としながらも、余りに生々しい程の微笑は不思議だと指摘している。ただ梅原氏の不思議は、太子

の不可解な死と、太子の子・山背大兄王一族の不運な死の怨念がなせる事としているが。私見によるとそうではない。救世観音像の生々しい不思議な微笑は、聖徳太子が予見した〈日本国のこれから先の苦難の歴史の未来図〉である。なぜなら、聖徳太子が日本国の未来の礎石を作ったその張本人であるから。

㋺日本国の礎は、国の品格と人の品格なり

太子の業績は数々あるが、その中で最大のものは二つ、一つは「冠位十二階」と「憲法十七条」を制定したこと。もう一つが『三経義疏』の著述だろう。なぜなら、これで日本の行く末が決まった。レールが出来て、後はそのレールをギコギコ苦しみながら走るだけのこと。

「冠位十二階」は、官僚を十二段階に分けた。但し（現代の私達の言葉で言えば）家柄によらず、財力によらず、学歴（知力）によらず、その人の品格（徳の高下、ないしは徳の性質の違い）を規準として十二段階とした。徳（大・小）・仁（大・小）・礼（大・小）・信（大・小）・義（大・小）・智（大・小）、以上で十二段階。これは儒教でいう五常（人の守るべき徳目）である仁・義・礼・智・信を並べたものである。いかに、官僚の資質の第一が人柄・品格であるかを教えたものである。もちろん当時は豪族が官僚であるから、いきなりその通りに分け変えたわけではない。えいえんの日本の国のあるべき目安である。当時は家柄（姓《かばね》）がモノをいった。臣《おみ》（皇族につながるもの）か、連《むらじ》（天皇に元々直属の有力豪族）かを上位とし、次には地方豪族が従っていた。太子はこれを徳（人の品格）を名称とす

る十二の階位に定め変えた。これは未来の官僚が、智力・財力・門閥等によらず品格を第一義として成り立つべき道を明示しておいたのである。なぜか？　これによらねば、未来の日本国の政治家・官僚が国を思い民を思う、恒久の平和と繁栄の国は成り立ち得ないからです。

その証拠は、次の年（604年・推古12年）に制定された「憲法十七条」に、法として（官僚の心得、実践の道として）明記されています。

㈧「憲法十七条」の狙いは何であったか

太子は憲法の**第1条**として**「和をもって尊しとす」**を置いた。なぜか？　和とは「上和《かみやわら》ぎ下睦《しもむつ》ぶこと」、そしてこの大和あれば「事理自《ことおの》づからに通《かよ》ひ、何事か成らざらむ」であるから。もし太子が救世観音であるとすれば、その願いは一つ、恒久の世の平和と繁栄であろう。とすれば、それは義経の神軍兵法（降魔＝人の見えないウラの潜在の心の大浄化）、この実現の外にないであろう。であるから、その大願成就の秘訣として、「和をもって貴しとす」としたのである。なぜなら何事か成らざらん。「和」によって成らざる事なしだから。

しかし、坐していてはこの降魔は成らぬ。そこで第2条**「篤《あつ》く三宝《さんぽう》を敬《うやま》へ」**を置いた。なぜなら、仏教は「万《よろづ》の国の極宗《きはめのむね》なり」即ち真理の極が仏教にあり。これを貴べば「人、尤《はなはだ》悪しきもの鮮《すくな》し」、即ち人はみな悪しき人が少なくなり、やがて進化・浄化を遂げる。これ降魔である。

といっても、何を学び何を行うのが仏法であるか？　具体的に誰にでも判るように、官僚がその日常において心掛けるべきこと、及び生活として現実に実践すべき指針を示しておいた。それが以下の十五箇条である。これを心がけ、これを行うとき、人は（官僚ならずとも）皆すべて降魔（ウラの見えない心からの）大浄化・進化を遂げるのである。

●心がけるべきこと八つ

第3条「詔《みことのり》を承《うけたまは》りては必ず謹《つつし》め」、なぜならば「君をば天とす、臣をば地とす」、君臣の義は天地があるに等しい。宇宙には中心あり。そのように太子の場合は、天皇を軸に日本国は一つに和し集らねばならない。これが第一。

次に、**第4条**「礼をもって本《もと》とせよ」。なぜなら（群臣礼あらば秩序乱れず、国民に礼あらば国家治《おさま》る）、礼節こそは現世の安寧《あんねい》秩序の源である。

それだから宇宙に中心あり、この世には礼節ある。即ち天皇を中心に、官僚も国民も礼節を守ること。この二つを軸に下記のことを心掛け、下記の事を行えば、日本国は自《おのづか》ら降魔の国となり得よう。さて心掛けるべきことは、

第5条「欲を捨てよ」。**第6条**「悪をすて善を行え」。**第7条**「任務第一、それには人柄が大切と知れ」。**第9条**「信は義の《ことわり》（物事の理非を知る）本なり」、信（真心）～清明心を培《つちか》え。**第10条**「怒りを捨てよ」。**第14条**「嫉妬心をもつな」。

●官僚が生活実践すべき指針　七つ

第8条「官僚たる者、早く出て晩《おそ》く帰れ」精勤精励。**第11条**「信賞必罰を大切に」。**第12条**「君に二君なし、民に両主なし」、役人は中間搾取をするな。**第13条**「己れの職務を至誠をもって貫きなさい」。**第15条**「私心を去り、公に尽せ」、滅私奉公。**第16条**「民を使う時は忙しくない時を選び、心配りして使え」、民に接するに愛をもってせよ。**第17条**「公論を大切に。これにより過ち少なく理あり」。以上

㈡「和」をエネルギーに変える方術

さて、神軍兵法とは活人剣（一殺百生の剣）、降魔のエネルギー剣なのですが、上記の冠位十二階と憲法十七条を守るだけで、そんな大それた事が出来るのでしょうか？　即ち「冠位十二階」を尊び、「憲法十七条」を誠実に実践し守れば、人は和の人になり、国はこぞって大和《たいわ》の国になるわけです。ですから、この大和《たいわ》さえあれば聖徳太子は神軍兵法が発動するとおっしゃっているのですから、そんな降魔の大それた神軍兵法事件が日本国から起こせるのですか、という問題になります。だから、救世観音は苦しみの永遠に近い微笑を浮べています。その示すものは、今後、日本国がこれを守り成就させていくための長い道程《みちのり》、歴史です。

先ず、十七箇条を守り、第1条の「和をもって尊しとす」に達して、天皇を中心にこれが出来れば、「この世に成らざる事なし」ですから出来るのですが。もう一つ、日本には古来からの尊い導きの指針が

あります。「和」をエネルギーに変える方術（方法）です。

それは万葉集でも古くから歌われてきたアレ。「そらみつ大和の国は言霊《ことだま》の幸ふ《さきは》国と語り継ぎ言ひ継がひけり」。即ち日本国は昔より、言霊の霊妙な働きによって幸福をもたらす国と言い継がれてきた。これです。

「和」をコトダマに変えればいいのです。どうやって？　それを教えてきたのが古神道（惟神《かんながら》の道）です。これは八幡神の教えそのものです。古神道をつくったのは八幡神だからです。八幡神はこれを地上に宣布・実現させるために出現した、いわば創造神の化身。その使われ人が転輪王の化身、ジンギス汗（義経）です。これから源義経が神軍兵法で、**「和」を言霊でエネルギーに変える方術**を伝えます。

（注）右の八幡神と古神道、義経・ジンギス汗とのつながりは、創刊号「鎌倉から、世界へ霊性の風吹く」（本書第一編）をご参照下さい。

第二章　人が青人草にかえれば、誰でも神軍兵法の光の戦士となる

一、コトダマ神軍兵法（人の巻）

㋑心が声に乗り、言霊が人を変える

●言霊とは何か

言霊は霊妙な働きをもつ、万葉の古人は歌に神々が感応して働くので、歌で人々の身を守り、作物の豊作を導き、船の安全航行も歌が保障するとした。神々の存在はともあれ、言霊は実在している。

私は昔、詩人たちの朗読集団を主催していたことがあり、各地をまわって大きな公演活動をしていた。その経験から、良い詩作品には良い言霊があるのは自然なことだが、もう一つ、同じ作品を朗読しても、朗読者によってもたらす感銘の度が天地ほどに違うことも体認していた。それは朗読技術の巧拙ではなしに、その人の心が（もっている人柄）がなせる業《わざ》と確信している。

心は声に乗る、言葉はその心が相手に伝わり動かし、環境にも作用を及ぼす。科学はこの事実をまだ知らない。それは心は脳の働き、脳が心を作ると思っているから。そうではない。薬でも手術でも

人の思想を変えたり、性格、まして品格を作り左右することはミジンもできない。脳と心は別モノ。心は培《つちか》い、鍛《きた》え、苦難をへて美しいものに創られていく。このようにして創られた珠玉ともいえる心は、なぜか人の声に乗り、風のように行き来し、人を動かし、環境にも作用を及ぼす。だから、日本の古人はこの働きを知っていたので、言霊と呼んだ。

●言霊の幸《さきわ》ふ国日本

日本の国は「言霊の幸ふ国」である。それは清明心（浄らかな愛に充ちた美しい魂）を大切にした、これを守ろうとして創ろうとして日夜努力した、これが大和魂。なぜそうしたかというと、ことだまが、美しい心が声に乗って吉凶禍福を産む〝魂〟………いわば神の乗り物、美しい心の乗りモノである事実を知っていたから。それだから清明心を鍛えようとした、守ろうとした、それだから言霊の幸ふ国。国に充ち満ちる清明心の乗り船、光る大和魂たちによって、国に幸福が産み出されていくのである。

㋺ 古神道がなければ人は青人草にかえれない

●古神道をもう一度想い起こして下さい

神軍兵法は、この言霊の原理を使う。聖徳太子が定《さだ》められた大和《たいわ》（上も下も国に一つになって満ちる和の心）が、降魔をする。先ず、清明心を培った者は、日々己れの言霊によって、（清明心が言葉のエネルギーになって出ることによって）、己れの内面の魔を消す。これが個人の降魔。こうして人は大和魂の人になる。大和魂の人が束になって集まれば、国の降魔が可能となり、末は世界の降魔に至る。

源は、どうしたら大和魂の人（清明心をもつ人）に人は成れるか。至難中の至難の業《わざ》。これをさせるのが古神道（惟神《かんながら》の道）である。このことは私は創刊号（本書第一編）で書いておきました。古神道のエキス、それは何か。万人《ばんにん》が実行できるやさしいポイント三つ。

古神道のエキス（愛の教え）

1、人の本性は愛（産霊の原理）

2、清浄心を培え（八正道）

3、自然と一体となれ（自然界はエネルギー宝庫）

↓

これで人は青人草（愛の人）となる

先ず、人は「神の子」と知ること。バカ言うなと現代人は言う。だから現代人はケモノの道をどこまでも歩む。日本の古人はそのことを当たり前のことと思っていた。山々に神々が住み給うのと同じように、人の内には神が在り給うている。これを日本古来の「一霊四魂」説と呼ぶ。

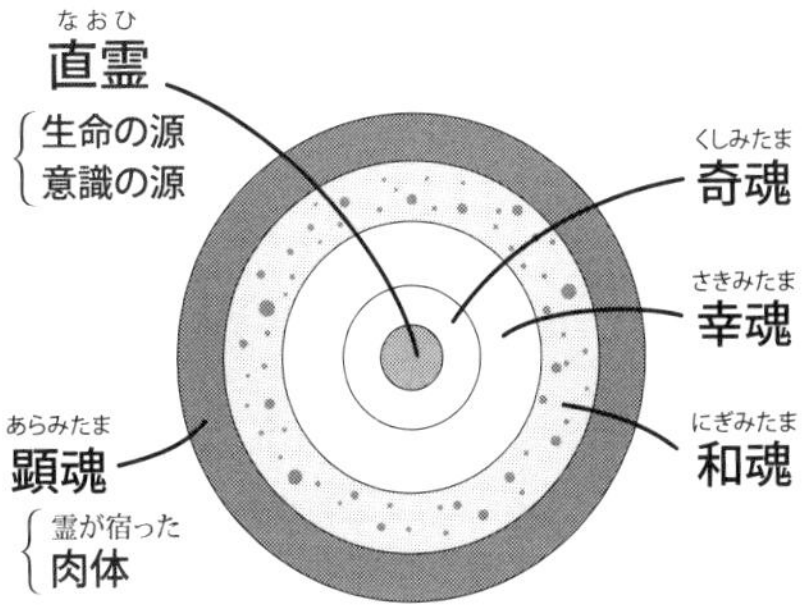

日本古代思想（一霊四魂）図

●一霊四魂説のおさらい（古人に学ぶ）

現代人が知っているのは（科学が教えているのは）、外殻の顕魂《あらみたま》（肉体）のことだけである。直霊《なおひ》とは神の分け御霊《みたま》、だから人は神の子。ただし、今の私達が神の子のようではないのは、和魂《にぎみたま》（神の分け御霊《みたま》である直霊と、肉体を結ぶ橋渡し役の魂の部分）が濁っているから、内在の神に似ても似つかぬ鬼っ子になっているだけ。だから、和魂が本当の和の魂（清浄心の大和魂）になれば、人はまさに神の子（神の分身の顕現者）となれる。聖徳太子が教えられた「和をもって尊しとす」はこれである。ということは、人は神の子に成れるということ。

日本人も、年を経て忘れかけてしまった。だから太子はここで仏教（真理の極《きわみ》の教え）をとり入れて、正そうとされた。これが太子の仏教保護である。これが稔って鎌倉時代に、最澄らの唱する「一切衆生悉有仏性」（人の本性は仏性＝神の子）〈涅槃経〉の再確認となり、本覺思想などで「煩悩即菩提、生死即涅槃」（この世にあるがままで人は仏＝神の子になる）という大乗仏教（釈迦の核心の教え）のエキスが述べ伝えられた。これは日本古来の「一霊四魂説」と本質は同じもの。でも、これがすぐ日本人のその時の魂の自覚となったのではない。後に述べるが、今、敗戦の苦難の神風の一吹きをへて、そうなれるかどうかの瀬戸際に立っている。

●古神道第三のポイント

それはともあれ、古神道のエキスの第二は、「人は神の子である」といにしえの日本人と同じ思いに立った人が、仏教のエキス「八正道」を行えば、現実に、この世にありながら仏性の人（神の子）になるのである。八正道は前にも記したが、日常の生活の中で正しく言・行・想を保持する努力に励むこと。言い換えると、聖徳太子の「憲法十七条」を守り実行し、「冠位十二階」の人に列しようと励むこと、即ち、有徳の人になろうと努力すること。こうして、最後に八正道では、これで行くぞと臍《ほぞ》が固まったら、瞑想して天地と一体化すること。これで神の子となる。但し、これが出来ない。魔が差す。ここを狙って魔群が押し寄せ、釈迦でさえ、最後のこの段階で魔の誘惑を受けた。この世には魔群が実在するのである。

これを避ける道が唯一つしかない。それが古神道の第三のエキス、「自然と一体となれ」。これは老子の教えの実行である。簡単に言うと、見事に宮沢賢治（注、梅原猛氏は、賢治は最澄にそっくりと評言している）が教えている。**「風とゆききし、雲からエネルギーをとれ」**、これである。

㊇自然との交流即瞑想である

釈迦がなぜ瞑想をせよと言ったのだろう。但し言・行・想の生活を正しく整えた後、究極の仕上げとして、なぜ瞑想をせよと教えたのであろう。瞑想とは宇宙と一体となること。宇宙とは私達を産んだ御親《みおや》、この源《みなもと》と一つになれ。ふる里にかえれ、生命の根源にかえれということ。なぜ?………そこからエネルギーを受けるためである。人は食をたべ、空気を呼吸し、光を浴び五体を保つ。その一つを失っても生きてはいない。これは天と地と光からエネルギーを受けているということ。

その生粋のエネルギーが瞑想から得られる。天・地・空《くう》（光）これである。これが瞑想の極意、宇宙の根源との一体化。

だから賢治は「風とゆききし、雲からエネルギーをとれ」と言った。誰でも、女でも童《わらべ》でも年寄りでも自然と一つになって暮せば、それは宇宙根源のふる里にひたっていることである。そこからエネルギーを得ていることである、即ち瞑想。

だから、日本の古人は自然と共に暮したから、いつでも瞑想をしていたことになる。日本の古人は偉い。清明心（大和魂）を保つことに努め、いつも自然と共に暮した。これは釈迦が教えた八正道（心身を正しく整え、その上で瞑想せよ、これで仏になれる）と一致している。

●二律背反、そして共鳴の法則

でも、誰でも自然と一つになれば、根源のエネルギーがそこから受けられるかというと、そうはいかない。なぜなら、道を歩いていてキレイな石を見つけてキャッキャッと拾う子供、落ちているお金なら拾う大人、中にはゴミを見つけて取り除く稀な人もいる。人さまざま。だから、大自然界から受けとるエキスも人さまざま。これを二律背反という。

大宇宙にはすべてがある。ピン（いわば神）の気から、キリ（いわば魔）の気まで。誰でも自然と共に暮せば、手掴《てづか》みでピン（神）の気が得られるかというと、そうはいかぬ。罪の人はキリ（魔）の気をつかむ。愛の人はもちろんピン（神）の気を受ける。

なぜ？　宇宙にはもう一つ共鳴の法則がある。ド（音）にはドしか、ラ（音）にはラしか共鳴しない。せっかく愛の人に進化するために、宇宙には選《よ》り取り見取《みど》り無償で愛の気までが置かれているのに、罪ある人は最下のキリ（魔）の気しか受け取れぬ。つまり愛の人にはなれない。これが二律背反、そして**共鳴の法則**とも呼ぼう。

それでも、誰でも愛の人に成れるように宇宙は創られている。なぜだろう？

㈡花が咲き、草木が茂り、実も結ぶ

罪ある人も、嘆く人も、愛を失った人でも、一つだけ慰めてくれるものが存在している。天地に開く花、いずこの草原にでも、庭先にでも開く花。花はかずかず、色とりどり、万人にどれか一つでも気に入るように。唯一度でもよい、もし罪人がそこへ目を向ければ、花は喜んで気を（エネルギー）を送る。

植物は酸素と同じように、気（エネルギー）を放出するのが天職。だから罪人といえど、愛を失って死にそうな人でも、そこに目を向けるだけで（**見ればよい**）、エネルギーが得られる。これを重ねて、人は少しずつ立ち上がれる。

もっと気が進めば、彼ないし彼女は、たまには「**キレイだな**」と思うかもしれない。それは愛の心をその人が少し持ったことだから、花から草からはエネルギー（気）がもっと受け取れる。これも共鳴の法則。

こうして人はだんだん立ち上がって行け。そして時に「**オイ、ありがとう**」とか、「リンキュー」でも一言いえば、大層なエネルギーが植物から入る。コエ（言霊）に出して、人が愛を発することは、花にとっては至高の喜びだから、花たちからは最大の喜びと愛のメッセージ（気）が発せられ、その罪人に入る。こうして、人は花、植物たちによって立ち上がる。

花が咲き、四季に木々が姿を変えて四囲にあることは人間のためである。どんな人をも、罪人から愛の人に変えるためである。この真実を知っていた古代日本人は自然と共に暮した。その血をひく日本人である源頼朝は、四囲を緑の山々で囲んだ、鎌倉に都を置いた。ここから武士道が、**純粋な愛の結晶を育む人の道**である、もののふの道が芽を吹いた。

㋭ 人は青人草になりましょう

貴方一人がこの事に気付いて……賢治の言葉、八正道やら、つまり日本に伝わる惟神《かんながら》の道に気付いて、励んで愛の人に変身しても、それはアナタだけの事です。知らぬ存ぜぬ、多くの人は仮りに自然にひたって生活していても、牛歩の歩み。千年、万年、億年のうちには愛の人、神人になりましょう。これは約束します。そのように宇宙は創られ、自然界はすべての、人に必要なものが具えられているからです。でも、牛歩、致し方ありません。人はそれぞれですから。

少しだけ、それではいけない、皆がそうなる前に、どんなに傷つき涙を流すだろうと思った人が、急いで何かをしようとします。その時、何をしたらよいのでしょう。

それはコトダマです。愛になった人が、その愛の心を声に乗せて地球へ放てばよいのです。単純に「アー」だけでもよい。それで心がそのアーに乗りますから。釈迦のように、愛を知恵で言葉にして語ればもっと良いのでしょうが。誰でもという訳にはいきません。**誰にでも、年寄りや身障者や貧しい人にだって出来る一事《いちじ》「アー」です**。これでいいのです。その「アー」に貴方の愛が乗り、風に乗り、花粉か酸素のように世界に広がります。あなたから世界が愛に変わり始めます。単純な一事で人は草に花に、即ち青人草になり切れます。

二、ことだま神軍兵法（地球の巻）

人は草になれる、花になれる、これが人が神に創られた時の原型、青人草です。無償の意志をもった歩く愛の草です。これが集まれば地球に奇蹟が起こります。なぜなら、無償の愛の人が意志をもって集まれば成らざることなしです。これが聖徳太子が言った「和をもって尊しとす」の真実です。「和」によってこの世に成らざること無し。何ができるかというと、太子の目指した神軍兵法がこれ。降魔です。

降魔とは比喩をもって言いますと、一枚の紙の如し。裏と表が紙です。裏は心、表は目に見える現象世界。人もそう、見えない心と肉体。これが表裏です。魔とは見えない心の世界に巣食います。そして人の心を曇らせます。

（魔も神も信じない方には話が通じないかもわかりませんが、我慢して下さい。人は意志で中々心は変えられません、まして品格は。でも魔を消せば一変します。「君子豹変す」〈易経〉君子は一日にして面目を一新する。人にはこれが可能です、魔があり、魔を消せば。このとき神が働いています。）

決死の愛の人が結集すると、太子の「和」が成ると……集団の美しい「アー」が鳴り響くと、共鳴の法則により、いわば高天原の神々の「アー」が地上にひびきます。強烈な愛のエネルギーが地上に広がります。これは神々と人との愛の協同が発生したことです。神々のエネルギーが地上に降下したことです。これは地上ではかつてないことです。ですからこれによって魔が死にます。**これが神軍兵法の極意です。**

これが成るか成らないかは、決死の愛の人が一群いるかいないかです。**決死の青人草の群です。**なぜなら、決死は人に出来る至高の愛の形です。それなら、宇宙の至高の愛である神々の愛のハーモニーと共鳴し合います。これは法則です。いわば**オクターブの法則**。神のエネルギー波動が地上に降りて作用するとはこの事です。聖徳太子が目指した有徳の人々を作って、日本国をその結晶国に仕立てようとしたのは、この一事です。これで降魔が可能です、これが神軍兵法でした。

降魔ができれば、紙のウラが透きとおった光になりますから、自《おの》づと表の現象世界が透きとおって至楽・平和の世界へと変容を開始します。後は生身の私達がどのようにして世界を、その政治・経済・外交・文化を光（価値観がお金ではなしに、愛＝清明心）に変革させていくか、努力をしさえすればよいのです。

問題は、決死の愛の一群の人々をどうやって作るか。ここに日本国が永い歴史の苦闘をつづけました。すなわち武士道を起こし、血と涙と汗で、殺人剣から活人剣へと変化させていく歴史の歩きです。少しだけ、これからその歩みを見てみます。

第三章　いざ鎌倉!!　敗戦までの日本の歩み

一、くり返し、くり返し反省、世界のために考えてみよう

もう一度「序文」に戻ります。日本国憲法は神風憲法でした。即ち絶対平和憲法——戦争放棄・戦力放棄・交戦権放棄。でも、これが成り立つためには「前文」の文言が現実化しなければなりません。つまり全世界国民が平和を愛し公正と信義に信頼できる世界人になること。

これはおかしな事ですね。日本国が絶対平和の国であるためには、その前に全世界の人が絶対平和の人々でなければならないのです。二律背反？………現実はそうではないのですから、日本国はすぐこの憲法を変えるか、そうでなければ、世界中を平和国民に変える仕事を自分でするしか道はありません。これは無手勝流で世界を平和にすること、ゴロゴロ核もつ国がある世界を、核のない世界にすることです。

そんなの出来ないよという訳で、今、日本は三つのどれかを歩もうとしています。今まで通りアメリカの飼犬主義、核の傘の乳母日傘《おんばさひがさ》、能天気奴隷主義です。これは民心堕落、いつの日か飼主からポイ！です。でなければ、普通の国主義、自力防衛の戦力持つこと。これはいつか来た道、日本も世界もいつか戦争まみれでしょう。もしそうでなければ平和憲法墨守主義。でもこれは敗北主義、敵が来たら戦わずに手を挙《あ》げるのですから、亡国主義です。どれをとっても、ろくなことありません。奴隷か、戦争まみれか、亡国か。

唯一つの道が残されています。世界を戦争のない民心に（戦争をしない平和な愛の心の人々ばかりが住む世界に）変えて、神風憲法をどこまでも維持していくこと。これは日本がやるしかありません。但し無手勝流で。そんな事できないよと思うから二の足三の足どころか、誰もてんで初めから考えもしません。唯一人の人の外には。聖徳太子が一四〇〇年前に、仕掛けて、定めて、この日まで待っていられました。それが、私が今まで述べた神軍兵法。この他に道がありますか？

オバマさんが核の無い世界を指向しました。アレ出来ますか？　自分たち五ヵ国（米英ロ仏中）が核を持って、他の国は核持つな、核拡散するなと言ってます。但し自分達もだんだん核を減らすからと。アレ出来ますか？　自分が先に核を捨てないで、相手に捨てろと言っても、疑心暗鬼。かりに核を無くしても、他のあるいはもっと強力武器だって出来るかも。結局すべての武器を無くすまで、堂々めぐりは続きます。方法は唯一つ、自分達が、言い出しっぺが先に武器を捨てて、貴方がたも捨てよと言う以外に、核を無くす方法はないのです。いわゆる無手勝流で世界から核を無くす他に、道はどこにもありません。

サテ、誰がそれをやるか？

●ハラをくくらねばなるまいね、日本人が今

やはり、神風で平和憲法が落っこって来た日本が、ここでハラを決めてやる外に方法はないのじゃありませんか。

そこで最初に戻ります。道は敷かれていた、聖徳太子によって。方法は神軍兵法。そのやり方も作られていた、「和」、一群の人が決死でコトダマを使うこと。

神軍兵法

1、一群の人々が、先ず愛の人〈青人草〉になること。（**決死の愛**）

2、次に、協同してその愛の心を声に乗せて発声すること。（**人の和**）

3、右で、神人協同が起こり、声に乗って神々のエネルギーが地上に広がる。（**神と人の大和**）

4、この神々の強力なエネルギーの働きで、魔群が消える。（**活人剣の発動**）

神軍兵法即一殺百生の活人剣

●一殺（自己を殺し、決死の愛の人〈青人草〉となる）

その結果（魔群全体を消す、紙のウラ一枚の浄化）

●百生（地球人全体の青人草化——全人救済）

日本の国には昔から言われ言い継がれ伝わってきた、「言霊の幸ふ国」の誇りと責務をここで思い出してはどうでしょうか。

ここで話は決まりでしょうか。一群の決死の愛の人々が出て魔群を消すこと。一枚の紙の世界のウラをキレイに白の光にすること。それから後は、皆で紙の表面（政治・経済・外交・文化の面）をゴシゴシ磨いて、スッカリ核の無い平和・豊楽の世に切り換えてしまうこと。これは裏の魔群がいなくなるので、自然にやり易くなっています。やる気さえあれば、皆で一致してやれます。それには先ず一群の青人草よ出でよ、それから世界中の人が青人草になれ!! これがイザ鎌倉です。鶴岡八幡宮の大銀杏が急に倒れたのは、この発信号令ではなかったのでしょうか。

【写真１】元気だった大銀杏
2009.12.7 撮影（山波）

【写真２】消えてしまった大銀杏
2010.5.31 撮影（山波）

【写真３】残った根から新芽がぞくぞく
2010.5.31 撮影（山波）

【写真４】移植した切株からも新芽が
2010.5.31 撮影（山波）

いっさいの、世界までもの、全人青人草化の起こりは、源頼朝が開いた鎌倉武家政権、ここです。武士道の中から青人草たち（決死の愛の人々）が生まれてくるのです。ただし武士道が熟す日。鎌倉以後、これから日本の歴史の中で熟していき、やがて実を結ぶ日、これが成ります。**サムライ・ハラキリ（清明心）文明、これが武士道のエキス**、そして日本の精神文化が行きつく精華です。さて、どうやって武士道が実を結ぶのか、つまり殺人剣から、〈一殺百生〉の活人剣に変貌を遂げるのか。**私達の敗戦が決め手です**。その移り変わりを見ていきましょう。

二、最澄、鎌倉、敗戦と、武士道の移り変わり、最後はイエスの出番です

㋑日本人について

日本的霊性というものがある。これについて述べる。前に記した図〈一霊四魂の図〉をもう一度見て下さい。

中央の直霊《なおひ》を古人は自分のことと見なす。ですから、人は神の分け御霊《みたま》です。現代科学や常識が、人は肉体とするのと異なります。日本の古人は魂というものを考え、人は死んでも魂があり、生まれ変わり、時に怨霊となり祟ると考え恐れました。古い墓には屈葬があります。手足を折りたたんで魂が抜けて怨霊とならぬようにという証拠《しるし》です。ともあれ人は直霊（神の分け御霊《みたま》）です。ですから、人は死んだら神になる（仏になる）という思想がここから出てきます。靖国神社に戦死者を祀るという慣習、これは日本だけのものです。現代人は霊を否定しますが、慣習として残りつづけるのは、日本古来のものの考え方がＤＮＡの中に残っている、そんな感じです。ですから、日本の古代人は「人は祖に基づき、祖は神に基づく」としました。これは人の魂は神の分けみ魂、直霊は神が産んだもの、ここから神はみ親、人はその〈神の子〉という観念が流れてきます。これが日本の産霊思想《むすびのしそう》。そして日本的霊性の源です。

ですから、人は単に肉体だけのものではない。後に、平安後期（一〇五二年）から、末法思想が起こり、鎌倉武家政権時代、明日をもしれぬ武士達の命、また鎌倉仏教の興隆もあって、ここからさかんに無常観が広がります。しかし日本の無常観は肯定的な無常観（諸行無常で形あるものはすべてははかなく壊れるが、生死一如、死はまたたのしの思いを宿すもの）として広がります。

ここに、日本的霊性（人は神の子のＤＮＡ）が生かされ、息づいています。人は単に肉体（動物性）だけのものではない、神聖性（神の分けみ魂）をもつもの。これが日本的霊性の特質です。端的に言えば人は動物（ケモノ）ではない、人は神聖性（魂）をもつもの、ここの誇りが日本人の特質です。これを失わない限りが日本人です。ですから日本の価値観は魂の神聖性（高貴さ）です。ここから清明心を何よりも大切にする、日本の伝統文化が生まれます。反対に、動物性（品性のいやしさ、われひとりがよし、人目をかえりみぬはしたなさ）は恥です。

ここに**恥の文明**（清明心を尊ぶ、精神性の高さを誇りとする）独特の文明が存在します。対照的に、西欧文明は**罪の文明**（人を創った、人とは異質の絶対神を怖れつづける文明）己が犯した原罪ゆえに。こちらの誇りは、物質で（動物の餌で）えいえんに滅びぬ世界を創造する夢に賭ける試み。

二つの文明があって、究極において地球人の進化が行われます。

一つは精神的文明　一つは物質的文明

一つは人は「神の子」の文明　一つは人は「動物」の文明

人は動物性（肉体）と、霊性（直霊）二つを持ちますから、二つがトコトン試みられ、最後は一つになって融合します。それが霊性が主となり肉体が従となる、「霊主肉従」文明。日本人は世界で一人だけ、霊性文明を追究する役目です。

㋺武士道の発達

●卵が孵る、平安時代の最澄

日本的霊性は卵のままでは、いつまでも卵です。日本人の自覚となるには、時間がかかり苦難で孵ります。先ず平安朝で、如来蔵思想が生まれます。簡単に言うと人には仏性（如来、仏になる性《さが》）が内在するという説です。これは比叡山の最澄の［山家学生式］でハッキリ語られています。

「国宝とは何物ぞ。宝とは道心なり。道心ある人を名づけて国宝とする。」

国宝とは道心ある人。仏になろうとする人、仏性があるから本来の仏になろうとする人、これが道心ある人、これが国宝です。ここでは人には内在の神性（仏性）ありが前提となっています。これは、人の本質は直霊《なおひ》とする日本的霊性が、最澄を通して仏教で悟りに結晶された形です。そしてこれが更に最澄天台の本覺思想になっていきます。これは先に記した「煩悩即菩提、生死即涅槃」（この世にあるがままで人は仏＝神の子になる）という、大乗仏教（釈迦の本心）の核心に入ります。こうして、人は肉体をつけたままで仏（神の子）即ち青人草に成る、帰るという日本の産霊思想と一致します。

この即身成仏は空海においても当時唱えられます。この最澄の仏性論は「山川草木悉皆成仏」にも発展し、人のみならず山川草木、万物も皆神にかえる、元々神なりの日本古来のアニミズム（山々に神々住み給う）と全く一致します。

最澄から、以後の鎌倉新仏教のすべてが展開したといえます。浄土宗、浄土真宗、禅宗、日蓮宗等々。ここからこれら仏教諸派を通じて、日本人に古来の日本的霊性が信心や悟りとなって、自覚化されていきました。

●武士道の起《おこり》――鎌倉武家政権の意味

特に武士の場合、生き死には戦場のならい、諸行無常（形あるものは滅びる）とすませておけず、特に禅で「生死一如」を体で体認しつつ、肯定的に無常観へ（死もまたたのしの思い）へとつなげる修行をしました。

これが頼朝の出現と共に、武士道となって（命がけで主君に尽す、無私・無比の日本独自の忠誠心の生き方になって）これから展開を始めます。頼朝は、当時発生を始めた私有地・荘園を天皇に代って安堵してやりました。つまり土地私有の安定と保障をしてやったのです。これが鎌倉武家政権出現の大きな意味です。

ここから、御家人たち（頼朝の家臣となった者達）に、一所懸命の御恩と奉公が生まれます。今まで私有地は一所懸命に（頼みとする土地は命を賭けて）守らねばならなかった。今、頼朝公に安堵して貰った、それならばこの御恩にやはり一所懸命に（命を賭けて）奉公（忠誠）を尽さねばならぬ。このとき、主従間の忠誠が日本独自のものになるのです。

主君は親、親以上の祖、祖以上の神につながるのです。これが日本人的産霊《むすび》のＤＮＡです。それならば親への孝の如く、神への献身のごとく、命を主君に捧げる忠誠となります。それも「生死一如」で恐くないむしろ喜び、名誉となります。これが「神の子」であることを誇りとする、動物であることを恥じる、忠誠です。一生懸命（命を賭ける、生涯をかける）打算なしの忠誠となります。だから日本人は恐ろしい、サムライとはこれです。鎌倉からこれが生まれました。でも、一度にそうなった訳ではありません。この心性を悟りにして、日本人全体が身に着けるには、まだまだ時間を要します。挫折と苦難を要します。

それでも、鎌倉期に武士道の本質が芽生えたのは事実です。北条時頼の時の「鉢の木」の話。雪の日の夕暮れ、上州佐野の里で行き暮れた時頼に一夜の宿りをさせた佐野源左衛門常世は、貧しさ故にもてなしができず、せめてものもてなしにと愛蔵の鉢の木梅・松・桜を焚いてもてなした。このとき常世はイザ鎌倉の時があれば一番に駆けつけると覚悟を語った。語る相手が時頼だとは知らずに。そのころ常世は所領を人に奪われて何もなかったのだが。過去の恩顧に報いる覚悟だったのだろう。時頼は鎌倉に帰るとすぐに御家人に召集をかけた。はたして第一番に痩せ馬に乗って駈けつけたのは佐野源左衛門だった。時頼は源左衛門に梅・松・桜の名のつく所領を与えた。これは涙の愛のお話ではない。常世はかりに所領を与えられなくても駆けつけただろう。即ち今安堵されている所領がなくても、生涯かけて命をかけても主君に報じようとする、鎌倉武士の心性、即ち日本的忠誠の側面を語っている。打算を越えた、命を賭ける忠誠が日本の忠誠の特徴なのである。

●乱世、下剋上

それから世は建武の中興を経て、応仁の乱（15世紀後半）から乱れ、戦国時代となる。将軍の権威は失墜し、各地方の実力者・戦国大名たちが、日本全体の覇権を目指して争う実力抗争時代。下剋上（臣下が主家を倒すこと）は日常となる。それでは日本の武士道、忠誠心は消えたのか。そうではない。日本がより強力な主権、武家政権によって統一されて、国全体の商業、文化などを発展させるための一つの過程だった。やがて徳川幕府による三百年（17・18・19世紀）統一時代に入る。この時期に、日本の武士道は倫理的な形をととのえていった。

●江戸時代、武士道理念の形成

武士道はもともと日本的霊性に源をもつもの。人は直霊（神の分けみ魂）、神は産みの親、産霊《むすび》の思想が核。これが仏教で自覚化されていく。直霊は仏性となり、人は死んで仏となる〈生死一如〉、この世でも仏となり得る〈即身成仏〉、などが形成されていく。事実、この悟りは難かしいが、観念として形をとっていく。これが江戸時代には儒教の影響が強く、武士の倫理として理念を形成していく。

新渡戸稲造はその名著『武士道』で、義・勇・仁・礼・誠・名誉・忠義などの徳目をあげているが、これは儒教でいう五常（人が常に守っていくべき五つの道徳）仁・義・礼・智・信などと共通している。これに武士の勇と忠義を足し、日本的霊性の特質（恥を知り清明心を尊ぶ心性である）名誉と誠を加えている。新渡戸氏の七徳目は、まさしく日本の武士道を人に説いてみせた名言であろう。

だがさて、武士道とは一言で言えば何か？　と問われたら何と答えたらいいだろう。よく知られているる言葉は、

「武士道とは死ぬことと見つけたり」〈葉隠〉山本常朝

右の言葉であろう。私もそう思う。日本人には主君は、親であり祖であり神に通じるもの。それへの最大の愛は、自分に一番大切なモノ生命を差し出すこと。これが忠誠。命を賭けた愛。人の至愛これである。私はこれを**「決死の愛」**と呼ぶ。

だからハラキリ切腹が名誉となる。外国人にとり切腹は奇異な、恐ろしげなものに見える。それがなぜ日本人には名誉なのか。

●サムライ・ハラキリ〈清明心〉文明

日本人はハラに邪心邪気が溜ることを知っていた。だからあの人はハラ黒い、ハラが汚い、またハラが立つともいったりする。だから腹を切る。これを新渡戸稲造に言わすと、「我はわが霊魂の座《いま》すところを開き、貴殿にそれを見せよう。穢れありとするか、清しとするか、貴殿みずからこれを見よ」、ということになる。この通り、清明心の証を見せようとしたのである。お金よりどんな巨富より、己が命を捨てても大和魂（清明心）の証を見せようとしたのである。これは人は肉体（動物）ではない、

えいえんの生命である神の分けみ魂をもつもの、「神の子」たる証拠を見せることなのである。

ここから、「決死の愛」が出てくる。至高の愛は、もしその人が神の子ならば相手に己が二つなき体を捧げて奉仕すること。これがサムライの忠誠、武士道の実践。いつでも主君のために命を賭ける。この志を失えば武士ではない。この心の有る無しを人に見せるのがハラキリである。だから切腹は至高の愛の有無を人に示す名誉。恐ろしいことはない。

だから**武士道とは、サムライ・ハラキリ〈清明心〉文明です**。また、神の子が、神の子たらんとする、神の子であることを誇りとする文明です。言い換えると、もしか動物であるならば、それを恐れ恥じる「**恥の文化**」です。

㊇ ここから先はイエス・キリストにつながります

二〇〇〇年前、イエス・キリストが死なれたのは、私達に「**決死の愛**」を教えるためでした。(それさえあれば事がすべて成りますから)。誰ですか？　人類の罪をみな背負って刑死したと教えるのは。彼一人が神の子だと信じれば、恩寵で罪が消えると言うのは。

自分の犯した罪は、自分で消すほか消えることは永遠にありません。イエス・キリストはその消し方を自らお教え下さったのです。その消し方ですか？　「**決死の愛**」です。

もちろん、人類の罪を皆背負われました。消してあげるためでなく、人類の罪が消える日を一日に定めるためでした。どんな一日ですか？　二〇〇〇年後のある日。でも、その前に日本国が戦争で負けなければなりませんでした。負けて、神風憲法を受け取って、サテどうするか？　捨てるか、破るか、お守りにするか。ここで大一番、一群の決死の愛の人々が立ち上がって青人草化して、とっておきの神軍兵法を使うか？　……厩戸皇子が用意された神軍兵法が、一群の人々によってととのうある日。神風がその日はきっと吹くでしょう。

西でした事が、東で出来るかもしれない仕組み。その一日は、**「武士道が熟す日」**のことです、日本で。イエスと、厩戸皇子は連繋しています。その日には合図があります。阿弥陀如来が弥勒に、出よと、ハッキリ下知を出されます。あれはきっと、鶴岡八幡宮で大銀杏の突如倒壊の不思議、それかもしれませんね。何もかも連係して、そのスポットを浴びる地点が鎌倉になっています。何故か？　静が死に、義経が行方をくらます、大ドラマの演出したのが源頼朝公だったとしたら。すべてが一つになってしぼられ、ここに武家の古都・鎌倉がクローズアップされてきます。二〇〇〇年をかけて、いいえ、もっともっと前から見込みをつけておいて、地球の人が**〈動物〉の殻**を抜けて**〈神の子〉に変容**する準備がされました。ある一日、それは鎌倉から発した武士道が、日本国で熟する一日。日本人の皆が青人草になろうと企図する一日。それこそが、敗戦で落っこった「日本国憲法」の前文に、神風が吹き込む一日です。それしかありません。

それは日本国で一群の人々が仕掛けて、日本全体がここぞと腰を上げて、ここで性根を据《す》えて、無手勝流の世界平和実現にとりかかる日。柳生新陰流ではありませんが、無刀どり、死ぬ気の一番、必殺成就の活人剣流儀の発動です。

日本国が殺人剣の武士道から、活人剣「一殺百生」の剣の使い手となって立ち上がる日、これが聖徳太子が意図した**神軍兵法が日本国から発動の日**。いつ？　その日が今です。このほかにもうありません。

比喩のように、判じもののように、物語のような形で記しました。政治・経済・外交・軍事の面にどう生かすか、ここからが勝負です。

結語　神風吹くか

人が生まれたのは、一人として、意味をもたずということはないでしょう。一粒の砂にも生きる資格があります。そのように日本国に生を享けた私達は、日本的霊性である「神の子」人間の道を突走るしかありません。（注、「人の進化10段階表」を参照）。それは世界みんな、一度「動物」人間を経験してから切り上げ卒業にしてしまうためです。

人の進化10段階

©山波言太郎

		[魂のレベル]		[仏教十界]	[人間10種]
「神の子」の段階	10	与えるのみ	四界（悟り）	**仏界**	神さながらの人
	9	生涯かけて奉仕に明け暮れ		**菩薩界**	決死の愛の人
	8	自己は食わねど与える努力		**縁覚界**	愛の心ある人
	7	**「武士は食わねど高楊子」**（常に礼節を志す）		**声聞界**	清潔な心の人
「動物」の段階	6	**「衣食足りて礼節を知る」**（足りねば礼節を怠る）	六道（輪廻）	**天上界**	立派そうな人
	5	衣食足りて、争わず（足りねば我慢する）		**人間界**	いい人
	4	衣食足りて、争わず（足りねば争う）		**修羅界（動物）**	ただの人
	3	衣食足りて、なお欲しがる		**畜生界**	欲張り
	2	衣食足りて、餓狼の如し		**餓鬼界**	悪人
	1	衣食一人占めにするまで、他を殺す		**地獄界**	悪魔（サタン）

科学も今までは地球を嘖《さいな》むメスの方でやってきましたが、これからは地球を私達と一緒に生かす方のメスに切り替えましょう。教育は特に「動物」餌やり仕立てから、「自然」呼吸のやり方と、自立自助へ大方向転換遂げねばなりません。経済学は餌生産・餌分配学ではなしに、目の付けどころがもう一つの餌〈気生命エネルギー〉でもあると知り、二つの富を生産・分配する仕組みに変えて下さい。政治は人が皆いい人に様変りすれば、自ずと公論の仕組みが生かされるので心配ありません。宗教はもうありません。日常が敬虔な祈りに変わりますから。あと、民族はどうなるかというと、国の壁は消えるので行き来自由ですが、一人一人の顔が違うように、民族の顔は大切に磨いて下さい。それが皆のためです。

二〇〇一年九・一一テロは大きな出来事でしたが、その十二日後頃から地球が様変わりを開始しました。日本でそれは起き始めています。建築耐震強度疑惑、ゼネコン談合、食品偽装、政治と金、官僚天下り問題。次々と積悪の暴露開始。これは世界がそうなる予兆です。反対に人心悪化、凶悪犯次々、自爆テロなど横行。両極端の進行で膿《うみ》出し、出し切るまでそれはありましょう。オバマ大統領に代って、日本が世界の檜舞台に自信と決死をもって、出番となる日を待ち焦がれています。

参考文献

梅原　猛『隠された十字架』新潮社
梅原　猛『古代幻視』小学館
梅原　猛『聖徳太子』（上）（下）　小学館
梅原　猛『仏教の思想』Ⅰ　集英社
梅原　猛『日本学事始』集英社
久慈　力『聖徳太子と斑鳩京の謎』現代書館
中山市朗・木原浩勝『捜聖記』角川書店
鈴木大拙『日本的霊性』岩波文庫
童門冬二『日本史のツボ』青春新書
新渡戸稲造『武士道』三笠書房
奈良本辰也『武士の道』アートディズ社
太田愛人『「武士道」を読む』平凡社新書
武士之道研究会『武士道の世界』イースト・プレス社

第六編

隠された韓国の聖者　姜甑山《カンジュンサン》

日韓併合をすすめ
日本国の敗戦を予告した

はじめに

もしも、日露戦争で日本が負けていたら、その後の世界の姿はスッカリ変わっていたでしょう。ロシア帝国の狙い通り、満州（中国東北部）から朝鮮半島はロシアの植民地となり、日本は亡国、もしくは弱小国家に転落。

もちろんアジア有色人種の日本勝利による感動も目覚めなど一切なく、（従って孫文の辛亥革命も、その後ガンジーの非暴力の印度独立運動の成功などなく）、それどころか、清は英仏独露、それにアメリカを加えての分割競争で蹂躙され、植民地化？　いいえアジア全域が西欧列強の爪で植民地化が完成していたでしょう。

いいえ、いいえ、日本の日中戦争も、太平洋戦争も起こらなかったから、今日の世界地図（植民地なし、独立国百九十数ヶ国）はありません。もちろんロシア帝国が強大化したから、ロシア革命（第1次1905年、第2次1917年）は起こりようがなく、従って、その後のイデオロギー対立の世界の構図は全く考えられません。

もしも、もしも（日露戦争で日本が負けていたら）の話ですから、犬にでも食われろ程度の戯言にすぎません。ですけれども、それほど巨大な意味を持つ日露戦争を、陰で演出した人物がもしいたとしたら、その人物は世界史を動かしたヤツと言わねばなりません。そのあやしいヤツが実在したのです。それが韓国の聖者・姜甑山《カンジュンサン》です。

彼は日露戦争を日本勝利に演出しました。それだけでなく、日韓併合（1910年）を積極的に演出し、最後に日米戦争まで演出し日本の敗戦を予告し、1909年に他界しています。ですから韓国では隠された聖者です。日韓併合を進めたのですから。この不思議な人物、何をやった（演出した）のか？　なぜやったのか、なぜ聖者なのか？　またなぜ、自国韓国を日本の植民地にまで演出したのか？　これからその話をします。

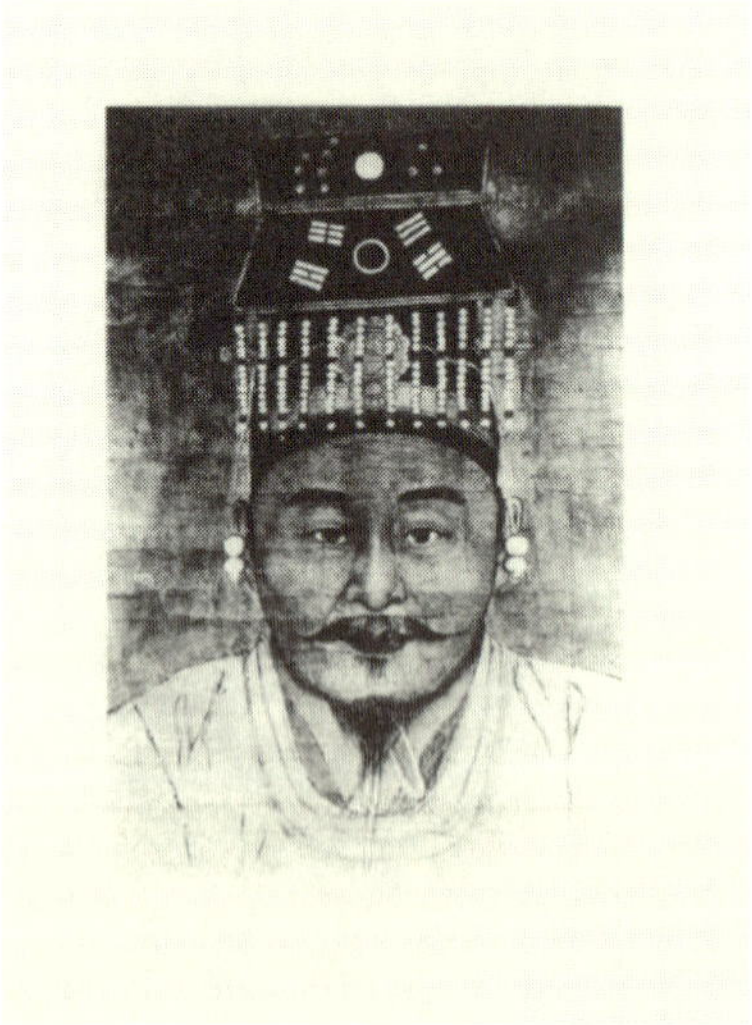

姜甑山

第一章　韓国の聖者・姜甑山《カンジュンサン》がした事

一、天地公事とは何か

彼がやったのは天地公事です。天とは見えない世界（神界とか霊界とか）、地とはもちろんこの地上世界。公事とは世のため人のためになるように変えること。もちろん手品のように変えるのでなく、人畜被害少ないように歴史が移る順序と時を正すこと。彼によると歴史は前天・大峠・後天と移る。前天とは旧《ふる》い争いの時代、大峠とは苦難の目覚めの時、後天とは平穏清和の新時代。このように歴史とは動く。ただし、それには順序があり時がある。順序を違《たが》えると混乱があり、時を誤ると事は成らず。人の世の苦・狂・乱の因はこの不明にある。

だから彼は天（神霊界）と地（地上界）とに、時と向かう方向とチャンスの度数をはかり定め、仕組みをしておきました。後の世はこのレールの上を間違いなく走るでしょう。これが天地公事。だから彼は釈迦やイエスに比せられる聖者です。次の世は間違いなく彼が準備した後天（パラダイス）への開闢ですから。但し、これには条件があります。彼の思想の三柱（解冤、報恩、相生）を人々がつつしみ尊び守ってくれることです。

二、姜甑山の時代、足跡、隠されたわけ

a．時代と足跡

天地公事の内容を語る前に、少し姜甑山についての予備知識を記しておきます。姜甑山の生年は、1871年10月1日。現在の韓国の全羅北道で生まれています。時あたかも朝鮮半島はほぼ五〇〇年つづいた李氏朝鮮王国の末期。王朝内は権力争いと、官僚の腐敗が甚だしく、民衆は苛税と搾取で苦

しみ貧窮の極にありました。朝鮮国は清（中国）を盟主と仰ぎ、その従属国でした。しかし頼みの清国はアヘン戦争（１８４０～４２年）以来、西欧列強（英仏独露、そして米など）の進出で蚕食され、半植民地への道を辿り始めていました。それに東の日本が明治維新（１８６８年）で急速に近代化を始め、西欧を見倣って朝鮮半島へ進出の目を向けます。それに北からは貪婪《どんらん》な牙をむいて襲いかかろうとするロシア帝国ありです。これらの情勢から日清戦争（１８９４～５年）が起こり、つづいて日露戦争（１９０４～５年）となり、ロシアをしりぞけた日本が、１９１０年に日韓併合をします。

もちろん朝鮮国内にも、日本を見倣って自主独立を遂げようとする革新の動きはありました。でも、古い体質の政治社会では未熟でとても無力。それに王室が清についてみたり、ロシアについてみたりで、オロオロ腰が定まらず、革新の芽をことごとく摘みます。だから貧窮の極の民衆は苦しまぎれに反乱を繰り返すばかり。中でも１８９４年に起きた東学党という済民救国を目的にした宗教団体が起こした大反乱は、あわや成功と思われた途端、清軍と日本軍の干渉出兵を招き、これが日清戦争の引き金となり、朝鮮国内は日清戦争の舞台になってしまいました。というわけで、この時代を生きた姜甑山は天地公事として、先ず、日露戦争で日本の戦勝をもたらせました。次に、この勝利した日本国に韓国を併合させる天地公事をしました。なぜでしょうか？　だが、最後には、清（中国）と日本が二度まで戦う仕組みをしておいたようで、その最終結論として、日米戦争が起こり、日本の敗北まで予告して世を去りました。

１９０９年８月９日他界、38年の短い生涯でした。成すべき仕事が皆終わったからでしょう。他界の少し前に、臨終の日と場所を予告しておき、その通りに他界します。だが不思議な事もありました。

数日後、別の所でも姜甑山が亡くなり、葬儀が行われて墓に葬られました。でも、こちらは一週間後に墓をひらいたら棺の中は空っぽでした。そこから青紅の光が空に立ち登るばかりで。そんなことがあってから、三カ月後、半年後、一年後、三年後に弟子達の前に姜甑山は現われ「私は死んでいない、哀痛しないで」と伝えています。まるでイエス・キリストの復活みたいではありませんか。

そして天地公事の仕組み通り、他界の翌年、1910年に日韓併合が行われ、日本国は満州事変、日中戦争と予告通りに中国と二度戦い、最後は1945年に日本は日米戦争で敗北しました。

b. その誕生の不思議、修行、そして天地公事の業へ

母・良徳夫人が実家に里帰りしていたある日、空が南北に開かれ、大きな火の玉が降って来て身を覆い、天地が輝いている夢を見た。この時に懐胎されたらしく、それから十三カ月目に出産した。この子が姜一淳《カンイルスン》（後に号を甑山《ジュンサン》と言う）。

父・興周は甑山が生誕の頃、夢うつつに天女が天からおりて来て、産母を看護する様子を見ていた。この時から家には特殊な香気が満ち、明るい気運が家を包み、それが天の高みへと貫き通っていた。この状況が七日間つづいた。

以上は、姜甑山の事跡を伝える唯一の書『大巡典経』の劈頭に記されている事である。

幼少より性格が温厚で、聡明で判断力が優れ人々に愛され、自然を愛し、虫は一匹も殺すことがなかったと。七歳の時、初めて千字文を学ぶ※。

※天地玄黄で始まる、千文字で記された初学者のための漢学の書。

だが、天と地の二字を学んだだけで後は学ぶことをしなかった。なぜなら、天の字を読んだ瞬間、天の理を知り、地の字を読んだ時、地の理を知ってしまったので、もはや学ぶことがなかったからと。九歳から独りで起居し、時々外出することはあったがすべてを独力で学んだと。

1894年の東学党の乱、そして日清戦争、その後列強が朝鮮を狙い争い、王朝は無力化、民衆は苦境に喘ぐ。この様を見て青年姜甑山の心は動き独居していることができず、ここに救世の大志を抱くと。それから儒・仏・仙や陰陽図讖（予言の図と文字）、更に天文地理などの書を読み尽し、1897年より遊歴の旅に出る。そして世相と人情を体験。そして1901年（29歳）、全州母嶽山の大願寺に入り、道法の奥義を究めることになる。遂にこの年の7月5日、大雨が降り注ぐ中で、五龍嘘風（天地が崩れる程の大風雨）を操る天地大道を会得し、また貪淫瞋癡の四つの煩悩を克服して、ここにいわゆる大悟を得たと。この年より天地公事を始める。

c．私はどのようにして姜甑山を知ったか、この聖者が隠されたわけ

私共の月刊誌『リラ自然音楽』（2002年8月号）に、（当時）在米の私の知人・豊田満氏の投稿文が載っています。〈隠された聖者の発掘〉「姜甑山と地上天国」。私はこれで初めて知りました。それまで姜甑山の名前すら聞いたことがありませんでした。

では豊田満氏はこれの研究者か？　いいえ、豊田氏も偶然知ったのです。たまたま学習研究社刊『大

予言事典』を見ていたら、沢山の思想家や予言者の事が記されている中で、不二龍彦氏の「姜甑山の予言」が目に焼き付いて離れない。実は、豊田氏は人並はずれて直勘力が働く人です。この姜甑山は釈迦とイエスにも比せられる人士ではないかと感じたそうです。早速、その事典で紹介されている『大巡典経』（姜甑山のことを記した書、日本語訳『回天の聖者』丘書房刊）を取り寄せて読みました。確信は更に高まる。どうしても現地、韓国に飛んで行って調べてみたくなった。豊田氏は当時カリフォルニア在住です。ままならぬ。たまたま在米の親友の鄭亭民さんが韓国に一時帰国していたので電話した。鄭氏は韓国と日本の二つの大学を卒業し、更に、米国に留学して大学院を出てＭＢＡとＣＰＡ（公認会計士の資格）をもつ立派な方です。だがその鄭氏が色々あたってくれたが何の手がかりもない。矢も楯もたまらなくなり豊田氏は韓国へ飛びました（２００２年４月）。

先ずあちこち心あたりを訪ねたが何もない。それで、一番当てにしていた姜甑山の出身地、全羅北道の縁りの地の金山寺弥勒殿へと行ってみました。やっとの思いで辿り着いた金山寺なのに、姜甑山については何の情報も得られませんでした。『日も暮れかかり、このまま帰るのはいかにも残念で、ふと思いつき、金山寺に行く途中で目に入った「甑山法」と書かれた寺院に立ち寄りました。話を聞くと、何とそこは、姜甑山の遺体が祀られているところでした。「甑山法宗教本部」といい、姜甑山の息女、姜舜任禅師が開きました』と豊田氏は伝えています。

豊田氏はそこで、姜甑山に関する韓国語の本二冊を寄贈され、また姜甑山の遺影の撮影を許されました。その他、姜甑山ゆかりの人達にも会うことができましたが、これといって確かな情報は何もありませんでした。

つまり、現在の韓国では姜甑山は忘れられているということです。「甑山法宗教本部」が細々と教えを伝えているだけで、後は何もないらしい。ただ鄭亭民氏からの情報によると、ソウルに姜甑山の名を使った大きな施設があるとのこと。但しそこは宗教団体ではなく、病院やリタイアーセンター等を持つ営業施設であると。以上で、現代韓国で姜甑山は隠された人と言わざるを得ません。

なぜ隠されたか？　その第一の理由は、日韓併合を進めたから。今、韓国では「五賊」が槍玉に挙げられ非難の目標になっています。すべて日韓併合を進めた当時の代表的政治家や改革者などです。当然、姜甑山はトップに挙げてもいい人です。しかし彼は聖者でした、だから隠した。いいえ忘れようとした、忘れられたのです。

それだけでなく、姜甑山は弟子に記録を残すことを禁止していました。だから教えの著書というものはなく、記録もありません。ただ唯一の教えや言行を記した書『大巡典経』（日本語訳『回天の聖者』）は、孫弟子の李祥昊氏が、姜甑山の有縁の人々を訪ね歩き、その言行を収集し、１９２７〜８年頃に著作したものです。私達はこれで知ることができるだけです。それにもう一つ、姜甑山は教えと仕事の核心である「天地公事」を世間の目から隠しました。ひたすら隠れて行なったのです。なぜか？「およそ誰が見ても、見当のつく様な方法で仕事をしようとすれば世間に知られ、或いは阻害を受ける恐れもあるので、前代未聞の人知れぬ方法で事を運ぶのが安全である」と言っています。つまり世間の妨害を受けぬよう、後天（太平和楽の新時代）を導く開闢の業は成されねばならなかったのです。

以上が今、イエスや釈迦に比せられるべき韓国の大聖者が、世間の目から忘れ去られた理由です。でも、『回天の聖者』の訳者・富岡興永氏は、その「まえがき」の中で次のように記しています。「恐らく東洋では釈尊以来の、或いはそれ以上の高徳者ではなかろうか。………天地公事という神業は、先人未踏のものであり、その意図された所は今後の後天五万年のための、超次元的な土台作りであった。………公事に対する評価は、今後韓国内外で逐次高まるものと思われる」と。更に「先生は近代朝鮮の生んだ新思想家崔済愚※と並び、二新思想家の一人として位置付けられ………韓国に於いて最近とみに注目され、研究されている思想である」と。つまり韓国の一部の有識者の間には、決して忘れられていず昨今注目が集まりつつあると。

※「東学」思想の祖、儒仏道と民族伝来の思想ハスウルニム（天地万物を産んだ宇宙の精神・生命）の上に立ち、「人乃《すなわち》天」（人はいわば神の子、神性もつもの）を基本とした思想。この点、「仁」を尊ぶ姜甑山と通じる。1864年に世を惑す者として処刑（40歳）。ただ東学党は後に農民反乱を起こす（1894年）。姜甑山はこの乱に加わらぬよう弟子達を禁《いさ》めている。同じ救世済民でも、姜甑山は暴によらぬ仁に生きる道を、もう一つ天地公事を決め手とした、その差がハッキリ判る。（以上山波の注）

さて、いよいよ天地公事とは何か。特に現代韓国人が最も忌み嫌う「日韓併合をすすめた」、この怪しからぬ天地公事にポイントをおいて記します。『大巡典経（回天の聖者）』より言葉を引用します。

三、天地公事

a．日露戦争

日露戦争が起こった時、姜甑山は弟子の一人に聞かれました。『日本とロシアが我が国の虚弱なのにつけ入って、互いに勢力を争い、朝廷では党派が起こり、或いは日本と親善しようとし、或いはロシアと結託しようとしているが、君はどんな主張を正しく思うか』と。

弟子がそれに答えて、『人種の差別と東西洋の区別として日本と親善し、ロシアを遠ざけるのが本当と思います』と。

これに対して姜甑山は『君の言葉が正しい。今、万一西洋人の勢力を退けなければ、東洋は永遠に西洋に踏みにじられるだろう。故に、西洋人の勢力を退け、東洋を助けるのが正しいので、今、日本人を天地間に大きな働き手として立てようとおっしゃられ、これによって天地大神門を開き、毎日公事を行われ、四十九日で一区切りとして東南風を吹かせていたところ、…………其の後、

『大巡典経　回天の聖者』
李　祥昊 編著　富岡興永 訳編
丘書房 発行

ロシアが海陸にて引き続き日本に連敗した。』（第四章10）

日露戦争は日本の命運を賭けた戦争でした。敗けたらロシア帝国は満州（それまでに既に軍事的には制圧）から、必ず朝鮮半島を制圧し、日本の亡国は必死となったでしょう。日本の敗北は東洋の植民地化につながります。東洋の支え日本を勝たせなければならない、これが姜甑山の天下公事の目的です。もちろん日本人の決死の戦いがあってのことですが。その目論見のとおり、陸軍は1905年1月に難攻不落とされた旅順の要塞を攻略し占領。3月には奉天の会戦で戦勝。以後膠着状態となったが、遂に奇跡的に5月27日、海軍はバルチック艦隊を発見して撃砕。これを機に米国のルーズベルト大統領の講和斡旋があって辛くも勝利、いいえ大勝利を得たのです。聞くところによると、東郷大将がひきいる日本艦隊の参謀だった秋山真之中佐は、ロシアのバルチック艦隊はどちらから来るか、それで戦術も勝敗も決する。考えあぐね疲れはてて士官室で安楽椅子に身を横たえたとき（5月24日の明け方）、ウトウトとして閉じた目の中に、突然、対馬東水道の全景が現われ、そこにバルチック艦隊が不規則な二縦隊を作って北に向かって進んでくる全容が見えました。これが日本海海戦勝利の因。東郷大将の不敵な奇抜な戦法が展開されました。この奇跡それはしきりに東南風を吹かせた姜甑山の天下公事の一環だったのでしょうか。

b. 日韓併合

日露戦争後、日本は韓国を保護下におき、統監をおいて外交・内政・軍事の実権を握り、遂に5年後の1910年に日韓併合をします。このような日本支配への動きに反抗して義兵運動などが起こっています。しかし他方では、この日本支配は韓国人の手では出来ない近代化を進める支配だからと、日本支配を強く支持する東学の流れを汲む「一進会」の運動もありました。しかし、独立を強く希求した壮士・安重根の手によって、統監の伊藤博文がハルピン駅頭で暗殺されました。これが逆に引き金となり、翌年1910年に韓国は日本に併合されました。現在韓国では、安重根は最大の愛国者、英傑として称えられています。

さて、姜甑山は日韓併合にどんな考えを抱いていたのでしょう。彼は日韓併合を天地公事としておし進めたのでした。

『朝鮮を西洋に渡せば人種が異なる故、差別と虐待が甚しく、生きることが不可能であり、又、清国に与えればその民衆が愚鈍な故、手におえないであろう。日本は壬辰の乱の後に道術神明たちの間に怨恨が結ばれているので、彼らに与えてこそその怨恨が解かれるだろう。故に彼らに一時天下統一の気と日月大明の気を与えて役事を成就させようと思うが、一つだけ与え得ないものがある。即ち仁の字である。万一仁の字までも与えれば、天下はすべて彼等のものになってしまうだろう。故に仁の字だけは君たちに与えるので、この意味をよく守るのがよい。そうすれば君たちは平和に過ごす事が出来、彼らは即ち君たちのため働くであろう。故にすべてのことをよく分別して快く待遇し、帰る時は労賃も貰わずに素手で帰るので、せめて言葉の応待だけでも厚くもてなす様にと。』（第四章28）

日露戦後、ロシアは去った。ここで日本の手が伸びてくる。それなら、昔の宗主国の清に身を委ねるか。それは愚かなこと。さりとて朝鮮は自主独立はとうてい出来ない。王朝はすでに腐敗、無力。

みすみす中国を越えて伸びて来る西欧列強、英独仏米らの魔手に身を委ねるか。それは絶対にできない。永遠の魔手の支配、朝鮮の滅亡を意味する。だから日本にしばらく朝鮮を託す。彼らはうまくやるに違いない。壬辰の乱（秀吉の朝鮮進出）で大敗した怨恨が道術神明たち（見えない霊の世界）の、解けないシコリとなってこびり付いている。これが日本の朝鮮支配で溶ける、朝鮮の未来に万々才。だから、日本に一時朝鮮を託す。彼らに神明界からの力を与えてやって、韓日併合をうまくやらせる。これが天地公事の方針なり。

ただ一つだけ与えぬぞ、仁の一字。大いなる愛の心を日本が持てば、朝鮮は永久に日本のものになる。なぜなら、仁（大いなる愛）は世界も一つにする働きだから、まだ（天下が一つになる時はまだ）早い。朝鮮はやがて独立をとり戻さねばならない。だからここで君たちに、韓日併合はなされるが、仁の字だけは与えておく。この意味をよく知って守りなさい。やがて、彼ら日本は一円も、朝鮮のために捧げた仕事の見返りはゼロのまま、手ぶらで帰る日が来る。だから言葉をつつしんで、彼らへの応待を礼をもってしなさい。

最後の、日本の見返りなしの帰還とは、１９４５年8月15日日本の敗戦。それから朝鮮戦争があり、朝鮮の南北分裂を経て、１９６５年（昭和40年）「日韓基本条約」を韓国の朴正熙大統領との間で結びました。そのときこれは賠償金ではない（日本と朝鮮は交戦したのではない、日本の敗戦でその植民地だった韓国は独立したのだったから）戦後の補償として提供するものとして、日本は計８億ドルを渡すことにしました。（無償提供３億ドル、有償ただし長期低利の借款２億ドル、及び民間借款３億ドルでした）。これは日本にとっては大変な負担でした。当時の日本の外貨準備高は18億ドル。

外貨がなければ石油も原材料も買えない。日本はまだ戦後の再建途上中で、あの新幹線も世界銀行からの借金たらたらでやっとその一部が通ったくらい。でも、これで補償問題はすべて「完全かつ最終点に解決」という合意があったので、思い切って踏み切ったのです。でも、これが朴大統領の「漢江の奇蹟」を生みます。当時はベトナム戦争特需もあったのですが、何といっても日本からの資金8億ドルが、韓国経済の大発展を産みました。

いいえ、いいえ、それだけではない。終戦時に日本が朝鮮半島に残したままにしてきた資産は702億5600万円。(これは現在の物価で換算すると13兆3486億円になるそうです)。これがそっくり戦後の韓国と北朝鮮の手に渡りました。これが植民地からの離脱、そして独立のため、どれ程大きな活力資金となることが出来たか、計り知れないものがありましょう。姜甑山が日本は「素手で帰る」と言ったのはこの事でしょう。

それだけではありません。初代統監伊藤博文は着任すると(1906年)直ちに、日本政府から無利子で返済期限をつけない資金2000万円を引き出し、また1600万円の外債を募《つの》り、計3600万円で、鉄道建設、道路、水道、築港やダムの土木工事、学校建設と教育の普及、病院建設等々、朝鮮の急速な近代化事業に着手しました。当時の韓国の国家予算(歳入)は1700万円だったのですから、その努力には頭が下がります。この近代化された朝鮮半島の遺産はそっくりそのままに朝鮮に残りました。だから姜甑山の言った通り「労賃も貰わずに素手で」日本は帰ったのです。だから「せめて言葉の応待だけでも厚くもてなす様に」と付け加えたのです。これが「仁の字だけは君たちに与える」その意味だったのです。

現在の韓国は、北朝鮮はそれを守っているでしょうか。教科書問題で、歴史認識の問題で日本を名差しで何と言いつづけているか。伊藤博文統監を殺し、「侵略の元凶」とまで言うのは、果たして仁か？それが仁であるかどうか？　アジアの防波堤となりつつ、（日本を守ることが、アジアを守ることであった運命に生きねばならなかった）当時の日本、それから辿る日本の道を、姜甑山は次のように天地公事をして、世を去りました。

c．二つの日清戦争、朝鮮戦争

『将来日清戦争が二度あるだろう。初めは清国が敗れるであろう、二度目に起こる戦いは十年かかり、その結果日本は追われて本国に帰るであろう。又、胡兵がやって来るだろうが、漢江以南は犯せないだろう。その時疾兵（病）が猛襲するが、米国は一指も動かさなくても容易に引き上げるであろう。』（第五章26）

「将来日清戦争が二度あるだろう」とは、初めは満州事変（1931年9月～32年3月）、次は日中戦争（1937年7月～45年8月15日）のこと。

初めの満州事変で、日本は翌年（1932年）に中国の東北地方を奪い満州国を建国させたので、中国は敗れた。これは20年以上前に他界していた姜甑山の予告の通りです。次の日中戦争は長期化して、1941年から太平洋戦争にまで発展。日本はアメリカに敗れて終戦。同時に中国との戦争も終結。だから姜甑山の予告とおりに日本は中国から追われて本国に逃げ帰った。

また「胡兵がやって来る」とは、朝鮮戦争（1950〜53年）の勃発のこと。日本の敗戦で朝鮮半島は北はソ連軍の、南はアメリカ軍の占領下に入った。そのため朝鮮統一は成らず、北緯38度線を境にして、北に朝鮮民主主義人民共和国、南に大韓民国がそれぞれ成立。だが、国境紛争が起きて北朝鮮側が侵入。それは疾風怒涛の勢いで、装備不十分の韓国軍を半島南部にまで追いつめた。これが姜甑山の言う「その時疾兵が猛襲するが」。国連はその侵略を阻止するために、米軍を中心に国連軍を派遣した。国連軍はマッカーサーの指揮下で、38度線を越えて北朝鮮へ猛進撃。このため中共軍が北朝鮮を支援して、中国の東北部から侵入した。これが姜甑山が予告しておいた「胡兵（東北地帯の中国兵）がやって来るだろう」である。

そのため、国連軍は再び38度線を越えて後退し、38度線付近で戦線は膠着状態となった。そこでマッカーサーは一気に大攻撃をかけて、中国東北部にまで進撃する戦略をたてた。しかし拡大を恐れたトルーマン大統領によって解任罷免され、アメリカに呼び戻された。そこで1953年に休戦協定が成立し、現在のように北緯38度線を境界にして、北には北朝鮮が、南に韓国が存在している。これが姜甑山が言った「漢江（ソウルの中央に流れる河）以南は犯せないだろう」、また「米国は一指も動かさなくても容易に引き上げるであろう。」ということになる。四十数年前に、姜甑山はマッカーサーの解任罷免帰国までを予測し予告（天地公事）していたのであろうか。

d．日本の敗戦

『今、東洋の形成の危急なこと、まさに累卵の危きにある。私が顧りみなければ、東洋は永遠に西洋に占められるであろう。』（第六章131）

『今、西洋人から教えられた知識をもって彼らに対抗するのは忘恩背徳を犯す事になるので私は私なりの方法で局面を正そうとするのである。又日本人が米国と戦えば背師律を犯す事になるから、みじめな敗け方をするだろう。』（第六章129）

『朝鮮は元来、日本を指導した師範国であった。忘恩背徳は神道で許容しないから、彼等が一時、朝鮮を領有したところで永遠に領有することは出来ないだろう。』（第六章132）

すべて予言が当っているのではありませんか。日本は二度の日清戦争（満州事変・日中戦争）をした。その挙句第二次大戦に突入せざるを得なくなった。危い!! ヨーロッパではドイツ、つづいてイタリアが大戦を始めた。日本は長びく中日戦争に活を入れるため、資源を求め南方へ進出せざるを得なかった。真珠湾攻撃が引き金となりアメリカと戦争を始め、日独伊枢軸国と米英ソ中など連合国との世界大戦になった。日本が負けると、アジア東洋はすべて西洋の支配下に入るでしょう。それが姜甑山の言う「今、東洋の形成の危急なこと、まさに累卵の危きにある」です。まかり間違うと、いいえ間違えなくても必ずや「東洋は永遠に西洋に占められるであろう」です。だから「私が顧りみなければ、………」です。姜甑山は東洋を救うため次の天地公事をした筈です。「日本人が米国と戦えば背師律を犯す事になるから、みじめな負け方をするだろう。」なぜそんな天地公事をしたのか？ それはさておき、姜甑山は1909年に他界していますから、32年後の日米開戦、そして36年後の日本敗戦まで予告した訳です。しかもなぜ日本は負けるかその理由まで。経済力・軍事力とは別に、誰も言わない別の理由。「西洋人から教えられた知識をもって彼らに対抗するのは忘恩背徳を犯す事になる」、これです。姜甑山にとってはこれが日本敗戦の理由です。でも、日本が西洋の知識を学んだのは、自国の独立を守るため、力をつけるためでした。それが殖産興業、立憲政治、科学技術文化。これを取り入れることが近代化・西欧化です。日本はアジアで唯一の断トツの優等生でした。その挙句の果が西欧を真似て植民地への進出。満州事変から日中戦争へ。

『親日派のための弁明』という本を書いた金完燮《キムワンソプ》氏が面白いことを言っています。「日本の敗北がすなわちアジアの不幸」「日本の敗戦はアジア人の幸福にとってじつに残念な出来事だった」と。なぜなら、もし日本が勝っていたら、日本の言う東亜共栄圏が出来ていたら、「大東亜連邦に所属する三億人の人びとの生活は、いまとは比較できないほど豊かになっていたろう」から。だから「日本の罪といえば負けたという、それだけのことなのだ」と。なぜなら「帝国主義時代の論理とは、力ある国は多くの地域をわがものとして、力がなければ領土を奪われるというものだ」。つまり勝てば官軍、負ければ賊軍、これが西洋近代文明が産み出した帝国主義時代なのだからと。

されば、アジア近代化のチャンピオンだった日本は、最後はこの罠に落ちたのです。アジアの可哀そうな犠牲者、そして英雄。

だから、ヘレン・ミアーズ女史※はハッキリとこの事をその著『アメリカの鏡・日本』の中に記しています。日本はアジアにおける最高の近代化（西洋文化受け入れ）の生徒だった。日本は師（欧米列強）の教えの通りを極東で実行（パワーポリティクス、即ち力は報われる）それをやったら列強に叩かれたと。但し、日韓併合までは合法とされ（列強は誰も文句を言わずこれを承認した）、しかし満州事変からは否認した（西洋人に許されたことが、それ以後は許されなくなった）と。つまり出る杭は打たれるように転じた。それを次のように言っています。「日本の視点から簡単にいうなら、この戦争（太平洋戦争）はアジア民族がアジアの支配勢力とし台頭するのを阻止し、米英企業のために日本の貿易競争力を圧殺しようとする米英の政策が引き起こしたものだった。それが米国政府の意図だった」、このような日本の見方は「アメリカ人なら誰も認めないだろうが、実際に行われた政策と米国政府の公式説明は、まさに日本の解釈を裏づけていると言わざるをえない」と、正直に言っています。

これをもっと端的に言うと、この本の訳者（伊藤延司氏）が「訳者あとがき」で記しています。「ミアーズがいおうとしていることはこうである。近代日本は西洋列強がつくり出した鏡であり、そこに映っているのは西洋自身の姿なのだ。つまり、近代日本の犯罪は、それを裁こうとしている連合国の犯罪である」と。

※ヘレン・ミアーズ著『アメリカの鏡・日本』。ミアーズ女史は1900年生まれ、1989年没。1920年代から日米開戦まで二度来日して東洋学を研究。日本敗戦で1946年にGHQ（連合国軍総司令部）の諮問機関「労働政策11人委員会」のメンバーとして来日、戦後日本の労働法の策定に参加。だからGHQ内部の情報はすべて知り尽しているわけです。たとえばGHQ日本占領政策の目的は、日本を二度と戦争しない平和な国にすること。そのためには日本の伝統的価値観を破壊することもその一つ。また歴史研究者でもあるヘレンの目には、日本が侵略と言われる戦争をしたのは、西欧から学んだことを真似てやった結果だということも見えてきた。本書は1948年にアメリカで出版。原百代氏が翻訳出版の許可をGHQに願い出たが不許可。「占領が終わらなければ、日本人はこれを日本語で読むことはできない」と

いう理由で。1953年に原氏の翻訳で出たが、その時はなぜか注目されなかった。敗戦から50年目の1995年に伊藤延司の手で再び翻訳出版。私達はヘレン・ミアーズの公正フェアの目と、日本がおかれていた世界史の中での位置が見えてきて、改めて色々考えさせられるものがあります。

つまり、姜甑山の言うように「西洋人から教えられた知識をもって彼らに対抗するのは忘恩背徳を犯す事になる」、天罰覿《てき》面、この倫理上の罪が経済問題に、ひいては戦争の問題に現象化して現れ、自縄自縛、日本は太平洋戦争に突入して敗れた、ということになる。本当にそうか？　そうです、聖者姜甑山が言うのだから。但し、まだ後があるのです。「私は私なりの方法で局面を正そうとするのである」と言っています。それは「日本人が米国と戦えば背師律を犯すことになるから、みじめな敗け方をするだろう」。即ち二発の原爆投下で、人類史上かつてなかった悲惨な敗け方をしました。これで「局面を（世界の有《あ》り様《よう》を〜来たるべき地球の姿を）正そうとするのである」。つまり（日本敗戦で）大峠越えをさせて、後天（平穏清和な楽園）へ大局面転回をさせようとするのであると。それはどうやって？　その前にもう一つ、「朝鮮は元来、日本を指導した…………、彼らが一時、朝鮮を領有したところで永遠に領有する事は出来ないだろう」と、日本敗戦で朝鮮半島の独立を約束します。この日本敗戦と、朝鮮が三十五年間の日本の手による急速な近代化、そして植民地からの独立、この二つの事が後天、地球の新時代を迎えることに不可欠だったのです。

e．神濠公事（日本に風穴あける）

『ある日、字を沢山書いて従徒たちに与えられ、泰仁、神濠の鍛冶屋に行って、そこのフイゴ火に入れ燃やしなさいと言われた。…………時あたかも日本の神戸に大きな火災が起き、被害が甚だしいと言う事であった。…………言われるに、日本はあまりに強烈な地気が集まっているので民族性が荒く、貪欲で、侵略熱が強く、我が国が昔から彼らの侵冦を受け、平和な日が少なかった。それで、その地気を抜いてしまえば我国も将来平和になり、彼の国も又、後日安全を保てるだろうから、私が今、その地気を抜いてしまう為に先日神濠公事を行なったところ、神濠と語音が同じ神戸に火災が起きたのである。これは将来にその地気が大きく抜ける兆候であると言われた』。（第四章169）

（注）神濠と神戸は朝鮮語読みすると発音が同じになる。

1995年1月17日、神戸を中心とした阪神大震災が起こりました。それが姜甑山の行なった日本の地気抜き「天地公事」であったと。公事が行なわれたのはそれより90年近くも昔のことです。だが阪神大震災が起きたのは、終戦（1945年）より丁度50年の後の事です。これで日本も朝鮮半島も平和になれる、そのための日本の地気抜きであったと。いったい何の事だろう。

平和とは姜甑山においては仁の心を民が持つことです。仁とは姜甑山の核心の思想「三柱」（解冤《カイエン》、一切の恨みを解き不平不満を持たず純なる心を持つ）（報恩、世のため人のために生きる）（相生、共存共生）この三つを人が心として持ち、それを実践し行うこと。なぜなら、これで後天が現実に地球に表現されるからです。

これを「人尊の法」と言います。天地公事で聖者・姜甑山は先天・大峠・後天へと変化する仕組みを行なった。しかしこれだけでは後天にならない。人尊の法の発動がなければ。人尊とは人が率先して三柱を心とし、それを実践すること、これで地球の歴史が後天になって表現されます。

右の手続きで、この日本人に後天を生み出させる、そのための日本の地気抜き、そのための神濠公事だったわけです。ここから、日本が目覚め、後天発動のための牽引車となる。それと、それを仕掛けるためのもう一つ前の仕掛け、仕組みが日本の敗戦だった訳です。

敗戦を経験して、五十年後、1995年阪神大震災、それを拠点にして日本人が三柱に気付き、目覚め、後天実現へ動き出すということ、そのための仕組が天地公事だったという訳です。(以上で一切の天地公事の仕組みが終わりました)。

以後は、日本人が「人尊の法」に気付き、仁(三柱思想)を大切に、本気で必死に動きさえすれば、後は必ず後天の世に地球の歴史が変わるという次第です。そのとき、韓国は何をすればいいの？……それは(姜甑山に貰った筈なのに)失いかけた仁を取り出して、日本人と協同するその一事に尽きます。そこで初めて韓国五〇〇〇年の歴史の意味が浮き出て来ます。

四、韓国の目覚め、植民地時代の経緯《いきさつ》の中にある

姜甑山は言った、「(日本に)一つだけ与え得ないものがある。即ち仁の字である。……故に仁の字だけ君たち(韓国人)に与えるので、この意味をよく守るのがよい」と。だから、日本人は仁を厳

しく自分で創り出さねばなりませんが、韓国人は姜甑山に貰った仁を取り出して使えばよいのです。使えますか、使っていますか？

日韓交渉で何と言っていますか。もっと謝れ、補償金を払えと何度も言ってはいませんか。それが仁でしょうか。それから日韓併合は不当だと言い続けていますよね。公平中立のヘレン・ミアーズ女史さえ、あれは合法的だと言っています。これでは、日韓併合の天地公事をした姜甑山が泣きます、泣いています。〝日帝三十六年〟の体験が、韓国人には仁の人（三柱思想の人）に変わる、変われる絶対の条件だと判っていたから、姜甑山は天地公事をしたのに。辛かったでしょうが、あれがその時の韓国人には自前で出来なかった近代化を一気呵成に〝日帝〟の手でさせて貰った絶好の歴史の一齣であったわけです。それがあるから今日の韓国があるのです。それなのに何と言っていますか、特に教科書問題、歴史認識問題で。略します。……繰り言……。聖者・姜甑山が、三柱の第一に指定した解冤（一切の恨みを解き不平不満を持たず純なる心を持つ）、これさえ未だ出来ていないのです。ああ。

ここで御浚《おさら》い、日韓併合35年の経緯《いきさつ》に目をとめてみましょう。初代統監伊藤博文は言いました。「数千年の歴史と文明を持つ韓国民に対し、併合するなどという暴論に支配されてはならない」と。彼は韓国を保護下においても併合には反対だったのです。更に「苟《いやし》くも数千年の歴史と文明とを有する国民は、決して獣畜の如く支配すべきものでなく、また支配できるものではない」と、統監府の幹部職員に厳しく訓示しています。更に「韓国を滅ぼす者は他国ではなく韓国自身である。日露戦争のような大激戦を目にしてまだ、内外の形成を察知せず、覚醒しないとは何事であるか」と、保護下の韓国の閣僚に対して厳しい叱責をしています。そして前記したように、韓国の歳入予算が1700万円であった時に、日本政府から2000万円を引き出し、外債募集をして1600万円を加え、合計3600万円かけて韓国の経済・文化・社会全体の近代化に全力を捧げています。それは日露戦争が終わった翌年のこと、日本は戦争で当時の国家予算の三倍もの戦費を使い尽し、苦しい国家財政の中からそれをやったのです。

それなのに伊藤博文は、三年後（1909年）に安重根に暗殺された。安重根は今韓国で最大の独立の英雄です。果たしてそうか？　あの時もし韓国が独立していたら、今日の韓国の自主独立がありえただろうか？　もちろん韓国民の独立を悲願とした安重根の志は、人間として偉大なものです。だがその彼が最後には（死刑が確定してから、看手をしていた千葉十七とは特に親しくなり）、こう心境を洩らしました。「私は果して大罪人なり。我が罪は他にあらず、我が仁をなすの弱きは、韓国人の罪なり」と。そして「千葉さん、わかって下さい。伊藤公にはまったく私怨はなく、公にも家族にも深くお詫び申し上げたいのです」と。

愛国の人安重根氏は、韓国人に遺言を残したのです、仁をなすの弱きは韓国人の罪なりと。聖者姜甑山先生の天地公事の仕組の意味を、最期に確認し、それを果たし終えるようにと韓国の同胞に言い残したのです。この意味で、韓国のこれから歩くべき道筋を確認し得た意味で彼はやはり歴史上の英傑でした。

しかし、安重根の伊藤暗殺で、それが直接の引き金となり、朝鮮の植民地化（日韓併合）が断行されたのです。姜甑山が敷いた天地公事のレールを踏みはずさずに辷って行きました。

ただもう一つ、もう一人、韓国人の栄光のために記しておく一人の英雄がいました。その人の名は羅寅永《らいんえい》。韓国の危機を痛哭し、韓国人の目覚めを促す「同盟の歌」を遺言として残しています。

彼は西力東漸、西欧諸国の襲来の危機を日韓清の三国協同で阻止すべきと考えていました。だから日露戦の先ず日本の勝利を「恩徳なり」と称してました。次は韓国が独立すること、三国協同の確かな一つの力となること。しかし反対に局面は日本の保護国化。しかし

怨むなよ怨むなよ　日本人を怨むなよ
日本人にあらざれば　露国の強暴免がれじ
龍岩浦を犯せしを　友邦日本の兵力で
之を千里に駆逐せり　是れ恩徳に非ざるか
（中略）
韓人の生存難は　日本人の生存難
日本人の生存難は　黄色人種の生存難
（以下略）

右のように「同盟の歌」でうたいつつ、なぜ韓国が日本の保護国となるか、それは韓国の内政の腐敗だらしなさによるからだ、その根因は内にありとして、「自新団」を組織し、1907年に内の奸賊を倒そうとします。だが事成らず逮捕され、この時ふところに所持していたのが右の「同盟の歌」

です。

その後、民族精神覚醒のために、朝鮮の始祖神・檀君信仰を中心に「大倧教」を（1909年）に創立。だが総督府からの弾圧を受けたために、1916年に自決。しかし「同盟の歌」と羅寅永の命を賭けた生き様《ざま》は、後世の韓国人のために遺言と成って残っているのではありませんか。

①「恨むなよ怨むなよ　日本人を怨むなよ」、これは姜甑山の三柱思想の第1「解冤」です。

②そして日露戦争を「恩徳なり」と言いました。これは三柱思想の第2「報恩」に当たります。

③三柱の第3は「相生」（共存共生）です。羅寅永はこれを次のように言い切ります。

国権回復せし後は、日本人も我が同胞

何と（日本人の生存難は　黄色人種の生存難）と歌って、西欧列強に当たるには日韓清の三国協同を訴えた、初期からの協同共生すなわち「相生」が貫かれています。羅寅永はまさに姜甑山の申し子、解冤・報恩・相生の三柱思想を身をもって実行し、遺言として「同盟の歌」を、後世の韓国の目覚めのために残した英雄ではありませんでしたか。それだけでなく「大倧教」もつくり、韓国の始祖神・檀君信仰を記しました。5000年の昔、天帝（桓因）の庶子桓雄は、天命を受け白頭山に降臨しました。桓雄の子が檀君で、BC2333年に「朝鮮」を開国しました。この日本の天孫降臨に比する神話を持つ国が朝鮮です。何かの使命があるからでしょう。日本の天孫（天照大神の孫・ニニギノ尊）の高千穂峰降臨と非常に似ています。ただ、朝鮮では王権・王朝が次々と替りましたが、日本は万世一系の天皇、そこだけが異っています。

ところで、日韓併合後（1910年以後）の事についてもう一言。初代の朝鮮総督は寺内正毅、彼は初めから部下に強く戒めています。「元来併合の趣旨たるや、両国合して一体となり、彼我の差別を撤廃し、相互全般の安寧《ねい》幸福を増進せむとするに外ならず」と。それ故に「倨傲（驕り高ぶる）の心の増長」を厳しく戒めています。つまり心にも差別感なしに朝鮮民族に対処せよと。そして三千万円の巨費を（当時の韓国の国家予算は約千七百万円）持参し、朝鮮の教育と福利のために使っています。

しかし、その後すべて寺内総督の戒め通りにいったでしょうか？

残念ながら、1921年生まれの私が肌で実感してきたものはその反対でした。島国根性の、その時に成り上がりだったケチな日本人共が、たしかに一目《いちもく》下に朝鮮半島人をおいて、心で差別していました。あれは忘れることの出来ない、一番人間にとって大きな屈辱であることはしっかり分かります。

ですが、ここが仁です。人間の最悪の状況（条件）から自力で立ち上がれるか？　仁とは（解冤とは）こうやって自前で創り出す（産み出す）ものです。でなければ仁の人にはなり切れません。聖者・姜甑山はこのための条件（状態）を天地公事をして仕組んでおいたのです。「仁の字だけは君たちに与える」と。未来の愛する朝鮮半島のすべての人のために。やってみて下さい。それをやって自決した羅寅永氏と、もう一人最後にその悟りに到達した安重根さんの名も、しっかり記念して下さい。

※羅寅永と安重根については、名越荒之助の名著『日韓共鳴二千年史』をご参照下さい。

第二章　日本の歩み、韓国の歩み、地球の歩み

一、初めに言っておくこと

a．渦巻模様の宇宙

姜甑山の天地公事の眼目は最終的に日本の敗戦であった。なぜ、そんなむごいことを？　それが日本のため、世界のためであるからです。後天の世を地球に導くこと、これがそうです。

日本の敗戦で、なぜそれが出来るのですか。日本が仁を独力で産み出す、それを地球に広げることによって、この世がいわゆるパラダイスに大峠越えをするわけです。

地球の本質は仁です。なぜなら宇宙の本質も仁です。神は実在します、仁が神です。仁とは姜甑山が言っているように、第1が解冤、2、報恩、3が相生。要するに生成進化し、仁の創出、これが宇宙。ここに生があります。ちょっと哲学論になり、浮世ばなれしましたが。日本国はこの仁の創出で、地球を神にまで一皮むけたものにすること、その申し子の役を荷った島国です。ここに吹き寄せられた一群の人々、これが日本人です。韓半島を通って来たので、韓国人とゆかりがあります。

b．仁産みの仕事

さて、仁は「相生」、互いに助け合い一つに結ぶことを最終の目的とします。それには、先ず怨を捨てること。これを仏教ではカルマ（宿縁）の脱と申します。一切の人と人、人と神を切り離してきた根因は、他人さまを他者と見る私達の目、それを捨てること、これが「解冤」です。

これをさせるのが「報恩」です。なぜなら、己れを捨ててかえりみず相手に身を捧げるのが恩に報いる仕方です。ここで他者と自己が身一つになります。

これをすべて総合すると、一なる神の生成進化がある。すなわち神が産んだものすべてを身一つの自己に戻す宇宙の大業《おおわざ》が存在する。これが日本古来、本来の思想です。姜甑山はこれをするための天地公事をしました。先ず姜甑山は韓国に生まれ、三十五年間の植民地時代をつくり、韓国人の近代化（他者の目ですべてを見る西欧の目）を身に付ける天地公事を先ずしました。次に、日本を敗戦に追いやる仕組みをつける天地公事をしました。これは最終的に苦難の底から日本人が立ち上がり仁を、全地球人が一なる神に帰るための仕組をひねり出すこと。なぜならば、ここから日本人が仁を取り出して世界に広げることになるからです。

取り出し方は、一、パワーポリティクス、力の原理西洋文明を身に着けること。二、これで失敗し、目覚めること。三、本来の日本のコトダマを、エキスの形で引き出して世界に公布すること。

二、ここからが本番です

a．ひと言だけ

今、地球が変わりつつあるのを御存知ですか。今年の気象異変、それが前兆です。地球が変わるとは、地球に新しい光が入り始めることです。新しい光とは、宇宙線と呼びます。今まで地球人が知らなかったモノが、宇宙と太陽とから放射され始める、ということです。NASAが少しだけとらえて、少しずつ洩らしていますが、ここでは略します。

それで、新しい光で人体がさらされると、DNAが変化（新しい遺伝子が目覚め）たり、思想の変化が起きたり、そこから政治・経済・文化いっさいの根源的変化の芽が生まれるでしょう。

b．骨を抜かれた戦後の日本

敗戦で日本人は日本人でなくなりました。GHQの巧妙なウォー・ギルト・インフォーメーション・プログラムによって、戦争の罪を永久に心に感じつづける人に変わりました（自虐史観人種への突然変異）。これがマッカーサーの平和政策で、骨ぬきの戦争犯罪者の群の創出。ですから言われるまま、為されるがままです。平和押しつけ憲法、東京軍事裁判、神道指令（国家神道の禁止と政教分離の徹底）で、日本人としての精神の牙を抜かれました。徹底した検閲制度の下で、教育制度の改革、財閥解体などで従順な自由主義・民主主義の羊になりました。朝鮮戦争で自衛隊はできましたが、イザという時は核の傘で庇護されますから、自分の国は自分で守らなくてもよい、武器を持たない女子供ばかりの集団国家みたいになりました。これが日本の現状です。

「一身独立して、一国独立す」と福沢諭吉は言いましたが、全く見当違いの方向に走ったのが、明治維新以後一四〇年の日本の歴史ではありませんか。こんな筈ではなかった？　と今更言いますが、韓国に行っても中国に行っても、謝罪、謝罪。先日の菅首相の8月10日の談話でも、「植民地支配がもたらした多大の損害と苦痛に対し、改めて痛切な反省と心からのお詫びの気持ちを表明する」と、100年前の日韓併合のことを謝りつづけています。このままでは、千年も万年も謝り続けるのですか。一万円札の中で福沢諭吉が涙をこぼしています。謝るなら、一度だけ、キッパリ本気で謝ったらどうですか。その謝り方は実行です。待ってましたと、姜甑山が言っています。

c．キッパリ一度の謝り方とは何か

解冤とは、あっちもこっちも恨みっこなしになることです。口先ではいつまでも出来ません。仏教でいうカルマ（宿業）のトゲを抜くこと。方法は唯一つ報恩。恩返しでです。これは命賭けでのつもりにならないとやれません。これでないと嘘です。本当の報恩とは、相手が幸せになって下さることです。その方法は唯一つ、相生（共存共栄）です。できますか。

この地球でそれがやれる道は唯一つ。戦争を地球から無くすことです。この外にありません。なぜなら、繰り返し繰り返しやってきた人類の集団殺戮犯行、これが戦争ですから。この癖を人類がキッパリ捨てて戦争のない後天（平穏清和の楽園）に地上を変えること、これ以外にはありません。

初めから、姜甑山が言っていたこと、これの実現です。このために姜甑山は天地公事をやりました。やり終えた最後の結論が、日米戦争の日本の敗戦です。

ですから、後天を導く役目が日本にあると姜甑山は決め込んでいたのです。もう一つ、韓国が予め仁を貰っていたのだから、これをとり出して使い一緒に手伝いなさいと。

日本、やれますか？　地上から戦争を無くすこと。やれない天地公事など、聖者・姜甑山はやった筈ありませんから、サアやりましょう。

d．後天の導き方のコツ

方法は「仁」です。自分でひねくり出して下さい。そのために日本は負けたのですから。なぜ日本が負けたかというと、仁の源（種）は日本にしか隠されていないのです。どこに？　姜甑山さえ教えない、お宝の探り当てゲーム。ここが人類史の面白さです。

日本人の目でしか見えないのです。………秘処は胸の奥、いいえ喉、いいえ、いいえ、神の（親の）ふところ、母の胎。そうです、女性よ自信をもって今立ち上がって下さい。この日のためにあなた方は、半分だけ存在させられていた。ヘンな表現ですが、母の胎があって、すべての人が生まれるのですから、一なる神の出所に等しいもの。今、あなた方が、ここにあると仁の種の在《あ》り所《か》を宣言なさって下さい。

e．女性の時代が来ている

姜甑山は女性のことをこう言いました。『今まで男尊女卑でありながら、古くから陰陽と言って、陽より陰を先に言っているのは如何にも奇異な感じがする。今後は陰陽と言うその通りに事実が正されるだろう』（第六章135）

『現代は解寃時代である。……（中略）……女子の主張を聞かないと、むやみに男子の権利を行使できなくなるだろう』（第六章134）

但し『女性が天下の事をなさんと、念珠玉をカチカチと音をたてるのが、天上広く漲っている。将来女性の天地を造ろうと目指している様だが、しかしそうまでにはならないだろう、が男女同権時代は来るであろうと。』（第三章120）

というわけで、下積だったが、男女同権にする実力の顕示は、あなた方女性が仁の種の在所《ありか》を、今、ここですと教えて下さることです。その外にはない。あなたにしか出来ない、胎の中、神の中、一つの中、そこにあるのが仁ですと。その産み方は出産です。命を賭けて、身二つになる仕方。女性なら誰でもします。命を生むために、命を賭けること、これが仁です。すべての人を生かす、幸せにするために、自分の命を賭けること、これが女の道、仁の道。地上が戦争をなくして、万物も、全人も、地球そっくりが、破壊されない幸せになり切れる一つしかない道です。

今、産道を通りましょう。女性よ導きなさい。今少しの間だけでしょうが、地球の変わり目には産道を持つ女性が旗頭です。

仁を産む時、日本の敗戦から仁が、世界に芽を出すとき。女性よ立ち上がり、命を賭けて産む術《すべ》を人類に伝えて下さい。このときから地球から戦争が消えます。

ただ、言うは易く、どうやって仁を地球に産出するのか。その方法が、古来、日本にあるのです。女性でなくても日本人なら探し当てられます。女が子を産む時のように、命を新しい生命のために賭ける覚悟をすれば。

そのコツは一四〇〇年前聖徳太子が、神軍兵法という形式で示しておかれました。

三、突発した尖閣諸島事件

a．日本に第二の黒船襲来か？

時あたかも、２０１０年9月尖閣諸島事件が起きました。中国漁船が日本の領海を侵犯、海上保安庁の巡視船の退去の警告に従わず、あろうことか巡視船に体当たりするかのように接触して巡視船の一部を傷つけました。そこで中国の漁船を逮捕、船長を拘留し、日本の国内法によって裁こうとしました。これは主権国家なら当然の事です。独立国なら、逮捕もせず領海侵犯の外国船（もし武装船）

ならば、砲撃撃沈することさえあり得ることです。でも、日本には平和憲法がありますから、戦力は使わず、逮捕して裁こうとしたわけです。でも、これはやりませんでした。拘留期限以前に船長を中国へ帰しました。那覇地検の次席検事が「わが国国民の影響と今後の日中関係を考慮すると、これ以上、身柄の拘束を継続して捜査を続けることは相当ではないと判断して」という理由で、処分保留のままに釈放しました。これは何ということか。中国が恐いから見逃しますということではありませんか。こんな事なら、これからは平気で中国船は入って来ます。でも、政府からのそうせよ、そうしてくれの突っつきがあって、そうなったのではありませんか。もしそうなら、三権分立を犯す憲法違反の重大事件です(ないしは指揮権発動事件)。だから表面上は那覇地検の判断ということにしたのかも。それでもやはり、行政権の司法権支配という憲法違反です（注、この場合は国策捜査というのかも）。だから、いいえ、やはり中国が恐いからそうなったのでしょう。問題は中国です。そして明らかに日本の屈服、敗北。

もし、これが幕末なら、日本中が熱《いき》り立っていたでしょう。黒船襲来、中国の襲来。青年志士たちが走りまわり、革新、明治維新を起こそうとしたでしょう。でも今の日本は骨ぬき、自虐史観の固まり、マッカーサーの手で突然変異させられています。

頼みの綱はアメリカさん。今回も船長釈放の前日に、訪米中の前原外相にクリントン国務長官が「尖閣諸島には日米安保条約が適用される」と、万一の時はアメリカの核の傘で守りますよと言っています。だからもう安心と、（今回は漁船だったが、これ以上軍艦とか潜水艦の侵犯はなかろうと）、白旗片手の超法規的な見苦しい結着をしたのです。

それなら、なぜもっと強く出なかったの？　アメリカが核の傘で万一の時は守ってくれるなら。一度ピシャリとやっておけば、中国だって二度と手は出しません。それをやれなかったのは、アメリカが穏便にやれと耳打ちしたからでしょう。アメリカだって自信がないのです。モリモリ強くなってきた中国と、今事を構えたくない。将来はもっとこの傾向が進むでしょう。中国はすでに南支那海を力で抑え、今、東支那海へ力による支配の手を伸ばしてきました。その戦略は、南支那海を含み、台湾、沖縄、日本列島へ線を引き、その内側を領海のようにしようとしています。中国防衛のためにはそれが必要だからです。ということは、遠からず沖縄、次は日本列島に支配の手を伸ばしてきます。アメリカべったり依存で大丈夫なのですか？　だから幕末の志士なら、熱《いき》り立って、坂本竜馬の一人や三人、吉田松陰も出てきたでしょう。（日本は今やそんな危機にあるということです）。

b. ヘレン・ミアーズ公正中立な目で申す

ヘレン・ミアーズは、日本の明治維新から77年間（敗戦まで）の歴史は、西欧四〇〇年の歴史の縮図だった、と言っています。でも、西欧では是《ぜ》とされ許されたことが、日本では許されず叩かれ敗れたと言っています。その通りです。西欧近代文明とは武力と経済力を笠に着たパワー・ポリティクスです。これが西力東漸、アジアはすべて植民地化。日本ひとり、これはならずと立ち上がり、西洋の真似をして近代化。これが突っ張りで、満州事変、日中戦争以後叩かれ、寄ってたかって日本の敗戦。これが歴史です。もう一度それが起こっています。今度は西欧ならぬ、中国が独自の近代化（政治は共産主義の）（経済は市場経済の）二本建の近代化で、急速強大化。とうとう日本へ襲いかかってきました。これが第二の黒船襲来です、今。

この危機に、今、日本は施す術《すべ》がありません。せいぜいアメリカべったり、日米安保条約の見直しと強化。でも、老境に入りかかってるアメリカさん、頼りになりますか。それに、いざ、国益のためなら、アメリカだって二べもなく日本を見捨てますよ。結局、人頼みではダメよ、ということです。

じゃ、どうする？　残す道は唯一つ。定まっていますよ、独自の力で身を守る。一身独立すれば一国独立すと、福沢諭吉は教えました。ここで一番奮起して、またぞろ、自前の核まで持つ再軍備国家になりますか。やるならそこまで、死ぬ気でやらないと、中国には勝てません。

でも、ヘレン・ミアーズはまたこう言っています。西欧のしてきたこと（パワー・ポリティクス、武力とお金で他国を支配）、その写し鏡だった日本を、戦後になって、アメリカが裁いた。そして日本伝統の文化と社会を破壊し消し去ったと。「それは果たして正義だろうか」「これは正義ではない、明らかにリンチだ」。なぜなら日本は西欧の真似をしただけ、パワー・ポリティクスが逆噴射しただけ。そうです「パワー・ポリティクスは逆噴射する」とヘレンは言っています。これがヘレン・ミアーズが言いたかった本当の隠された真意ではありませんか。日本はアメリカの映し鏡、反面教師、人のフリ見て我がフリ直せと警告しているのです。そして最後にアメリカ第6代大統領アダムズの言葉を記しています。「アメリカは……各国に心からなる友情、平等の自由、そして寛大なる相互主義の手を差し伸べてきた」。もし将来、この「アメリカがひとたびアメリカ以外の旗のもとに立つならば」「アメリカの政策の基本原理は、いつの間にか自由から力へと変わっているだろう」と、アダムズの自戒の言葉を残しています。

ヘレン・ミアーズは、アメリカはアダムズ大統領の自戒の言葉を破ったのだと、言いたかったのでしょう。そして、西欧近代の力の価値観が、日本の伝統的な価値観を壊したと惜しんでいるのではありませんか。知日家だった女史ですから。

日本は今や別の旗のもとに立たねばならないのではありませんか。西洋の真似をして失敗した過去の歴史を精算して。明治維新以来１４０年間の西欧式のパワー・ポリティクス力の旗印から、もう一度日本伝統の旗の下に立たねばなりません。

この日のために、聖徳太子が１４００年前から準備をしておきました。「日出づる処の天子書を日没する処の天子に致す」と、真の独立の道、神軍兵法を。おそらく姜甑山が、日本敗戦で仕組みをした、落とし所を作ったのは、ここを見計ってのことではなかったのですか。いよいよ聖徳太子、神軍兵法の出番です。

四、神軍兵法

（注）神軍兵法については、「日出づる国から世界へ」（本書第五編）をご参照下さい。特に198～223ページ。

a．神軍兵法とは

神軍兵法、それはこの地上をパラダイスにするやり方です。それは姜甑山の大峠越えをして、後天を導く、あれと瓜二つです。では、どうやって地上をパラダイスにするのか。それも至って単純です。世の中のすべての人が仁の心になればよい。そうすれば当然地上がパラダイスになりますから。これとて姜甑山と瓜二つです。では、どうやってすべての人が仁の心になれるのですか？

これには段取りがあります。

●一枚の紙のたとえ

一枚の紙を世界と見るとき、表裏があります。表が現実の現象世界、裏は見えない霊的な世界とします。モノが在るということは、必ず表と裏があるということ。ないしは見えない内があるということです。モノ全体が（世界全体が）キレイに平和になるということは、内も外も、つまり見えないウラと見える表の二つともにキレイになる、ということです。私達は常に現実現象世界の平和を願っています。それなら表をキレイにするのには、ウラ、見えない霊的世界もキレイにされねばなりません。

これが降魔です。人の内の心が汚れているように、見えないウラが今「魔界」になっています。これを先ずキレイにすること。そうでないと、見えない世界からチョッカイを出して、（見えないことをいいことに）際限もなく、人の世が平和になる妨害をします。（信じなくてもいいのです、現代科学で魔界などウソとしますから）。ただ、一枚の紙には表裏があるという事実だけ心に記しておいて下さい。

さて、魔界浄化はどうするのか？　手を焼きます、第一に見えない世界だし、気を許すとオカルト迷信にはまります。唯一つの道があります。現実世界だけを正視すること、良識的であること、合理的であることです。この三つをやるのが神軍兵法です。

聖徳太子は人が仁となる道を定めました。姜甑山と同じです。すべての人が仁となることが後天ですから。でも、ウラ（魔界）も一緒に、白、キレイにならねばなりません。これが至難事。いいえこれもしっかり道として定めておられます。それを掟として制度として敷かれたのが「冠位十二階」と「憲法十七条」でした。これはまた独立国日本のバックボーンにも当たります。

●「冠位十二階」の意味

人が仁となるすすめ、それが「冠位十二階」です。十二段階に人の品格を置き、下から上へ昇るようにと、官僚にすすめると同時に、全人にも目安を与えたのです。人の進む・歩む・生きる道は徳を磨き、上へ昇りつめること。これが人の世の定めであると、後世にまで残る仕組みをしたのです。

●「憲法十七条」の狙い

それから「憲法十七条」は、魔群解消（降魔）と後天（パラダイス）つくりの極意を記したものです。ミカドを軸にした忠誠が日本の国柄、これを目安にせっせと励むようにと、そのための十七条です。そうすれば魔群解消と後天が、二つながら手にできますと。

第一条が「和」です。これは後で話します。第二条が「三宝を敬へ」仏教を尊べ。これは十二の品格段階を登りつめるため、きつく修行せよと戒めたのです。第三条が天皇中心の忠誠。ここで日本の国柄をピシリと記しておきました。第四条以下は、ミカドを中心に励む官僚の、心の持ち方と、仕事の有《あ》り様《よう》を戒めたものです。それと同時に、日本の国民の心と生《い》き様《ざま》もこのようにあれと、後世の掟としたものです。要するに「憲法十七条」は、天皇への忠誠、日本人の心の持ち方、仕事・生活のあり方を記したもので、それは、これをひとえに第一条「和」で、一気にうまくやれれば「後天」の実現、それと同時に「降魔」まで実現させ得る秘術です。これが神軍兵法。

●青人草のこと

これを素直にやれてきた人が青人草、神の子へ里帰りした人々です、（第五編参照）。本来、人は皆青人草なのだと、日本古来思想は伝えてきています。

さて、青人草が集まると「和」の実現、人と人の和の結集です。ここから後天発動と、降魔の大事業へと、展開が始まります。ここからが姜甑山が期待していた敗戦後の日本の出番です。

b. 和の発動、「後天」とか「降魔」について

「降魔」そんな事ができるのか。それは「和」青人草の集団、それが絶対条件です。青人草とは聖徳太子の教えでいけば、冠位十二階の下から智・義・信・礼・仁・徳を身に付けた人。いいえ言うは

易く、身に付けるなど覚束無いこと。だから仏法を学び行じて行う修行をつむこと。その上に立ち、憲法十七条でいけば、天皇を中心に忠誠に励むこと。といっても戦前のナショナリズムではありません。あれは逆噴射をするパワー・ポリスティクスでしたから。敗戦を経た私達はここに決断を致します。今、尖閣の危機、明治以来一四〇年のパワー・ポリスティクス、すなわち核装備して自前の軍事力で自立する逆噴射の道は選ばない。かといって、アメリカの犬になり続ける、腰抜け自虐史観ルートもここで一掃しよう。じゃ、どうするの？　だから今神軍兵法です。それは地球全人を仁の人になって貰うこと、それが唯一つ我れも人も武器をとらない道ですから。そんな事が出来るのか。だからそれをやるのが神軍兵法です。

それをやる絶対条件が太子の和、それは青人草の結集です。結集とは、心を一つに皆が同じ方向に進むことです。同じ方向とは？　それを聖徳太子は天皇を核とした忠誠、姜甑山は三柱（解冤・報恩・相生）としています。同じ事なのです。

解冤で恨みを解く、相生で力を合わせる、報恩とは命にかえて恩に報いること。何の恩に？　天地万物、人、神、あらゆるものに。たとえば草木だって、私達は草木から毎日酸素を貰い、食（殻・菜・果）を只で貰っている。天と地があって支えられ、雨と陽を貰い、砂粒の一つも集まって砂丘となり海浜をなす。どの一つが欠けても一日一日の私達の生活はありえない。いのちはすべて他者のおかげです。この報恩の少しでも私達はしただろうか。報恩をしないと仁者にはなれません。先ず少なくとも、天地万物を傷つけないこと、できたら化育（育てること）これが報恩です。

今までの人類は他者を傷つけて、せっせと豊かになることしかしてきませんでした。あまつさえ集団で人を殺す戦争まで性懲りもなく続けている。報恩とは人間の生き方を180度転換することです。そして仁へほんの一歩ずつ進むこと。これが解冤（人類の、また私達一人一人のカルマの解消）です。これを天皇を核に先ず日本人から始めること。これが敗戦の意味です。そして姜甑山はこれをやらせるために天地公事をしました。

そんな文明の転換できっこない？　それをやらせるための仕組みが神軍兵法、日本国の国造りの始めに聖徳太子が設《しつら》えておきました。そしてこれをやる秘訣の第一が、青人草の結集。

c．言霊について

さて、結集して何をやるのですか？

ここでもう一度、女性よ、あなた方に声をかけます。あなたの胎から（そこが宇宙の秘処、いのちを産む処）から、日本の国にしまわれていた宝を取り出して下さい。その宝とは何か？　コトダマです。

神代より　言で伝《つ》て来《く》らく
そらみつ　倭の国は　皇神《すめがみ》の　厳《いつく》しき国　言霊《ことだま》の
幸《さき》はふ国と　語り継ぎ　言ひ継がひけり

山上憶良

言霊はエネルギーです。心は見えないので、重さを計ったり、形に画いたりできません。だけど在るのです。それは誰でも知っています。この見えない心が乗る乗りものが声。言霊はすると心を乗せて飛ぶ飛行物体となります。

これはエネルギーなのです。科学がまだ知らないだけです。縦横無尽に昔から今まで地球を飛び回っています。人間が発生して、言葉を使う動物が地球に生まれて、未知の凄いコトダマエネルギーが飛び交っている星が地球です。

言霊には良いモノと、悪いモノとあります。もちろん悪質の心を乗せて飛ぶのが悪いエネルギー言霊。良い心を乗せて飛ぶのが神聖エネルギー言霊。という訳で、私達は凄い神聖エネルギー言霊飛行物体をつくる仕組みを今考案したところです。神軍兵法の秘密とは、この秘密のことです。これが魔軍を改心解消させたり、地球全人を仁の人に急進化させたりします。

d. 神軍兵法の発動と、その効果

青人草が集合して、地球広場でコトダマ出せば、高く飛び地球を回れる言霊飛行物体となります。志が高いからいわば高周波音波飛行物体。それは和の集合ですから、密度とパワーが凄いでしょう。だから当然、人類に影響度が強い。即ち、高い志へと人々を誘《いざな》いましょう。これが人と人の和の特色効果です。

それだけでなしに、人と神々との和がそこに成り立ちます。なぜなら、高い青人草の志集団ですから、もし命賭けの青人草の高い志の集団だったら、人間に出せる限界までの、つまり人間にとって至高エネルギー言霊となりましょう。それならばいわゆる神の世界との交流が、そこの接点で起き、人と神との協和音のコトダマが創出されます。これならば、神のエネルギーが人界に降りて働くことになるから、今まで地球（地上世界）で働いていた魔群が消されます。（即ち改悛し、消えるという現象）が起こります。これが神軍兵法のとっておきの秘訣です。なぜなら、今までの地球に起きなかった神人協同エネルギーでの、降魔（魔群の集団消滅）というとんでもない事態が生起させられるからです。

以上が降魔と集団の人間進化の理《ことわり》。つまり、言霊の幸ふ国で起きる、多分日本でしか起きない事象です。

これをやらせるため、日本敗戦が仕組まれました。命賭けで、何かをする、これは古来から日本にあるハラキリ・サムライ文化の特性ですが。これでパワー・ポリティクスを捨てさせて、人々を一途《いちず》な愛に向けて、いのちがけにさせる瞬間を、日本国に創出させるために、色々なことが仕組まれていた次第でしょう。姜甑山は韓国に生まれて、それを天地公事の形でやりました。就中《なかんずく》、聖徳太子は一四〇〇年前に出現して、日本の国の仕組みの中に仕掛けておきました。

神軍兵法というのは、それを一度に蜂起発現させる兵法です。

時は今、たとえば尖閣問題起きた今「天の時」、日本から「地の利」、「人の和」で、それは起きます。だから孫子の兵法と同じ兵術です。そしてこれは神と人の和の極限で、それは起きます。極限まで行かす兵術ですから、やはり神軍兵法と呼ぶべきです。

おわり

これで、神軍兵法で（一群の青人草有志によるコトダマ後天実現活動で）、直ちに後天が生まれる訳ではない。

降魔が行われ、即ち一枚の紙の裏の世界がキレイになって、表の現実現象世界がキレイになり易くなっただけです。

ここから、人尊の法（人間活動主体）による後天（パラダイス）実現事業が大々的に始まらなければならない、と姜甑山は言い残している。

その事業とは、ヘレン・ミアーズが言った逆噴射しない（引っ繰り返ってバカを見ない）真実の価値観を持った新世界でなければならない。それはマッカーサーが消した日本伝統文化に生きる世界の再建です。但し、戦前そっくりのままではない。切角、姜甑山が韓国に出て、日韓併合までやらせ、その後でなぜ日米戦争、日本の敗戦で天地公事を終えたのか。後は日本人がウマクやれということです。今、日本人にそれがやれますか？　ただ韓国の人も関ってくる、仁は君たちにだけ与えておくと姜聖者は言ったでしょう。それを取り出すことです。

これで後天が地上に引き出されて来る。

後は日本人の踏ん張り加減に地球の未来がかかわっています。敗戦からどう立ち直り、立ち上がれるかです。

一度死んで立ち上がる日本だから、戦前とは違います。何が？　殺人剣から活人剣への転換です。

グローバル化した世界に剣を捨てさせ、韓国の人にも手伝ってもらい、世界に仁を置いていく仕事です。これが世界の活人剣化、イエス・キリストがやりたがっていた仕事です。これを日本から起こさせるため、聖徳太子ウマヤドノ皇子《みこ》が一度顔を出していました。

世界は品格を価値とする世界に変わらねばなりません。お金ではなくて魂の美しさです。これが本来の大和魂。これを世界の、文明の、価値観にするのが地球人の青人草化です。これで地球が後天に変われます。

ですから、今の偏差値教育から、品格を教育の指標とする性質に変わります。これは自然と一体になることさえやれば出来ます。社会も、政治・経済・文化も、品格が宝となります。世の各界のリーダーは品格を第一の資質とします。だから、世界は環境を壊されるのでなく、生かされる、化育が科学の特質となり、世界が一変させられます。政治は民主政治でいいのですが、青人草が普通の民なので、賢民政治になります。今までは民主主義は手段として評価されていたのだが、今や、目的そのものに変わります。これが八紘一宇ということです。世界が愛の人々の一軒の家に変わるという本当の意味です。これで、日本の国是《こくぜ》と国柄《くにがら》が生かされたことになります。だから、天皇は神の代人でいいのです。民は青人草、神の子への帰りが世界の新しい目指しとなっていますから。神軍兵法はかくして完結します。同時に姜甑山が韓国の聖者として、釈迦、イエスに比して語られるようになるでしょう。

参考文献

李祥昊 編著、富岡興永 訳編『回天の聖者』丘書房
豊田 満 筆録『姜甑山と地上天国』月刊「リラ自然音楽」32号
ヘレン・ミアーズ、伊藤延司 訳『アメリカの鏡・日本』メディアファクトリー
ヘレン・ミアーズ、伊藤延司 訳〈抄訳版〉『アメリカの鏡・日本』角川書店
名越荒之助 編著『日韓共鳴二千年史』明成社
金完燮、荒木和博・荒木信子 訳『親日派のための弁明』草思社
水間政憲『日韓併合の真実』徳間書店
山波言太郎『日出づる国から世界へ』〈義経と静の会〉「ボルテ・チノ 日本の心」第5号

第七編

日本の未来を問う

第三の問いを発進させよ

第一章　尖閣諸島問題は、第二の黒船襲来

十五〜六世紀の大航海時代以来、西欧の力は西力東漸と呼ばれる勢いでアジアに迫りました。十九世紀には資本主義経済制度、民主主義の政治社会体制をとりつつ、全世界をも植民地化する力となってアジアを覆います。眠れる獅子の清もアヘン戦争（1840〜42）で英国に屈し、半植民地化の一歩を踏み出します。その十一年後、米国のペリーが浦賀に来航し（1853）、鎖国中の日本に開港を迫ります。これが黒船の襲来です。

泰平のねむりを覚ます上喜撰《じょうきせん》
たった四はいで夜も寝られず

（注）当時の狂歌

四隻の黒船（大砲を備え、蒸気力で走る軍艦）に、日本国は震えあがります。科学技術で裏打ちされた武器、その背後にある資本主義の経済力、それと国民を合理的に一つに統合させる民主主義国民国家。この西洋近代文明の底しれぬ威力に、日本はたじろぎ鎖国の夢が破られたのです。これが第一次黒船襲来です。

日本はアジアで一つ、いいえ欧米以外の世界でただ一つ、西洋式近代化を自力で急速に成し遂げた

稀に見る国です。日清、日露戦争を経て、白人の大国ロシアを破り近代式軍隊と、立憲君主体制と、資本主義経済制度を具えたアジア唯一の独立国家として君臨しました。ただ好事魔多し、出すぎた杭は打たれる、ハッキリ言うと黄禍論的人種的偏見から、第一次大戦後は欧米諸国から寄ってたかって窮地に追い込まれます。日本はそれに独力で対抗するため、満州事変を始め、日中戦争へと進み、太平洋戦争へと突っ走りました。これは近隣アジア諸国からは侵略に見えた面もあるかもしれません。窮鼠猫を噛むというより、罠にはめられた一匹狼の哀れな末路が敗戦（1945・8・15）です。

ただこの敗戦は、日本の試練、厄落とし、歴史の足踏みの時間帯です。なぜなら、突如起こった尖閣諸島事件（2010・9・7）、これは敗戦に密着した歴史の部分です。つまり第二の黒船襲来、日本人の眠りを覚ますための（六十五年間の戦後レジームの休憩時間帯を置いただけの）、西洋近代文明の第二襲撃。でも、尖閣諸島でぶっつかってきた船は中国船でしょう？　いいえ、あれは西洋文明です。西洋発の共産主義と、御都合市場経済化の資本主義と、それと核武装という近代科学の武力の粋を笠に被った、ノコノコ後から近代化した中国人の脅かし襲来です。全く同じ、お金と武器の力にモノ言わせて、相手の身包《みぐる》みを剥ぐケモノ動物方式の西洋文明です。

一難去って、また一難、日本は明治維新で黒船襲来をうまく躱《かわ》した積りが、未だ本当は躱《かわ》していなかったという、歴史的現実に今、気付かねばなりません。これが今、日本人に求められている日本人の目覚めです。

第二章　いつまでも「核の傘」ありと思うな、能天気日本人たち

日本は敗戦で平和国家になりました、世界で唯一の。戦争放棄の日本国憲法は、世界史上の金字塔です。なぜなら、人類五〇〇〇年の文明の歴史は、戦争の連続でしたから。平和と幸福は強い武力で克ち取る、守る。これがこれまでの人類の鉄則です。それを日本人はアッサリ捨て、憲法で世界に宣言し、自己に不戦の鍵を取り付けました。

でも、これで平和安全が保てるのか？　ちょっと不安だから、アメリカと「日米安全保障条約」を結び、今、強力無比のアメリカの軍事力で守って貰っています。いえ、守ってくれると安心しきって戦後六十五年間を過ごしました。特に、一番恐い核兵器がアメリカは世界一なので、大安心、「核の傘」の下でノゥノゥと平和を楽しむ太平楽を決め込みました。

ところが、降って湧いたような尖閣諸島で（２０１０・９・７）、中国船が日本の巡視船に体当たり、それは日本の領海内でした。日本は中国の船長を逮捕、領海侵犯や不当体当たり行為を、日本の法律で裁こうとしました。でも、アッサリあきらめて船長を釈放し、不起訴無罪放免としました。あろうことか中国は日本に謝罪しろとか逆に居直り、釈放船長は手柄をたてた凱旋将軍さながら。拍手喝采で帰国しました。なぜこんな事に？

中国が恐いからです。中国は急速に軍事力を強化、核装備も始めています。もうアメリカとおっつ

かっつです。これで日本の安全保障は大丈夫でしょうか。アメリカの「核の傘」頼りの、日本国の能天気「平和憲法」平和は、これからも野放しでいいのでしょうか？

私は二十八年前に、詩「霧蜻蛉」を書き、今日の（２０１０・９・７の）尖閣諸島問題を殆んど適中予言していました。

霧蜻蛉

呉淞《ウースン》の砲台から見ていると
ふしぎなことに
日本までが見えるのだ
一〇〇〇カイリもある東支那海が
血染めの日の丸になって
空に映っている
〈たしか一九九九年まではそのままで
　決してはためくことはないが〉
ぜいたくになれきった日本人と
まだ貧しさからぬけきれない「支那人」の
馴れ合いの会話が洩れている

蘆溝橋や柳条湖*の方は
遠くてここからは見えにくい
誰かが霧をまいているとしか思えない
ぼやけたまま　血染めの日の丸が映っている空に
今日は中国キリトンボ科の群が
無数の烈しさの祝宴の
真似をしている

*柳条湖は満州事変（1931〜）の、蘆溝橋は日中戦争（1937〜）の、戦争勃発の引き金となった地名

詩集『軍靴の歌』より　〈1982・9・5作〉

〈キリトンボ科の群〉とは何か

見えない、羽の生えた、核弾頭つけたミサイルのことです。中国は弾道核ミサイル（大気圏外を人

工衛星みたいに飛んで行く、核弾頭を付けたロケット式飛翔体）を持っています。それにはＩＣＢＭ（大陸間弾道ミサイル）も、ＳＬＢＭ（潜水艦から発射する弾道ミサイル）もあります。コンピュータで大気圏外を誘導され長距離を飛ぶので、見えない大型の脅いキリトンボです。それと巡航核ミサイル（飛行機式の核ミサイル）もあります。これは地上や水面をスレスレに飛行するのでレーダーにかからない、つまり見えない、それに小型で命中精度が高い。だからこちらは見えない脅い小型キリトンボです。中国は既に前者を一八〇〇基以上、後者を数千基は持っています。

〈無数の烈しさの祝宴の真似〉とは何か

祝宴とは、体当たり船長の凱旋祝宴でしょう。ピタリですね。でも〈祝宴の真似〉とは？ ひそかに中国は祝宴の前祝いをホクソ笑んでやっているということです。なぜなら、この度の尖閣問題で、米のクリントン国務長官は9月23日の日米外相会談で、「尖閣問題については、日米安保条約が適用される」と言いました。つまり万一中国との尖閣問題がコジレたら、米軍の出動があると言ったのです。もう大安心、「核の傘」の大船に乗ったも同然です。トンデモナイ!! アメリカはアメリカ人の沢山の血を流し、アメリカの国土を破壊させてまで、日本を守ることは金輪際ありません。アメリカは中国と核戦争は出来ないのです、するつもりがありません。なぜなら、やったら中国からの核ミサイルの一部がどうしてもよけられず、国土も人も多大の被害を受ける怖れがあります。これは中国とて同じ事ですが。

中国は一九九五年から、新型の移動式のＩＣＢＭの開発を始め、今これを多数所有しています。もし、アメリカが尖閣諸島を守るために、中国の核基地を狙って先制攻撃をしても、中国の核ミサイルは移動式なのでこれらをしっかり皆とらえて攻撃は出来ない。少なからずが洩れて、つまり核ミサイルはこちら側に飛んで来る。アメリカにはＭＤシステム（飛んで来るミサイルを途中でとらえて叩き落とすシステム）がある。しかしこれとて百発百中とはいかない、ミサイルは日本にバラバラ飛んでくる。アメリカ本土にも今では行く可能性がある。だからアメリカは中国と核戦争はしたくない。まして日本のために、アメリカ人の沢山の血を流し国土を壊すことはしない。

〈一九九九年まで……はためくことはないが〉とは何か

中国は一九八九年から、軍事予算を五年毎に倍増していく軍拡計画をしており、二〇二〇年代には経済力も軍事力もアメリカを抜き世界最大規模とする、「十六字政策」という国家戦略を立てています。これでいくと、二〇二〇年頃には台湾を併合し、それと共にアメリカを東アジアから追い出し、中国がアジアの盟主、覇権国家となる。

なぜ、こんな早業が出来るのか。それは既述のとおり、一九九五年から新式の移動式核ミサイル開発が急速に進んで、二十一世紀に入って充実。アメリカはウッカリ手が出せなくなったこと。それと中国人スパイがアメリカの核弾頭新技術（一つのミサイルに多弾頭をつける新技術）を盗み（注、１９９９年の連邦議会の報告）で、以来中国のミサイル技術が急進展。だから〈一九九九年まではそのままで、決してはためくことはないが〉、二十一世紀に入りたちまちハタメクことになったのです。

もう一度〈無数の烈しさの祝宴の真似〉について

もしかりに、中国が台湾を併合しても、アメリカは直ぐに東アジアからは出て行かない。沖縄には基地があり、横須賀には原子力空母ジョージ・ワシントンあり。空母が東シナ海に出て行けば、中国本土は艦載機の直接攻撃の範囲内に入る。どうしても中国としては東シナ海を領海としなければならない。その橋頭堡が尖閣諸島である。ここさえ取れば、沖縄が取れる。すると、アメリカの空母が東シナ海に来ても、潜水艦と空母キラー（ＡＳＢＭ）対艦弾道ミサイルで追い払える。もう横須賀基地は存在意義を失い、アメリカは日本から引き上げざるをえなくなる。こうして中国が目指す朝鮮半島・日本列島・南西諸島・沖縄・台湾の第一列島線内は中国の領海となる。アメリカが東アジアから追われるだけでなく、日本は経済の生命線を絶たれる。石油貿易のシーレーン（東シナ海・台湾海峡・南シナ海・マラッカ海峡）が中国に抑えられ、日本は貧血し衰滅するか、中国に膝を屈するしかない。中国はアジアの覇権国家となり、日本はその服属国家となるしか道はない。

かつて聖徳太子は「日出づるところの天子」と、中国（隋）の皇帝に書をしたため、以来日本はアジアで唯一つ、中国の封冊《ほうさく》国家（朝貢国）から免がれて、名誉ある独立を守って来た。ザマーみろ、お前はやはり東夷「小日本」じゃないかと、笑っている中国人の顔が見える。これが〈祝宴の真似〉、中国勝利の前祝いである。だから尖閣諸島問題は第二の黒船襲来、そして肇国《ちょうこく》以来の日本の危機です。

その自覚が日本人にありや否や。

〈蘆溝橋や柳条湖の方は……誰かが霧をまいているとしか思えない〉とは何か

柳条湖は満州事変の発端（1931年）、蘆溝橋は日中戦争の開始（1937年）の、どちらも有名な事件です。ここから日本は太平洋戦争（1941〜45年）へと突入します。中国や韓国はもちろん、日本の左よりの自虐史観のインテリは、どちらもこれは日本の仕掛けた謀略で、だから日中戦争、太平洋戦争は日本の侵略戦争だと言い張ります。トンデモナイ。

蘆溝橋事件は明らかに、コミンテルン（ソ連の世界共産主義化の組織）の差し金で中共軍から発砲しかけた事件であることが判っています。柳条湖事件は（日本の関東軍の参謀石原莞爾中佐らの謀略で満鉄線路を爆破した）とされるが、どうやら、その三年前の奉天事件（満州の軍閥張作霖の乗った列車の爆破、爆死事件）はコミンテルンの仕業で、これを日本軍の仕業に見せかけたものです。つまり柳条湖・満州事変は、コミンテルン（赤化勢力）の満州→朝鮮→日本への侵略を防止する、日本にとり止むにやまれぬ自衛の一面があったのです。この赤化防止の歴史的意味が全くフタがされている。だから、〈誰かが霧をまいているとしか思えない〉のです。

満州事変→日中戦争→太平洋戦争の本当の意味は、日本国の自衛戦争。この真実をマッカーサーが一九五一年の米上院で、ハッキリと〈太平洋戦争は日本の自衛戦争だった〉と証言しています。マッカーサーは一九四五年から六年間、敗戦国の日本に君臨しました。そこでウォー・ギルト・インフォーメーション・プログラム〈日本の一連の戦争は、日本の侵略犯罪行為であるとの日本人洗脳計画〉を見事に実行しました。その結果、日本人全体が骨抜きにされて自虐史観民族に仕立て上げられました。そのマッカーサーが、帰国後出した結論が〈日本の一連の戦争は、日本人の止むにやまれぬ自己防衛の戦争だった〉これです。

そうであればこそ、日本は戦争に負けたけど……、中国や韓国は口を開けば、日本の侵略・侵略と言い張るけど、……戦争が終わると、世界の植民地がすべて独立してしまいました。これは世界史上に印された不可解な奇蹟です。岩間弘という人が自著の題名を『大東亜解放戦争』としています。これは太平洋戦争はアジアの解放戦争だった〈白人のアジア支配からの解放、及び共産主義進出からの自己防衛戦争だった〉。その「真相は日本が勝ったのだ」ということを書いた本です。私は半分これに同意します。半分とは、まだ勝利の中途で、まだ勝っていない、勝つのはこれからだ〈第二の黒船襲来を撃退した〉その後だという意味においてです。

これからの中国と日本を占う

以上、私は二十八年前に書いた私の詩「霧蜻蛉」の解説をしました。そしてこれがまさしく予言詩であることを裏付けました。すると、後に一つ疑問が残りました。

〈呉淞《ウースン》〈中国・上海市〉**の砲台から見ると〉**、見えない筈の日本が見えてくる。その間の東シナ海が血染めの日の丸になって空に映って。これが日清・日中戦争で流れた血ならよいが、もしかして、これが新しく流される血だとしたら？　日中戦争ですね。日本人よ覚悟はよいか？………今度は核戦争ですぞ………。見えない日本までが見えるのは、中国人のあくなき怨念、恨みですね。恐いですよ、東夷「小日本」何するものぞと。でも

〈蘆溝橋・柳条湖の方は〉つまり日中戦争・大東亜戦争の真相は〈ぼやけたまま〉で、〈今日は〉今回の尖閣事件で、〈中国キリトンボ科の群が〉レーダーにかからない見えない核ミサイルをチラつかせて、同時に、日中・大東亜戦争の真因にフタをして、見えないフリをした中国人の群が、〈烈しさの祝宴の真似〉もう勝ったつもりで、前祝いの烈しい舞を舞っているという図です。詩はここで終わっています、これから先は記されていません。気にかかるこれから先の二つの事は次の二つです。一つ、中国人の前祝いは本物となるか？（なれば、日本の降伏または死滅）。もう一つは、霧で隠された一連の戦争の真因がここで明らかとされるか？（されれば、聖徳太子の「日出づる国の天子」が君臨する未来が開かれます）。……さて、どちらか？　この詩はホンモノか？　その回答は皆様方にお願いします。

ところで、尖閣事件は第二の黒船・中国来襲が、日本に突きつけた最後通牒です。戦うか、降伏するかの。だって、アメリカは中国と核戦争をしません。日本のためになぞ、アメリカ人の血を沢山流す筈がありません。甘い夢見る戦後は止めましょう。二〇二〇年代に中国の軍事力も経済力もアメリカを越え、日本に襲いかかります。今、決断しないと、もう対処の時間はありません。右するか、左するか？　戦うか、降伏するか、それとも第三の道があるのか。他人事《ひとごと》でなしに貴方が出さないと、

国も身も滅びます。なぜなら、国は政府はノホホンとして政争に明け暮れ、黒船（尖閣事件）を最後通牒などと思っていませんから。頼りになるのは自分だけ（貴方だけ）です、今は。

第三章　二つの問い、卑怯者となるか、愛国者となるか

端的に申すと、尖閣事件とは

「いつまでも優しい「核の傘」があると夢みていた日本少年の傍に、ある日突然、核の妖怪が出現して、俺が核の正体だ、食いつくぞと牙をむいた」というお話です。

どうする日本人、サラリと乳母（アメリカ）の日傘を押しのけて、自前の核を大急ぎで作り、妖怪「核」に対抗するか。それとも乳母の日傘の白昼夢にむしゃぶりついて、お母さん助けて、お守り下さい、「平和憲法」あれホンモノでしょう。あれさえあればボク大丈夫よね、もしか死んでもいいの。守って守って、と叫びつづけますか。

前者は愛国者。でも、戦争・人殺しを覚悟する人。

後者は卑怯者、無国籍者。または自称愛の人。

皆さま方は、どちらを選ばれますか。

現在の日本人の意識と愛国者の叫び

産経新聞が二月、国の安全保障に関する国民の意識調査をしています。[問]北東アジア（北朝鮮・中国）の核兵器の現状をどう考えるか。[答]不安84.1パーセント、気にならぬ14.2パーセント。成る程、去年の尖閣事件で急に不安を感じる人が殖えました。今までのような米軍のオンブにダッコではもういけないという訳です。では、[問]政府や国会が核問題に関する議論を行うことに賛成か。[答]賛成86.7パーセント、不賛成8.5パーセント。成る程、核論議せよですね。今までは、非核三原則（核は持たず、作らず、持ち込ませず）で、日本国内に核は置いてない筈ですが、それを米軍に公然と持ち込ませようとか、いや、日本が核を持とう作ろうとか、つまり憲法を改正してまでも核保有を論議してはどうかと言っているのです。

それなら、[問]日本の安全保障体制について、最も望ましいのは。[答]日米安保体制の堅持43.4パーセント、自主防衛力を持て43.1パーセント（核保有10.2パーセント）（核なし32.9パーセント）。何だ！ 今まで通りアメリカの「核の傘」でよいではないか（安保体制堅持）が43.4パーセント、いや、改憲して普通の国家となり、自分の国は自分で守るようにせよというのが43.1パーセント、丁度半々ですね。既述の私の言葉でいえば、[前者]卑怯者、無国籍者、または自称愛の人が半分、[後者]愛国者が半分という訳です。これが日本人の実態です。

こんな国ってあるのですか。半分の人が自分の国を自分の軍隊で守らないよという国。自衛隊はあっても、頼みの綱は外国（アメリカ）の核の傘。やはりお母さん助けて、乳母の日傘の下です。世界史上、傭兵の国はすべて滅びています。ローマ帝国がそうです。ローマに滅ぼされた貴族商人国家のカルタゴもそうです。人頼み傭兵の国は心根が腐っており弱いのです。もちろん米軍は傭兵ではありません。しかし、核の傘が勝負の決め手になっている現代では、核が軍事力、頼みの軍隊そのものです。思いやり予算タップリにして、米軍の駐留を認め、その日傘に頼って生きる日本の現状は、態《てい》のよい米軍を傭兵にした張子の虎自衛隊で飾られた扮飾国家です。そこを見透かして、中国が尖閣沖でチャラチャラと脅しをかけてくるのです。これが日米安保堅持と、これと組む日本国平和憲法の実態です。

　だから、元航空自衛隊幕僚長の田母神俊雄氏などが、日本よ最小限でも自前の核装備をせよと言うのです。また国基研理事長の櫻井よしこ氏なども、普通の民主主義国家となり、自主防衛力を持てと叫び続けるのです。これらの人は愛国者です。傭兵持ちではない、独立の尊厳性のある日本国を作ろうとしているのです。

　でも、元来た道を引き返す人々です、敗戦前の。核で国を守る、自前の軍事力で国を守るというのは、結局、軍事力・武力が国家の安全と平和の方程式だと言っているのです。いわゆるパワー・ポリティクス（権力、その背景の武力が国家のカナメ）とする政策です。この人々は、人を殺し戦争をし、国家の殺人集団組織犯罪行為を是認するのです。田母神氏は核は抑止力であり、戦えば双方が壊滅の恐れあるから、核戦争は起こらないと言っています。そうでしょうか。万が一ということがあります。万に一つもあってはなりません。それに科学は飽くなき進歩を辿ります。降って来る核をすべて無効力化する科学が生まれましょう。そしてこちらからは（その科学を持たない相手に向かい）核を一方的に放つ。または相手の核弾頭を居ながらにして自然暴発させる光線、たとえば宇宙線の研究とか。とにかく力が（力で相手を倒すことが）安全と平和の方法とする、ケモノ方程式がある限り、地球に戦い消えず、人智は魔性の科学を産みつづけるホンモノの魔に人類を誘《いざな》います。平和の原理は愛です。この他に方法なし。

自称愛の人の悲鳴が聞こえる

日本は敗戦の結果、素敵な憲法を手にしました。これは不戦・非武装（戦争放棄・陸海空軍の戦力放棄・国の交戦権放棄）の平和憲法です。これは人類史上初めての人類愛の憲法です。ですから、戦争に疲れ切った日本人は一も二もなく飛びつき、以来六十余年の平和を謳歌し、中にはこれを世界にまで広げようと本気で活動する人も現れました。

ところが、ここに降って湧いたような尖閣事件、腰ぬけ無様な日本の外交上の敗北。領海を犯されながら、不問で侵犯者を帰し、逆に中国から謝れなどと脅されました。あろうことか、この弱身に付け込んだかのように、ロシアのメドベージェフ大統領が国後島に上陸訪問、北方領土はロシアに大切な所だから返さないと、ハッキリと言い始めました。こうして日本は今や、尖閣、北方領土と、次々と日本人の身体そのものである国土を失っていく危機に今遭遇しています。

なぜ、こんな弱腰尻抜け外交国家に転落したのか。原因は明瞭です。戦争はしません、通常軍事力では相当強い自衛隊はあるのですが、国際紛争を解決する手段としてこれは使いません、と憲法にしるしてあるからです。全く軍事力のない羽の無いヒヨコです。ただ日米安保で、アメリカ軍の後楯はあるのですが、オイソレと助っ人するわけでなく、遠くからワンと一声吠えるのがせいぜいです。在日米軍基地が脅かされるのなら、直ぐ出動しますが、日本の固有の領土など、少々削がれてもアメリカの国益でなければ無理はしません。それに、前述のように、中国は着物の下に核をチラつかせるので、中国と核戦争をしたくないアメリカは無理をしません。こうして、日本は一歩、二歩、もしかしたら国土を失っていくでしょう。こんな日本に誰がした。

犯人は平和憲法です。武力は放棄（事実は、自衛のための自衛隊はあるが）、核は無い（持ちこませず、もたず、作らず）、（アメリカの核の日傘は、アメリカの御都合次第ですぼめられる）。つまり国防の要《かなめ》である核を持つ軍事力はゼロ。それなのに、核の牙をもつ三頭の狼たちが日本に迫る。北からロシア、北西から北朝鮮、西と南から中国。太平楽の日本人は眠ったまま。眠らせているのは六十余年つづく平和憲法です。平和を夢見る睡眠薬か、それとも魂まで腐らせる魔薬か。

だから田母神氏や櫻井氏らが、国防日本を叫ぶのです。第二の明治維新の時が来たかのように。でも、ぐっすり眠ったような人が半数（既述の産経新聞調査）、このままでは、ホントニ日本が滅びます。でも、田母神、櫻井氏の言う、〈普通の軍隊を持った国にする〉〈できれば核を自力で持つ国になれ〉というのは、私が既述した人殺し・戦争をもしか繰り返す国になるということです。どうすればいいのですか？（そのポイントは次です）

愛国者の方々が指摘しています。日本国憲法は痺れ薬が注入されている。その部位は心臓部であると。その心臓とは「前文」です。マッカーサーがここに魔酔薬を打ったと、これらの方々は言います。「ウォー・ギルト・インフォーメーション・プログラム」という特効薬です。これは日本民族の歴史を消し、誇りを失わせ、日本人は侵略戦争をした世界の中の悪者だという魂を、骨にまで染み込ませるアメリカの占領政策です。見事に成功したので、日本人は、今、弱虫になっています。ヘッピリ腰で、ペコペコ謝罪して歩けば、皆仲よしになってくれると錯覚した異常人です。

これは日本国「前文」のせいです。なぜですか?

前文「日本国民は、恒久の平和を念願し、……………、平和を愛する諸国民の公正と信義に信頼して、われらの安全と生存を保持しようと決意した。」

ホレ、ごらんなさい。ここに世界の人は皆良い人と書いてあるでしょう。「公正と信義に」生きる人達だと。だからマッカーサーはこの前提の上に、「戦争放棄・戦力放棄・交戦権放棄」の憲法第9条の苗木を植え付けたのです。それがスクスクと育って今や花盛り。ポーンッと尖閣事件が起こっても、まだ半数の人が居眠り、何とかなるだろう、頼みの乳母の日傘がまだあるものねと。誰が、他人が、自分の血を流してまで、人を助けますか。そんな人は神様です、聖者です。世界の人々はまだ聖人ではありません。まして中国人、ロシア人、北朝鮮の人々は、強力集団殺人の核の牙を尖がらして、三方から隙あらば日本国土を侵そうと狙っています。これが善人ですか、良い人ですか。もちろん、この三つの国の人達だけでなく、アメリカだって油断もスキもありません。

真珠湾攻撃は、ある意味でアメリカのヤラセです。時の大統領ルーズベルトは、日本の襲撃を事前に手にとるように知っていました。知っていてやらせたのです。不意打ちの口実と、侵略の罪を日本に着せるために。また、日本開戦の踏み石となった、米からの最後通牒ハル・ノート「日本は中国全土から撤兵し、日本列島にひきこもれ」は、実は、ソ連のコミンテルンのスパイ（ハリー・D・ホワイト）が米政権にもぐり込んで書いた（書かされた）日本を戦争に追い込む罠でした。どっちみち日本は滅びる、戦う他に道なし、全国民の命を賭けても。だから開戦の前夜（12月6日〜7日の夜にかけ）、東條英機（首相）のすすり泣く慟哭が終夜、聞こえていました。布団の上に正座したまま。

自衛の戦争（マッカーサーの結論）というよりか、ハメられた戦争というよりも、日本が戦わねばならなかった運命の戦争だった。もちろん戦った日本は（戦争の真因が何であれ、動機が何であれ）、一連の戦争で多くの人を殺しました（敵も味方も）。これは罪です。殺してはならない（生まれ出たものの）生命を数多く殺戮したのですから。戦争はすべて罪です。

人は、中国人といわず、北朝鮮人といわず、ロシア人といわず、アメリカ人といわず、もちろん日本人も、今は、良い人ではありません。人殺しの戦争をしていますから。それなのに日本国憲法の「前文」には、世界の人はみな良い人と書き記してあります。これはウソです。ウソの上に作られた日本国憲法はマヤカシの平和憲法です。

それなのに、これを後生大事に信奉して、「反戦、反戦」ナニモカモ平和がいいのです、「戦争はいけません」とだけ言ってるのは腑抜けです。マヤカシ憲法に魅入られた、マッカーサーの麻酔薬からまだ醒めきれぬ卑怯者です。だって尖閣から核を持って中国がそこまで来ているのですから。

また、非戦・非武装が人間の理想、「アメリカの基地反対、反対」と、何事もこの公式を持ち出す人。だったら敵が攻めて来たらどうするの？「その時は白旗を上げて降伏する」と、昔の社会党が言ったそうですが、これは無国籍者。日本が滅びてもよいのなら、今すぐこの国から出て行ったらいかがですか。

さて、自称愛の人がいます。本当に平和をシンから欲するから、この理想に生きたいから、たとえば憲法第九条の錦の御旗を、時には勇敢に振り回して、「平和を守れ、戦うな、平和の理想に生きろ!!」と怒号します。でも空しく、今は尖閣事件の前では声もカスレます。なぜ？　貴方は単なる理想主義者です、平和の幻を見ているだけ。平和は断じて幻ではない。命を賭けて戦い取るもの。丁度、東條が哭《な》いた涙を無数にまで流して産むもの。

私達はハメられた、追い込まれた戦いを、第一黒船から第二黒船の今日まで繰り返して来た。アレを無駄にしてはいけない。すべての戦死者、すべての死んだ女や子供たち、敵も味方も。その命を賭けて克ち取らねばならない。出来るか？「平和、平和」と口で叫ぶだけでは、未だ自称の愛の人にすぎない。

だから、もっと愛の人が声高く今は叫び始めた、「核論議をせよ」、いや「直ぐに普通の軍隊を作れ、最小限でも核装備をせよ」と。彼らは真の愛国者です。肩書や世間的地位を気にせず、横において叫びます。でも、それは元来た道を引き返すだけです、「力が平和なり、安全なり」の。あれは身に染みて私達が失敗した道です。どうするの？

答えは既に出されています。誰が？　マッカーサー氏が出しています。マヤカシ日本国憲法「前文」を裏返して、真実の平和憲法に変えればいいのです。

前文「日本国民は、恒久の平和を念願し、…………、平和を愛する諸国民の公正と信義に信頼して、われらの安全と生存を保持しようと決意した。」

この通り、すべての人を「平和を愛する諸国民」に変えればいいのです。人を善人に、ケモノから愛の人に。バカな!! それこそ夢だ。夢なら止めますか？ その他に道がありますか？ 東條英機にもう一度聞き直して下さい。鬼神に化した彼なら、「ヤレ」と言うでしょう。命を賭けるとはこの事です、不可能への挑戦。この外に道なし。

昔、一人だけこれをやろうとした者がいた、イエスです。「剣を捨てよ、剣をとる者は剣によって滅びる」と。だが死んだ、仕事半ばで。でも三日後復活した。あれを今度は日本人がやればいいのです。もしやる気になったら、日本人には解答が見つかります、既に道が敷かれていたかのように。日本人よ、第三の道を選べ！

第四章　人よ、第三の問いを発せよ

①腑抜け、卑怯者、無国籍者、そして似而非愛の人、②後向きの熱血愛国者、にもなりたくなければ、思いきって第三の問いを発するしかない。「すべての地球人を善い人に変える仕事」、これに命を賭けねばなりません。不可能へ一人で挑戦。丁度、宮沢賢治作の童話『よだかの星』のように、一人で空《くう》（無）に向かって飛んでみることです。

よだかは名前はタカでも醜い鳥です。だから鷹から名前を変えろと迫られ、「明後日までに変えろ、でなけりゃ、食い殺すぞ」と脅され、もう死ぬ気になったよだかは空へ高く飛びます、タカのように。そうしたら、羽虫などが一杯口に入って、ああ、今までこれを食べて自分は生きてきたのだと「生存罪」を感じ。もうこれからはキッパリ食べるのは止めよう、飢えてもよいと、なおも高く空へ飛びます。そして星に向かって、星にしてくれと必死で頼みます。でも「身分が違う、人と神のように、鳥と星では」と断られます。それでも必死で無限に飛びます。そうしていつしか口からキシキシと鷹の声に変わって声が出て、ですけど、遂に空気が絶えて地に落ちて死にました。でも羽だけは動かし続けたら、いつしか空の一角に青く燃える星になっていたのです。よだかがタカに、更に青く光る星に。人があたかも神にでも変わったかのように。

話はよだか、それに童話だろう、人は違う、とり

品格の段階				仏教10界	
神の子（青人草）段階	10	神さながらの人	与えるのみ	仏界	四界（悟り）
	9	決死の愛の人	生涯かけて奉仕に明け暮れ	菩薩界	
	8	愛の心ある人	自己は食わねど与える努力	縁覚界	
	7	清潔な心の人	**「武士は食わねど高楊子」**常に礼節を志す	声聞界	
動物的段階	6	立派そうな人	**「衣食足りて礼節を知る」**足りねば礼節を怠る	天上界	六道（輪廻）
	5	いい人	衣食足りて、争わず（足りねば我慢する）	人間界	
	4	ただの人	衣食足りて、争わず（足りねば争う）	修羅界（動物）	
	3	欲張り	衣食足りて、なお欲しがる	畜生界	
	2	悪人	衣食足りて、餓狼の如し	餓鬼界	
	1	悪魔（サタン）	衣食一人占めにするまで、他を殺す	地獄界	

人間進化10段階表

アリストは鼻先で笑ってバカにします。それなら、人が多数死なない恒久平和の道を提示せよ。それをせずして鼻で笑うな、と申したい。

ちなみに私見ですが、人は進化する、動物的人間段階から、神の子人間段階（青人草）へ、という「人間進化十段階表」を提示しておきます。日本国憲法「前文」の裏返しでいう、人は今〈善人ではない〉というのは、動物的段階ということです。動物のように餌につられて、生き・争い・時々妥協する（一時的平和で憩う）ということに終始しているからです。いわゆる人類文明史は戦争の繰り返しの歴史、これは動物史ということです。但し、動物にも上級「立派そうな人」から、最下級の「悪魔」さながらまで、「ただの人」（平均的な人、……そして通常の動物）を境に上下六段階の人がいます。ただ動物と違って智力があるから、各段階とも上等そうに「文化」とやらで飾ります。でもその文化は虚飾、創られては崩れ行く栄華の文化です。西洋近代文化は、科学という人の智力を合理的に最高度に進める（進められる）方法として、生まれ、これで最高度の武器を創ることが出来たので、危険な、いわば人類の絶滅も、種《しゅ》と生態系の壊滅も、地球破壊すらも出来るものとなっています。でも、科学が……〝もし人が神の子段階に魂が進化できれば〟……、科学は黄金の力と光を放つ、地球をパラダイスに変えられるものになりましょう。

だから、みんなが西洋近代文化の洗礼を一度ずつ経るように仕組まれています。日本が先ずアジアで先端切ってこの洗礼を受け、出すぎて杭打ちされ、その結果が全アジアの近代化、ひいては今世界中が全近代化の道に入ったことは、ある種の時が来ているということです。即ちその近代化（出来すぎた武器、核など）で、地球まで滅ぼすか、または人類心中するか（ライオン、狼、虎などの乱立で共倒れとなるか）の瀬戸際が到来しているという意味です。ですから、ここで「動物」を切り上げて、上の段階「神の子段階」に飛躍しなければならないということです。よだかのように、鷹になり、更に燃える星を目指して。

成る方法は「古神道」です。（第一編、第五編をご参照下さい）。日本にあらかじめ、レールが敷かれているという訳です。

なぜですか？（その仕組みとは何？何のため？）、それは西洋文化と対称的な孤絶した文化（日本文化）を東アジアの端の島国に植えて（温存し・醞醸させ）時来たれば取り出して、西洋（科学文化）の土壌に、核となる魂として入れ、人類全体を飛躍した神の子段階にする（さながら、よだかが鷹の声となり、更に燃える星となるための）仕組みだったのです。

そのポイントは、「武士は食わねど高楊枝」この志です。それはエサ（物質の栄華、人を殺す武器の誇り）と丸反対の価値観です。エサ貧しくても「魂の誇り高ければよろし」の価値観です。これをサムライの切腹が恐ろしい形で表現しています。なぜハラキリが武士の名誉か。腹切れば死ぬのに、命よりも大切なもの、それはオレのハラの中は汚くない、心清浄なりを、人目に判るように示そうということです。即ちエサ（物質）より清明心を価値とする、西洋動物式と対称にある文化です。もちろん、西洋（動物式）が下で、日本（精神価値観）が必ずしも上等とはいえません。どちらも必要な一枚の紙の裏と表です。人は肉体と魂と二つもつものですから、どちらを欠いても人間ではありません。不可避の二重文明でこれからの人類の星光の未来が開かれます。

というわけで、人よ、よだかのように空《くう》（無）に向かって飛べ。不可能に向かって、第三の問いを発せよ。力によって安全・平和を求めるのでなく、人が未だ善人でないのに、善人だとマヤカシでデッチ上げた憲法に目眩むのでなく、第三の「すべての人が善い人に変わる」道を問え。
ここから、孤絶した東海に埋められていた、ハラキリ・サムライ日本文化の核が少しずつ芽を吹き出してくるでしょう。これが聖徳太子「日出づる国の天子」の秘められた真実の意味です。

第五章　イエスは歴史転換のために、生まれて死んだ

「剣を捨てよ、剣をとるものは、剣によって滅びる」のだから、これをすべての人に伝えるために、イエスは生まれて死んだ。でも、一人の口ではすべての人に届かないので、日本に生まれる。なぜなら、日本にはコトダマの聖なる伝えがあるから。

そらみつ倭《やまと》の国は　言霊《ことだま》の幸《さき》はふ国と
語り継ぎ言ひ継がひけり

言霊とは悪しきコトダマと良きコトダマとある。言葉を発する人の心の良し悪し（就中、品格）で決まる。だから人の心が尊ばれるクニ、清貧の中で守られ、決死でも生かす国でしか育たぬ。その国が日本、武士道のクニだから。いや、武士道という形で、心の大切さ、清明心の価値観を守る役目のクニ。それがアジアの端れの東におかれていた。それだから「日出づる国」。

では、なぜ、良き心のコトダマがイエスの代理をするのか。良きことだまは愛のひびきをもつから、四方にそのひびきをとどかせる。届くところは二つ、自然界と少しの愛の人。愛の人に届けば愛の人をそこへ呼び寄せる。自然界にひびけば、自然界が呼応してそのコトダマに見合う、もう一段上の愛のカケラ（愛の魅惑の断片）を届ける。

さて、自然界は愛の宝庫、何千万種の生態系の上に植物が茂り、植物は昼夜サンソ（肉体の糧）と愛の歌（心の糧）を放ちつづけている。無償で全生物を生かし進化も支えるのに、謝礼をとらず、傷つくのも無視して肉体を食糧に捧げつづける。だから植物は地上に置かれた神の代理者、無私無償の愛のエキス。だから、良きコトダマの人にはそれに見合う、しかももう一段上の愛の秘薬みたいなカケラを呉れる。こうして良きことだまの人々は一段、一段と愛が進化する。これを人の魂の進化と呼ぶ。なぜならば、自然界は老子が言ったように、「天地の間は、それフイゴの如きか。虚なるもつきず、動かせば愈々《いよいよ》出づ」と、無限供給がその本質です。

こうして一群の言霊《ことだま》集団ができれば、後は仕事がはかどる。イエスが死んで（処刑されて）復活（また来る）のは仕組まれた順序。それは『新約聖書』パウロの「テサロニケ人への書」には次のように記されている。

イエスは「再び来る」（前の書第四章）、そして、「口の息でサタンを滅ぼし」（後の書第二章）、それから神の国つくりの仕事を始められると。

口の息でサタンを滅ぼすとは〈降魔〉です。これは聖徳太子の神軍兵法による〈降魔〉とも、鞍馬山の伝承にある魔王尊（サナトクマラ）の降魔とも全く同じ事です。口の息でとは言霊のことです。

良きことだまによって魔を改悛させ、まつろわぬ魔は消すということです。そんな宗教や預言や伝承など……とリアリストは、いや、リアリストでなくても誰でも疑います。一つだけ付け加えると、三つの降魔（イエス、聖徳太子、鞍馬山）と全く同じ事を私共はいま集団言霊で実践していると。その出所は、日本精神文化の帰結〈清明心と、言霊の尊重〉をバカのように実践しただけ。以上四つが符合しています。（参考「言霊段階表」を参照）

さて、降魔によって何が起こるか。世界が変わる。「人間進化の十段階表」にある、下の段「動物段階」から上の段「神の子段階」へ人の進化が急速に容易になる。降魔で人の足枷手枷がとれるから。魔がいなくなるので、自力で努力する者は格段に早く進化の階段を登れる。それから個人・集団・民族・人類とカルマの解消までが始まる。但し、残った小

〈参考〉言霊段階表

人間の品格 10段階			言霊（リラヴォイス）段階	仏教10界	
神の子段階	10	神さながらの人	⑥ 竜神リラ	四界（悟り）	仏界
	9	決死の愛の人	⑤ マカバリラ		菩薩界
	8	愛の心ある人	④ プレシオスリラ		縁覚界
	7	清潔な心の人	③ 生命の樹リラ		声聞界
動物段階	6	立派そうな人	② 銀線リラ	六道（輪廻）	天上界
	5	いい人	① 初級リラ		人間界
	4	ただの人	発声できない		修羅界（動物）
	3	欲張り			畜生界
	2	悪人			餓鬼界
	1	悪魔（サタン）			地獄界

㊟ 言霊（リラヴォイス）の②銀線リラ段階まで魂が進化すると、カルマ解消が始まり、③生命の樹リラ段階でカルマ解消がなされる。

㊟ 上級リラ（⑥竜神リラ、⑤マカバリラ、④プレシオスリラ）の人々が集団リラヴォイス発声をすると、神人協同が起こり、現実に降魔現象が起きる。

悪魔が暴れるから、世界騒然、波瀾、しばらくは善意発酵まで日がかかります。

イエスの話から、いささか眉つば的に聞こえる話になりました。ゴメンドさい、眉唾ではありません。日本国が置かれている立場を漫画チックに素描しました。

私達は日本国に生まれ合わせ、日本は今、世界の歴史を転換させる役目を請け負わされています。戦争をした文明史から、戦争をしない文明史へと、人類史のコペルニクス的転換。それには先のイエスの例話で申したように、武器を捨てること、世界が。それで世界中の人が皆平和を愛する善意の人に変化すること。難事中の難事。これが出来れば、日本国憲法がホンモノになります。正真正銘の平和憲法に。これが世界にまで広がれば、もうしめたもの、世界がパラダイスのように変わること疑いなし。

これで、失楽園で下界に墜ちたホモ・サピエンスが、今度は自力でエデンに帰ります。これは一度食べた知恵の実（善悪を知るの実）を吐いて、けなげに門番のケルビム天使の回す焔の剣をかいくぐって、エデンに入る仕事となります。これを果たすには手に活人剣を、手にしていなければなりません。これは（万人を生かす）神の剣に比するものです。なぜなら、生命の樹（永遠の生命を得る木）の実が生えたエデンに入るのですから、その実を刈り取る資格の剣、神に比する万人の生命を一つにして生かす剣が必要です。出来ますか？

結語　殺人剣から、活人剣へ、庶民の〈青人草〉化で出来る

尖閣事件は、第二の黒船襲来です。政界・財界・文化界もまだ眠り呆けています。今回は危ない。もし草莽の庶民が立たねば日本列島は沈む。だが、その気配もない。

頼みの綱は武家の古都・鎌倉から、日本精神文化の狼火《のろし》が上がること。その他になし。なぜなら、もはや殺人剣をとること（日本は普通の軍隊を持ち、核武装すること）では危ない。もしかして日本を去るアメリカに代って、黒船中国と日本が核で対峙することにすぎない。この戦いは物量・科学・駆引きの戦いだから、中国に歩《ぶ》がある。奇跡・中国の自滅がない限り。グローバル化した世界には、小国を片肌脱いで助けてくれる国はない。ましてロシア、北朝鮮・韓国、中国は日本に恨みをもっている、過去の戦争などで。日本列島危うし。

世界が殺人剣を捨てて、活人剣（世界が一軒の家のように和すること）の他に、日本の生きる道なし。だから、チャンス到来。だから、苦しまぎれでもよい、活人剣を作る秘術・日本刀の本当の切れ味の見せどころ（決死で、清明心を育て大切にし、これを良い言霊にして発すること）。これこそ日本文化のエキス、これを日本から、武家の古都鎌倉から発進させる。

日本国憲法は、既述のように正真正銘の世界の平和憲法に変わります。もし、神軍兵法で「降魔」さえ無事に実現させられれば。世界の人々が善人に様変わりすれば。夢？　それとも核戦争で地球が近未来に滅びるのとどちらがいいですか。生態系の破滅、私達は今地球一・五個分の地球を食い捨てています。二〇三〇年には二個分を食いつぶします。地球の未来はこのままなら真暗です。それなら

夢に生きませんか。よだかのように不可能に向かって飛び、地球を愛の星に変える夢に挑戦なさいませんか。私共は既述のように、神軍兵法ならぬ愛の言霊実践で成功しつつあります。手応えを感じているので、ここで発言をします。

殺人剣を捨てよ（イエスの教え）。活人剣（世界が一つのいのち、神・人・万物が一軒の家となる＝日本の古刀）を取れ。この古刀を、敗戦の傷口で磨いて、活人剣とせよ。その方法は、一群の人々が先ず良い言霊を使って、イエスの口の息で魔群を消す仕事に協同せよ。

そのやり方は、一群の人々が先ず良い言霊を発する努力をせよ。老子の言う〝虚にして尽きぬ〟フイゴのような自然界から、惜しみなく愛の気の活力を吸え。するとその人は青人草に変わる。〈地上に置かれた神の代理者〉が植物なら、青人草は手足があって活動して、言葉をしゃべる神の代理者、神の子の人。なぜなら彼らには身体にしるしが出来るから、（注、本稿では詳細な説明略）。それは一枚の葉のように、天の気・地の気を吸う道、それができる。それはまさに葉が天の気（太陽光）と、地の気（大地の水）を吸い上げる葉脈を持つようだ。宇宙には創造主になぞらえる巨樹（生命の木）があるという。青人草はその一枚ずつの葉に成ることだ。これが活力剣、神さながらの万人・万物を生かす力を持つ活人剣。日本の敗戦とは殺人剣を捨てて、この活人剣を人類がとるための踏み石だったのだ。先に、ハル・ノートで日本開戦の踏み石を踏んで、日本は敗戦という魁人《さきがけびと》の役を務めた。これが日本敗戦の意味。

岩間弘氏が、日本は東アジアの植民地をみな解放したから、日本は勝ったと言った。あれは半勝ちだった。敗戦で殺人剣を捨て、活人剣をとったところで、勝つ。だから、私は今まで何度も言ったように、

「日本敗戦で神風吹いた」と。吹いた神風とはマッカーサー憲法。これを活人剣で裏返すと、正真正銘の世界に通用する平和憲法に成る。これが日本国の真実の勝利である。これは青人草に一群の有志が成ることから始まる。今、日本の武家の古都鎌倉からこれを発信させよ。時は来ている。

近々未来に地球が変わりそう。ＮＡＳＡ（アメリカ航空宇宙局）は、南極上空の80㎞に今までなかった宇宙線があると言っている。また地球熱圏（上空85㎞以上）が収縮しつつあると。これが収縮すると地球に宇宙線が入って来る。更に太陽圏（太陽系を包む磁気の境界面）も激しく収縮を始めていると。これが収縮すると外宇宙からの宇宙線がどんどん地球に入って来る。先日（２０１１・２・21）の読売ニュースによると、地上350㎞にある国際宇宙ステーションに桜の種を持って行き、それを持ち帰ったら、発芽しない筈の種が急に芽を出したと。これは宇宙線などで遺伝子が突然変異を起こしたのではないかと言われる。突然変異は、生体が環境に適者生存すれば、プラスの方向に急に進化する。環境に不適合なら、逆に死滅する。早く青人草になろう、神の子段階の人に。これがどんな宇宙線侵入の地球変化にも耐えられる智慧である。それからもう一つ、宇宙線は原子に作用するから、原子核弾頭の自然暴発を起こすかも。もしかしたら、オバマ大統領が急に核廃絶を宣言したのは、この危惧のためではないか。いずれにしろ、近々未来に地球は変わります。そのためには、私達は自分の手で備えをしておこう。

第二の黒船襲来、尖閣の危機は、変革の好機である。これを生かそう日本から、先ず、青い海と緑の山々の武家の古都鎌倉から。不可能に向かって飛ぼう、第三の問いを世界へ向かって発信させよう。

参考文献

伊藤　貫『中国の核戦力に日本は屈服する』小学館
岩間　弘『大東亜解放戦争（改定版）』（上巻・下巻）創栄出版
若狭和明『日本人が知ってはならない歴史』朱鳥社
若狭和明『日本人が知ってはならない歴史』（戦後篇）（続）朱鳥社
東條由布子 編『大東亜戦争の真実』ワック
桑原啓善（山波言太郎）『人類の最大犯罪は戦争』でくのぼう出版
桑原啓善（山波言太郎）詩集『軍靴の歌』脱皮詩社

第八編

パンドラの箱が開かれた地球危機の今、

日本の言霊《ことだま》が　世界を救う

第一章　パンドラの箱に残された一つの希望とは何か

一、〈序〉３・11大震災は天罰である

石原都知事が「３・11大震災は天罰である」、そう一言で切り捨て、ただ翌日は謝罪しましたが、あれは真実です。その真意は〝戦後日本人の我欲・自己中の生き方〟が神の怒りを受けて大震災となった。ただしこの天罰は新生日本のためには自戒と脱皮、立ち上がりのためのステップ台ということ。（被災者はその意味では犠牲者の意味合いをもつ）。

愛国者（保守派）の石原氏には、国の安全・自立・発展を考えようとしない日本人の野放図さが許せなかった。ただ、保守派だからエネルギー源としての原発を否定しない。むしろ「日本は核武装をすべし」とまで言い切っている。保守系（愛国者の方々）の姿勢が今度の３・11大震災でより鮮明となった。渡部昇一氏、櫻井よしこ氏、田母神俊雄氏らはもとより、西尾幹二氏などは大震災は自前の核装備の絶好のチャンス到来としている、（注、西尾氏は脱原発宣言、但し核装備です）。愛国者の愛国とは経済力（原発容認）と武力（核装備容認）なのだ。何だ！　これでは石原氏が唾棄した戦後日本人の我欲の野放図さと五十歩百歩ではないか。なぜなら、お金（力《ちから》）を自分のためだけに使うか、力《ちから》（経済力・武力）をお国の自立発展のために使うかの違いなのだから。もちろん、国のために使う愛国は自己中・我欲とは無縁、尊いことです。だが、力《ちから》（お金や武力）が国家を、自己を守るという姿勢は

同じ穴の狢《むじな》です。行く行くは自堕落になり身を滅ぼす、国を滅ぼす。石原氏が自分で一言で切り捨てた「天罰」をまた必ず受ける。

二、実母の子殺しが殖える、世は末か？

戦後日本人の我欲・自己中が大震災という天罰を招く、これは一見暴論ですが、私達はもう一つの大震災（天罰）にも目を向けなければいけない。それは戦後はじまった実母の子殺し（虐待）という、子供達にとっての大震災、そして女性が母性愛を失うという人間にとっての天罰です。

昨年（２０１０年度中）に全国の児童相談所が取り扱った児童虐待の件数は５万５１５２件とか。この20年間で50倍にも膨れ上がっている。何ということ、虐待者のほぼ60パーセントが実母なのです。中には実母が実子を踏み殺し、飢えたまま放置。鬼です、母でなく、鬼の手にあずけられた（産まれなければならなかった）子供達の運命はまさに３・11大震災に勝《まさ》る大天災。そして、これはその末路は必ず亡国の、天罰です。

戦前、（私の25年間の体験からも）、実母の子供虐待など絶無、考えることすらあり得ないこと。どんなに貧しくても、地を這いつくばっても、自分が食わなくても子供にだけは食わせた、母の愛が健在だった。もし、子供苛めがあるとすれば、それは継子《まなこ》苛め（継母の子供虐待）、この外に天と地の間に母の児童虐待など無し。まして実母のネグレクト（育児放棄）、ましてや身体的虐待（投げ殺し、叩いて殺し）など。これは動物さえもしないこと。どんな動物も産んだ子供は、自立するまでは本能として育てます。この動物本能さえも失ったのが戦後日本です。

新聞によると、3・11以後、首都圏の母親達の子育てストレスが急増したそうです。「将来うまく育つか心配」、これは当然のこと〈放射能汚染〉があるから。ただ、それだから「子供がわずらわしくイライラしてしまう」が70パーセント超。これは母親のウツ化（ストレス化）です。動物は外敵に囲まれた環境の中で決してウツ化はしない、身を挺して守る。母親のウツになる原因は、3・11後子供の「甘えが増えた」です。甘える子は手がつけられない、母はイライラが増すばかり。なぜ甘えるか、それは子供のストレス増です。ストレスがたまって甘えてしまう。子供のせいではない、3・11天災・人災のせい？　いいえ、母親が愛を失ったから、子は愛を（母乳を、抱っこを、抱擁をおねだりして）甘えるわけです。甘える子に、手がつけられなくてイライラする母は、自己が愛を喪失させている原因に決して気付かない。

幼児期に愛された子が、長じて愛を知る大人（他を愛することの出来る器をもつ人）と成る。これは動物の鉄則、まして人類進化のために不可欠のレール。このレールを戦後の日本人は喪失した。なぜ？　離婚、母子家庭、これの増加。最近は生活保護を受ける母子家庭の保護費をねらって男が群がる。母は男と遊びまわり、育児をネグレクトする。同居すれば当然まま子虐待、母が見て見ぬフリをする。

なぜ離婚が殖えるのか？　戦前、女は一度嫁したら、二度と実家の門をくぐらない覚悟があった。今は、離婚が面白おかしくニュースになる。不倫、フリーセックスは当たり前。政府が人権尊重とやらで、私達の税金をバラまいて離婚を助長している。

何でも金《かね》ですまそう、人間に一番大切な愛が失われようと、動物以下のケダモノに人が成り下がろうと、国の危機、天災（天罰）を産もうとも、全く不感症。

地上に愛が無ければ、夜は闇。戦争と犯罪と饑餓が大きな口を開くだけ。愛を産む源泉は母。これは動物さえも本能として持たされている。まして、人は愛を育てるもの、日に日に助長されれば、世は愛溢れる別の良い世界にも変われる。女性は子を産む、男に出来ない役目。身二つになるということは、自己の半身を地上に顕出させるという、いわば神業《かみわざ》。そこにいる子供が自分の半身ならば、誰が自己を愛さない者がいよう、自分の身を削っても、目の前の半身（自己）をいとおしんで育てる。これが愛です。愛の源泉が、女性が苦しい出産の見返りに、いわば神から与えられている。だから、地上の愛は女性、母から生まれるのです。それが育てられた子供たち（半分が男性）にも、愛を知るという形で植え付けられ、地上に愛が広がります。

女性は（母になった女は）、地上の愛の門、いわば神が女を通して愛を地に撒いておられる姿。だから、「なでしこジャパン」の壮挙は素晴らしい。日本女性ならではの決死の愛の形を、奇跡の逆転勝利で、見せてくれた。

三、世界に開いた撫子の花、残された希望

なでしこジャパンの11名は奇跡の逆転勝利をしたが、手放しでキャーキャーと喜ばなかった。控えめに抱き合って感動を、勝利の喜びを称えあった。敗者アメリカへの思いやりの配慮か。それは国技・大相撲で勝者がガッツポーズをしない姿と通じる。逆に、アメリカの選手たちが拍手を送っている姿

が印象的だった。そして「なでしこジャパンの後ろから何か押す力を感じていた」と語ったのが心に残る。

なぜ、あの感動の一瞬に右のような不思議な情景が演じられたのか。なでしこ、日本女性の慎ましやかな感動と愛の、命を賭けて成し遂げられた仕事の結末が、ああした形で花を開いたのだ。それが世界の目の前に示された。彼女達は勝利者のグランド一周の時、大震災に寄せられた世界からのご支援の感謝の幕を広げて廻った。あれは大和撫子が世界の舞台で花を広げた香気だ。

帰国してから、澤穂希《ほまれ》選手（キャプテン）が勝因を一言で語ってくれていた。「最後まであきらめなかった」当然のことだ。誰にも語れない金の言葉は次、「夢は見るためにあるのではなく、叶えるためにあるのです」。だから、澤さんはグランドで味方が落ち目の時に、皆に声をかけた「私の背中を見て!!」と。そこには〈夢は叶えるためにしかない〉と書かれていたのです。

これを決死という。人が決死になれるのは二つの時しかない。自分の命が危ない時、もう一つが愛する者に愛を捧げる時。身二つになった片割れの（己が半身）の子に、命を賭ける母の姿のように。

澤さんは、己がサッカー人生を、なでしこジャパンの名に重ね、二つを一つに生きる強い母のように、毎日の生活を、鍛錬を、試合を生き抜いてきたのだろう。でないと、夢は見る（あこがれ、あちらに見える山）ではなしに、必ず成されねばならない、子を一途に守る強い母にはなれない。これが女の道、大和撫子、決死の愛。

決死の愛に勝るエネルギーが、他に、地上に在るだろうか？　奇跡は必ず起こる、起こせる。私達が澤選手の背中を一緒に見る者になるならば。もう一度一緒に学ぼう「夢は見るためにあるのではなく、叶えるためにあるのです」。

澤さんの名は穂希《ほまれ》というのだそうです。大震災で日本国中が打ちひしがれた今、残されたたった一つのものは希望、ユメ。これを皆でこれから日本のホマレに変えていこう。

四、パンドラの箱の底に残った一つのもの、〝希望〟とは何だろう

パンドラとは嘘偽《うそ》と恥しらずの心を持つ女です。でも、美女で魅惑的で禍のかぎりを人類にもたらします。ギリシア神話の「パンドラの箱」のお話ご存知ですか。人類がまだ貧しかった頃、これを哀れんでプロメテウスは「天上の火」を盗み人類に与えました。これがすべての文明の始まりです。これを知った神王ゼウスは怒り、罰としてプロメテウスをカウカソス山に鎖で縛りつけ、毎日大鷲に肝臓を食わせました。でも一日で食われた肝臓は元に戻るので、その苦しみはいかばかりだったでしょう。

ゼウスはもう一つの罰を思い付きます。人間の初めの女、魅惑的で嘘つきと恥知らずの心をもつ、美女パンドラを創り地上に差し向けました。ただ一つの秘密の箱を持たせ、決して開いてはならぬときつく命じて。プロメテウスの弟エピメテウスはパンドラを一目見て心迷い妻にします。プロメテウスの「それはならぬ」という警告を全く無視して。

さて、嫁したパンドラはあの箱が気になり、どうしても誘惑に耐えきれず、秘密の箱を開いてしまいました。何と、中からはあらゆる禍、病気・死・苦労・貧困などがとび出し人間にふりかかりました。彼女があわてて蓋を閉めた時、箱の中にただ一つだけ、エルピス（希望）が残っていました。

その「希望」を、晴れて人類にもたらしたのが今回のなでしこジャパンの壮挙ではありませんか。ただ「その希望って、何だ!!」。人間のあらゆる禍を消すエルピスとは？　その私の回答は次の通り。

アー　大空を
舞う鳥からは
愛と呼ぶ名の　希望という
まだ名のない明日が降りて来る
オー　それだから
私達の世界を創ろう

1999・8・22　山波言太郎作詞
歌唱・青木由有子「平和の名前を呼ぼう」

ここに記されている通り、希望とは愛です。愛とは、この詩の他の部分に次のように記されています。「海よ　山よ　町よ／花よ　木よ　石よ／みんなみんなを僕と呼ぼう／あなたをあなたを私と呼ぼう」と。愛とはすべての他者を「アナタは私」と呼ぶ、新しい人類の心です。これが〈未だ名のない未来〉世界を創る希望そのものです。

それにしても、パンドラが撒き散らした人類のすべての禍、それが地上に今行き渡っています。特に、ここ20年、己が身を二つにした我が子を他者とする幼児虐待の鬼女（実母という名のお化け）が横行しています。この百鬼夜行の様子は、まさに今が、パンドラの箱が引っくり返された挙句の果ての極の極の時ということです。どうしてもこれを納めないと人類から愛が消えます。それは地獄の到来です。ですから、今、愛です、希望は。

だが、地獄の扉を開く、……開くとあちらに見える火〈地獄の業火〉……、それが今こちら地上で早くも点火されたから、チラリと地獄の門が開かれそうになっているのではありませんか。プロメテウスが盗んだ「天上の火」とは違う、異質の地獄の業火、「悪魔の火」とは何だ?

私の断定によると、それは「核」原子力発電の火。魅力的なパンドラが開いた虚言・虚飾・傲《おご》りとウソ、恥しらずの人々が手にする火です。

第二章　3・11は人類文明転換の信号塔

一、人類は二つ目の火を自分で創った、ああ、災いの日よ

プロメテウスが命を賭けて呉れたのは自然の火でした、「天上の火」、「文化の火」。自然界の物質を化学的に変え豊かな恵みをもたらす火。そして闇に光を点ずる光明の火。それなのに、豊かになった人はそれが天上の火の恵みであることを忘れ果て、神に肩を並べる生き物になったと思った瞬間に、

神を忘れ傲りの心を持った。それから、神が創った天地自然を己れの手で姿を変え、地球丸ごと掠奪の「西洋近代文明」の仕事にとりかかった。

武器を作り、挙句の果て「核」兵器を創り、広島と長崎に落として、二十一万人を一瞬に焼き殺した。悪魔の性《さが》がその時から人の後首《うしろくび》のあたりにチラリと見え始めた。

でも、パンドラが魅惑的な美貌で艶然《えんぜん》と笑い、文化とやらの華をインターネット、ケイタイにまで映し出したので、誰一人いま人類全体が、パンドラの箱が開いて、あらゆる禍の虜《とりこ》になったとまでは気付かなかった。そして日が暮れ、一夜の眠りについた。

ある朝、2011年3月11日午後2時46分、土星《サターン》へかかる吊り橋が揺れるように天地が揺れ、地球の東端、島国日本の一隅で、稀有の大震災が起きた。誰一人この天災が、パンドラが粗相で開けた箱から飛び出したサタン（悪魔）がつけた悪魔の付け火だとまで気付かなかった。人工の火、第二の火、人間が後首にとり付いた悪魔にそそのかされて、人間が傲り心を高ぶらせ、核分裂で創り出した第二の「人工の火」の仕業、「人災」これが3・11の正体です。

137億年前に、ビッグバーンでこの宇宙が始まった。3分後には原子核が生まれ、水素・ヘリウム・リチウム・ホウ素・ベリリウム・炭素……と元素が殖えた。14番目にケイ素（コンピュータの心臓部をつくる元素）が生まれ、26番目に鉄（コンピュータのハード部分をつくる元素）が生まれると、超新星爆発で一瞬に散布され、それが重力で降りつもりつつ、太陽、46億年前に地球の固まりになったと聞いている。このとき地球には92番目の元素ウランまでが、天然の原子としてあったと聞いている。

（注）二十世紀は人工の元素が数多く作られた世紀です。93番目ネプツニウム、94番目プルトニウム……103番目ローレンシウム等の放射性元素が。人間が人為的に中性子を原子核にぶっつけて次々と重い人工の元素が作られました。

さて、地球46億年の永い旅。38億年前海底の熱水あたりで生命バクテリアが誕生。単細胞、多細胞、魚、両生類、爬虫類、哺乳類の長旅の果て、ゴリラやチンパンジーからヒト、私達ホモ・サピエンス（知恵ある人）が出現。ギリシア神話で言えば、プロメテウスの「天然の火」の恵みで、文明誕生。ここまではよろしい。ところが、それから贈られた魔の美女パンドラ嬢の悪戯《いたずら》で、……パッと開いた、あらゆる災いを産む最後のエキス分といえる核の火、「人工の火」を生んだ。

　こいつは、天然の原子92番目のウラン（235）に、人工的に中性子を近付けると、パッとクルミ割現象が起こり（注、原子核はクルミのように〈強い力〉で自然結着しているもの、中性子をこれに近付けるとパット核分裂――〈強い力〉が放出されてエネルギー（高熱）を出す）、この人工の仕掛けでウマイこと第二の火（原子力の火）を取り出して、エネルギー生産しているのが原子力発電。これ、悪魔の火ではありませんか。だって、（クルミ割りは宇宙進化への逆行）、それに人工（人の我がまま）、それでジャンジャン発電（エネルギーを出して）、このエネルギーを使い、地球のあちら、こちらも、海の底もあらかた掻き回し、（注、環境破壊・生態系破壊）、栄耀栄華のための街づくり、国づくり、美食と豪邸づくりに現《うつつ》を抜かしているのですから。これが至上の幸福（物質欲の充足）とやらで好い気になっているので、パンドラ嬢がニヤリと見ています。

　挙句の果てが福島第一原発の大人災。まだまだ序曲の始まりです。今までは天然の火を使い化学変化で、生態系破壊（地球環境破壊）までしてきたのですが、これからは、いよいよ本番。毒素プルトニウム（注、人間の手で創り出した人工の新元素）などは、二万四〇〇〇年の半減期がある猛毒素ですから。こういった（人間の手で創り出した超元素）放射性物質を、核分裂工作でバンバン数多く作り出して、栄耀栄華を極めようとするのですから、地球生態系破壊どころでなく、地球を毒素カンヅメにしてしまう、完全な反……宇宙を創られた神への反逆。人が悪魔になって（自分は生き残れるだろうと算段していても）、完全に反逆死マチガイ無しの天罰・悪魔死を遂げる道行きです。だって、核分裂から生まれる沢山の放射性物質が出す放射線は、決して科学では消せない、特製の半永久賞味期限保証つきのライスカレー・ルーですからね。

二、誰が作った？　第三の爆心地化〈日本列島〉、明日の運命を

中曽根康弘氏が日本の原発推進者ですね。私は昭和24年頃この方に会いました。いえ、たまたまですが。昭和22年総選挙で最年少当選をした中曽根氏は有名でした。私は郷土出身（宮崎県）の代議士に会うため議員会館に行きました。入口の狭い控え室で（当時はまだ仮設議員会館でした）、同行の教師の知人と学校の話をしていたら、ガラリと目の前の襖が開いて、素足の青年代議士中曽根氏が出て来ました。彼は滔滔と教育論を述べ始めました。私は一年前に教師になるために東京へ出たばかり。学徒出陣をして、海軍特攻基地で敗戦を体験した私は、敗戦日本の再建は青年の教育にあると痛感し、学生時代に思いもしなかった（実は嫌いだった）教師になっていました。私と知人の教育談に突然割

込んだ中曽根氏は上《あ》がり框《がまち》に突っ立ったままで、お前たち何を言うんだと薄笑いを浮かべ私達を見下ろして、氏一流の明敏な論理でペラペラ一方通行的に話しました。私がすべての青年の魂の捨て身の覚悟、敗戦の焼土からめげず立ち上がらせる教育に、日本の未来がかかると、そのため私は教師になったと話すのですが。どこ吹く風、中曽根氏は熱弁家でしたね。いや、一握りのエリート教育だ、先進知識を受け入れ、日本の経済興隆にこそ日本の命運がかかる、どうやらそんな論理でした。私が口をはさむ余地なし。私の知人は唖然、ポカン。またサアーッと襖を閉めると部屋に戻られました。

私と中曽根氏の教育論、マサカ中曽根氏にそんな記憶などミジンもある筈なし。私には鮮明にその時の印象があります。それだけでなく今になると、あれが青年中曽根氏が大勲位・大政治家に登りつめる序論だったのか、反対に、私はデクノボー（無位無冠のお人好しの魂尊重論者）になる道行きだったのかと、六十年も昔のことを思い出します。

それはさておき、日本の原子力発電推進の中心人物は中曽根さんですね。1954年、日本初の原子力発電推進予算の通過、二億三五〇〇万円。これは中曽根氏の主導で実現。なぜこれをやったか。前年（1953年）、米大統領アイゼンハワーが国連で「原子力の平和利用」の演説。これはエネルギー源としての原子力発電を世界に広げるのが目的。でも本当の目的は、アメリカの核兵器独占的支配の確立。つまり、核兵器はアメリカが開発し、使用して世界に君臨してきた。ところがこの年（1953年）にソ連が水爆実験に成功。これは大変。どこの国でも核兵器を持たせてはならぬ。核不拡散条約（NPT）を作ろう。その前にアメリカの核の傘を広げて（守ってあげるから味方になりなさい。核兵器なんか持たなくて大丈夫。それよりか核の平和利用、原子力発電するなら支援もしてあげますよ）、こうして他国に核兵器は持たせず、アメリカが中心に独占し、傘下に味方も集めて（実際は支配下に入れて）、アメリカの世界支配を推進。つまり、恐い武器、核兵器による世界支配の仕掛けが、核の平和利用の推進、原子力発電なのです。だから原発と核兵器とはパンドラの箱から飛び出した悪魔の両腕なのです。

現在、世界の核兵器保有国は国連の常任理事国5か国（米英露仏中）。印度とパキスタンは異例、北朝鮮やイランが持つことは怪しからぬことになっています。日本を初め世界の多くの国は核不拡散条約（ＮＰＴ）に参加し、核兵器は作らず、持たないことになっている。これで平和？　いいえ、国連常任理事国（第二次大戦の戦勝国）が、核兵器を独占し依然として世界に君臨。

それだから、中曽根氏は日本の真の独立と興隆のために、原発推進に命を賭けます。エネルギー源として、自前の豊かなエネルギーがあって、日本の経済発展あり。それから、原発で使った使用済核燃料は再処理すると、莫大な量のプルトニウム（長崎型原爆の材料）が作り出されます。先ず日本の経済発展を、ゆくゆくは自前の核装備軍事大国へ。だから中曽根氏は再軍備の先導者とひそかに見られてきました。本当は愛国者です。自己中や我欲のコセコセ日本人とは桁《けた》が違います。但し、武力と経済力によって国の独立と発展をはかる戦前と全く同じパワーポリティクス（力による支配）論者です。え？　力（経済力と武力）以外に発展と独立の方法があるの？　だからパンドラ嬢がニタリと笑います。

だって、結局は原発エネルギーも核兵器も同じ穴の狢《むじな》、あれはパンドラの箱から飛び出た悪魔（サタン）の火よ。亡国とゆくゆくは禍による人類の死滅の行進曲よ。華麗さ、経済の華やぎ、強国の誇り（傲り）、そしてウソと恥しらずの政治・経済・外交、それでおしまい。

中曽根氏は国会の「原子力合同委員会」の委員長となり（1955年）、次々と日本の原子力発電所の設立を推進させました。時には強引な手も使い。1966年、三重県の芦浜原発設立に漁民が反対デモをした時、警察をそそのかし25人を起訴処罰させました。その結果、お金で（政府から多額の交付金を支給して）、貧しい地域に原発設立を促進させます。「電源三法」（1971年）を作り、以来、日本の原発は順調に設立され続けました。1971年福島第1原発の第1号機の設立、これは最も初期の一つです。

だが、この福島第1原発から大震災事故が起こりました。この事故で広島原爆29・6倍もの汚染総量が広がっている、日本列島の危機、特に子供の被曝が危険、政府はこの事実に頬被りをして何をしているのか!! と東京大学先端科学技術センター教授の児玉龍彦氏が衆議院厚生労働委員会で、激怒して政府の怠慢を攻撃していました（2011・7・27）。原発推進をした中曽根氏は今回の事故にどんな感懐、姿勢を見せているでしょうか。

脱原発？ それとも保守硬骨漢の石原都知事と同じに、核エネルギー保有はもちろん、「日本は核武装すべし」と言い切ったでしょうか。いいえ、美しい国日本国の未来を画く素敵な言葉を述べておられました。2011年6月、太陽光発電の普及を目ざす会にメッセージを送り、「原子力は人類に害を及ぼす面もある」と、ハッキリその魔性（弊害）を認めました。では脱原発？ いいえ、続けて「太陽エネルギーをうまく使う、日本を太陽国にしたい」と、実に見事な発言です。

日出づる国の日本にふさわしい転換？ いいえ、きっと内心ニタリとしているでしょう。中曽根氏は政治家として、風見鶏というニックネームでした。お天気次第でクルリと向きを変える、クルリ・クルリが得意。きっと中曽根氏のニタリの裏には、パンドラ嬢の不敵なニタリの笑みが重なっているのでは？………恥しらずと嘘つく性、失礼ながら私にはそう思えて仕方がない。

日本には青森県六ヶ所村に、使用済核燃料を再処理して得たプルトニウムが既に32ｔもあります、（これは長崎型原爆の４０００発分）。それに使用済核燃料は青森県むつ市の貯蔵庫に５０００ｔ分が満杯とか。それだけでなく、全国の原子力発電所の使用済核燃料プールは平均70パーセントまで一杯。これなら、日本が核武装するに不足はありません。いいえ、ありすぎて手に余るくらい、日本は既に潜在的な大きい核保有国家。これなら風見鶏中曽根氏のニタリの意味がハッキリ判ります。

日本列島が第三の（広島・長崎に次ぐ）爆心地にならないことを切に願います。子供のために、いいえ列島に生きる全国民と、地球環境全体のために核廃絶（脱原発）による恒久平和を切に願います。中曽根氏の言葉「日本を太陽国にしたい」が、実は〈日没する国にしたい〉ではなかったことを、切に祈ります。

では、核なしに（軍事力なしに）（豊かなエネルギーと豊かな経済発展なしに）、どうやって恒久平和を産むのか。いいえ、平和と繁栄は力（武力とお金の力）では産めない、それは最後に失うもの。パンドラの箱を開けて虚飾と恥しらずの五〇〇〇年の人類史の果てに、今人類に残っているのは唯一つ〝希望〟のみ。だから「最後まであきらめない」決死、それと「ユメ（恒久の平和と幸福）は見るためにあるのではなく、叶えるためにあるもの」、この恒久平和をあくまでも産む実践力。恐らくそれは発想逆転の〈**清貧の豊穣**〉の中にあるのでは？　パンドラ嬢があわてて蓋を締めた箱の底にひそやかに在るもの、見かけは清貧だが本当は無限の豊穣。それは澤穂希さんの決死の愛でしか手に取り出せないもの。この秘密を探ろう。

二、あなたは百万年後の世界に責任もてるか？ それなら今決死の愛に生きよう

悪魔は実在します、神は実在します。どちらも見えないから無いと思っているだけです。見えないものは無いと断定するのが現在科学です。その科学を学んだ人が、政界・財界・官界・学界で君臨しているから現代文明は狂っています。

それなら、見えないけれど（神も、悪魔も）あるんだよとすればいいのですか。すると、見えないものは何でもあるんだよとする、オカルトや邪宗教がはびこるので、これは出来ません。

どうすればよいのか？　こうなった原因はやはりパンドラがあの禁断の箱を開いたからです。飛び出したあらゆる災い、病気・死・苦労・貧困の裏には悪魔が一つ一つ張り付いていたので、あの災いの解放は悪魔の解放だったのです。

どうすればよいのか？　方法はパンドラの艶然たる笑み、嘘吐きと恥しらずのニタニタ、あの心を私達の心から消し去ればいいのです。なぜなら、あの日から（パンドラが箱を開けた日から）、人の心には悪魔が住みつき、人は悪魔になっているからです。

その証拠は、人は文明と称して生態系破壊・環境破壊を平気でしています。地球を食い潰《つぶ》しにかかっ

ている、生物を皆殺しにかかっている。だから悪魔（鬼）です。でも、バカです。果ては地球の死・生物の死で自分も死滅するからです。人は鬼バカです。

こんな鬼バカに誰がした？　パンドラがした？　解放された悪魔がした？　いいえ、〝私〟がしました。見境いもなく、嘘と恥しらずの心をパンドラ嬢の真似をして使い放題にしてきたからです。天の上からゼウスが見て「そうだよ」と皮肉な目で笑っておられます。それからプロメテウスが食われた肝臓のところを押さえて深くうなづきました。

ですから、人の心からウソと恥しらずの心を抜き去る作業が、これからの文明の仕事になります。ところで、核の火が災いの悪魔の火であることが更に納得できます。鬼バカの人が、生態系・環境破壊、つまり宇宙の進化行進に反逆する悪魔好みの仕掛けをしたからです。クルミ割り、宇宙創成の三分後に〈強い力〉で接着されて生まれた原子核を、あろうことか割る「核分裂」という神の反逆をしたからです。悪魔の火、人工の火、これが罪、災いの大元であること、疑いがありません。

罪の償いは核廃絶・脱原発の外にありません。それから、こんな悪戯をする気になったパンドラ嬢の性《さが》（ウソつきと、恥しらずの心）を人の心から、根っこから消し去る作業をする新文明の営みに入ること。新文明とは、神の宇宙進化行進を償いとしてお助けする生態系哺育、すべての生物の進化をすすめる傅育《ふいく》。これが明日の世界を創る希望（人が生まれ変わり、愛の人になってする新文明つくり）の大行進です。

悪戯のクルミ割り〈核分裂〉で生まれた汚物・放射性廃棄物がこれからの人類の悩みの種です。始末するまでに百万年もかかります、（使用済核燃料を再処理してプルトニウムを作り出した後のゴミ、ハイレベル放射性廃棄物）、これにはプルトニウム（半減期2万4000年）が沢山まだ残存しているから、ガラス固体化して地中深く隠しておいて、無害に近くなるまでに百万年かかります。これの番を誰がするのですか。それだけでなく、原発でどんどん毎日作られているゴミ、低レベル放射性物質でも、ドラムカンの中にしっかり密閉して廃棄保管しないといけません。2005年に70万本、一年で一原発で1000本できますから大変です。これは300年間無害になるまで安全保管しなければなりません。300年あなた（東電の人、保安院のエライ人）生きていますか。後は知らぬ？　そんな無茶な!!　洩れれば被害を受けるのはあなたの子孫だけならまだしも、無縁の無数の人です。日本列島だって犯されます。いいえ、地球人全体だって。百万年ハイレベル放射性廃棄物を全責任をもって守りきれる人って、一人もいません。こんな無責任、無茶な悪業を重ねているのが、原子力発電という曰《いわ》く付きの、つまり悪魔の所業です。

　誰ですか、豊富なエネルギーがないと、豊かな経済生活ができないから人は幸福になれないと。無責任な人類死を犯してまで幸福が人類に生まれると思いますか。できるのなら、あなたが百万年生き残って保障して下さい。本当の幸福とは、旨い物を食い、豪邸に住み、便利でキラキラした物で飾られた世界に住むことではない。衣食住が足りて、真の健康な衣食住の仕組みがあって、それから先は無限の愛の喜びに生きること。必要ならばあり余る物質の供給も可能、無限供給がその文明で保障されていること。そんな文明を創ろうではないか。

　できるのか？　ここから先は、第一歩は人間の格差の解消。そして最後はサタン（悪魔）をこの地上から無くすこと。俺は神だと威張るのが悪魔です。ですから他者はまるでゴミ・動物・奴隷。これが格差です。ですから、これが消せればエヘンと威張った悪魔が死にます。格差といえば、国連の調査でこんなのがありました。

四、清貧に生きよ、無限供給は人の愛が生む

経済発展が国の発展・国民の幸福の増進という間違った考えが横行しています。これは〝お金が幸福の源泉〟という価値観(物神信仰に魅入られた俗信)の結果です。たとえば経済大国とはGDP(国内総生産)の大きさで決められます。日本は中国に抜かれて、第三位に落ちたから駄目になったと悲観しています。そうでしょうか。経済発展至上主義は、人類の格差を広げて、遂には絶滅に至らせる地獄の思想です。

統計で示しましょう。近時の国連の調査によると次の通りです。世界の富の50パーセントは2パーセントの人が所有しており、残りの50パーセントは98パーセントの人が所有している、格差ですね。なお、残りの50パーセントの富のうち、49パーセントの富は48パーセントの人が所有しており、残りのたった1パーセントの富に50パーセントもの人がしがみ付いている。大格差、これが世界の実情です。

なぜこんな格差を生んだか。世界のGDPは一年で約5000兆円ですが、実際にとび回っているお金(名目上の額)は、七京円とも八京円とも言われます。

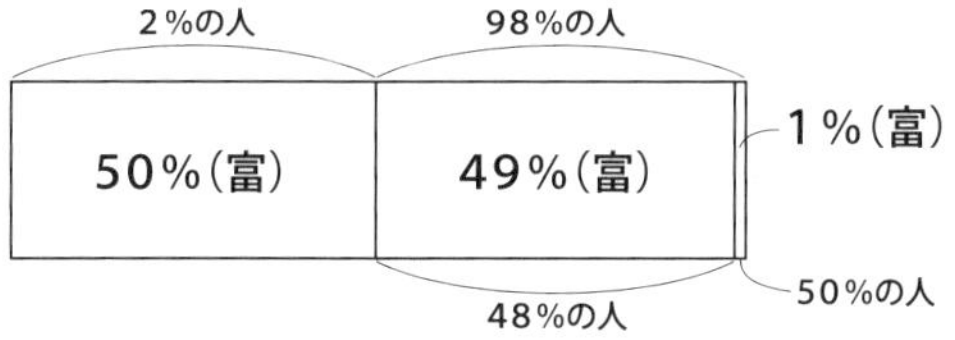

本当でしょうか。名目上の額は銀行ローンや投機で作られているのですが、誰かが実際に握っているのです。この握った人がお金持で、実質的に富を支配します。これが経済発展で格差をどんどん広げていく仕掛けです。ですから、経済発展を手放しで讃美すると、人類の格差拡大による絶滅を招きます。即ち戦争とか餓死人口の増加。それから何よりも、経済発展が現在の環境破壊・生態系破壊を招いていています。1時間に種の絶滅が4.5種ずつ進んでいるとか。近未来に地球の食物連鎖が失われて、人類すべてが餓死します。これが経済発展至上主義の結論。

どうすればいいのか？　解決策は極めて単純です。世界の富の50パーセントを所有している2パーセントの人が、2パーセント分だけとり、残りの48パーセントの富を極貧の50パーセントの人に差し出せばよいのです。すると、世界は各人がほぼ1パーセントずつの富を所有することになり平和になります。

そんなこと出来るのか？　出来ません。お金持ほどお金に執着心が強いので、夢のまた夢です。では、どうすれば？………一つだけ解決策があります。世界の富の49パーセントを所有している48パーセントの人が（つまり普通の私達が）、節約して生活を半分の質素なものにして、半分を極貧の50パーセントの人に差し出せばよいのです。そうすると世界の98パーセントの人口がほぼ0.5パーセントずつの富の所有者になり、そうなれば2パーセントの超大金持は、肩身が狭くなり、地球に住みにくくなるので、自然にその富を世界のために差し出さざるを得なくなるでしょう。これで全世界の人が1パーセントずつの富の所有者となり、世界は平等で平和になります。ここはまだスタート点で、これから先、相互扶助で世界は無限豊穣にも至りましょう。これが愛優先の人の道です。

ただこれは紙の上の計算です。だがこの外に平和と共栄の道がありますか？「成せば成る」、日本人からこれを始めたらいかがですか。**「清貧こそ豊穣への門」**、これを日本で実践してみせた偉大な先人、上杉鷹山という人がいました。

×　×　×

上杉鷹山（1751〜1822）は米沢の藩主でした。生まれは九州・高鍋藩主秋月家の次男ですが、請われて10歳の時上杉家の養子となります。16歳で米沢の藩主となります。その時藩主としての一生の「誓文」を作りました。①文武両道に励み、②民の父母となり、③贅沢なければ危険なし、清貧を貫く。そして④言行の不一致（ウソ）を戒め、不正・不実・無礼を犯さぬこと。何と、清貧と誠実一路、人への愛を藩主の道としたのです。

なぜ、16歳でここまで肚を決めたのか。当時、上杉家は財政破綻の寸前でした。元々、上杉家は100万石超の大大名でした。関ヶ原の戦で徳川に弓を向けたので、30万石に減封され、更に15万石にまで落とされました。しかし、上杉家は100万石時代のままの家臣を抱え、しきたりも慣習も昔のままに踏襲していました。負債は何百万両にのぼり、もはや一両の借財の道はなく、絶体絶命。

鷹山の藩政改革の方法は次の三つです。**一、人を生かす、二、土地を生かす、三、自ら清貧を貫き民に施す。**

一、人を生かすとは、①人材の抜擢、但し人材とは真心と愛の人、正義の士。②人の教育。藩校・

興譲館を建て、学問の目的を謙譲の士たること（へりくだり、世のため人のために尽す人士）としたこと。また巡回教師制で、民衆に人の道を教え、公娼の廃止、更に「伍十の組合の会」を定め、五軒は家族の如く、十軒は親戚の如く、一村は朋友の如く、五ヶ村は隣人、相互扶助と社会保障を進めました。ここには愛による人の自立と、愛による相互扶助があります。

二、土地を生かすとは、「土地は聖」（生きる恵みを与えてくれるもの）となし、寸土を生かして耕させました。また私費で桑の苗木を求め、人民に配り、新しく絹織りの地場産業（米沢織）を産み出させました。

三つ目の清貧とは、先ず藩主の家の支出を五分の一（千五拾両から二百九両）に切りつめ、一汁一菜、生涯綿服を着用しました。この清貧の風は全士の家臣と人民にも行き渡りました。

以上で米沢藩は甦りました。有名な天明の大飢饉で全国に餓死者溢れ、特に東北地方はひどく、死人の肉を食う者も出る中で、米沢藩は一人も死者なし。道に「棒抗の商い」（無人の道に品物を置き、誰でも自由に金を置いて物を買う）慣習が広がったが、米沢には盗人なし。また、かつては藩をあげて五両の金も工面できなかったのに、今や一声で万両が集められる豊かな藩になりました。清貧は豊穣を生む、相互扶助と人の道が行われる安全で平和な土地に変わる。その典例です。それだから、江戸幕府は「国制格別」としてこれに見習おうとし、老中松平定信は「一代の賢君」として絶讃しました。

今の世も上杉鷹山に見習ったらどうでしょうか。清貧が豊穣を導くとは、人の心（愛）が平和と相互扶助を産むということです。換言すれば、お金より人の心（愛）が繁栄と平和の価値観だということです。「為せば成る、為さねばならぬ何事も、成らぬは人の為さぬなりけり」、これは上杉鷹山の言葉です。世界の人が愛の人に変わること、これが世界が平和と経済繁栄に至る唯一つの道です。これこそがパンドラの箱の底に残ったただ一つのもの、「希望」の正体ではありませんか、澤穂希選手の「夢は見るためにあるのでなく、叶えるためにあるもの」、これと上杉鷹山の「為せば成る」は全く同じ道です。

ここで、世界が本当に変わること、本気で決死で、人みなが愛の人に変わること。これが残された唯一つの希望、恒久平和と無限豊穣の道です。皆でこの道を歩き始めませんか、時は今‼

〈参考〉3・11は世界文明転換の信号塔

実は私の詩には予言詩がしばしばあります。前号（本書第七編）にも28年も前に書いた詩「霧蜻蛉」が、実は昨年9月に起きた尖閣諸島事件（中国の日本領海侵犯、東支那海戦争の危機）をズバリ予言した詩であったこと記しました。もちろん、ごく普通の詩人にすぎない私が、何か予言の詩を書くなど思いもよらぬこと。ロマンとして文学として好きで詩を書くだけ。ただし、すべての詩が天啓（不意に口をついて出た言葉を書きとめたり、睡眠中に閃めいた言葉を写したらそれは詩であった）、これが私の詩です。ところが後になってから、それが未来の事実の予言詩であることが次々と判明します。

次の一篇も、今回、3・11大震災を予言した詩らしいことが判明しました。実は昨年、未知の彗星エレニンが私達の太陽系に進入を始めたことが、天文台にて確認されました。あろうことか今年（2011年）3月11日、それが惑星直列したのです、（太陽・地球・エレニン……土星）。これが大震災の原因らしい。その詩とは「地球美人花」（1994・1・11作）。

地球美人花

きこえない筈のラッパまでが(注)
聞こえてきている
走っていけば間に合うかもしれない
あのはずれ
地球から土星《サターン》までの渡し板
　揺れる
青い月　一つ
　かかる
真っ赤に燃えて見えるのは
僕らが捨てた愛の残骸たち
二十一世紀を呼んでいる　蛙の子ら
生まれたばかりのつるつるの肌して
アオミサスロキシンの花蔭で

匂いだけでまだ人がだまされるが
きまりわるげに蛙だけには見えている
ぼーと明るい地球美人花という花

（注）「ヨハネ黙示録」の七人の天使が吹くといわれる終末を告げるラッパ。

一九九四年一月一一日作
詩集『アオミサスロキシン』より

この詩のどこが大震災の予言？　この詩を書いた時、なぜ土星が書かれているのか不明だった。それも〈土星《サターン》〉などとフリガナがわざわざつけてあり。それに〈土星までの渡し板　揺れる〉って何？それが今回ハッキリ判った。３月11日に太陽・地球から遠い土星までが直列した（橋がかかった）、それが〈揺れる〉とは大地震ですね。惑星直列すると、直列作用と進入した彗星の影響（そのエネルギー波動をうけて）地球に異変が生じます。そして〈青い月　一つ　かかる〉とは？　月はいつだって青いよ。なぜわざわざ書いてあるの？　あっ、青い月とは新出の青い星エレニンのことだ。こうして謎が解けました。

ちなみに〈地球美人花〉とは、新しく美しくなった地球に開く花、その名が〈アオミサスロキシン〉。つまり３・11が起点になり、地球が新しい惑星に変化を始める。実は、３・11大震災は新生地球への信号塔だったのです。その証しに、詩には〈真っ赤に燃えて見えるのは　僕らが捨てた愛の残骸たち〉と書いてある。捨てた愛の残骸って、不実なフリーセックス、離婚、実母の子殺しなどでしょう。また、お金が幸福のシンボルとしてしがみ付く愛、人間の錯誤した価値観を指しているのではありませんか。まさしく3・11大震災は人類文明転換の信号塔です。それにもう一つ、〈真っ赤に燃えて見えるのは〉、これは魔性の火、人が「核分裂」で我欲のために作り出した原子力の火でしょう。これを捨てましょう。真実の愛を目指して、上杉鷹山のように、〝すべての人が善性の人になること〟。この他に新生地球の道はありません。

だから〈土星〉に〈サターン〉とフリガナが付けてあります。パンドラの箱が開かれ、一つ一つの災いに張りついていた悪魔（サタン）が人間の心に入りました。これを捨てましょう。

注、〈地球から土星《サターン》までの渡し板揺れる〉、揺れることでサタンを振り捨てる

内村鑑三著『代表的日本人』の上杉鷹山の稿にはこの事がハッキリ冒頭あたりに記されています。「圧制政治は、私どもが悪魔と手を組む限り存在するし、悪魔ご本人が、私どものなかから完全に追放されつくすまでは存在をみるでしょう」と。

「降魔」（悪魔を無くすこと）、そうしてすべての人が善性の人に変わること。この事の他に地球が恒久平和と幸福の国に変わる日は絶対に来ません。今がその時です。３・11は信号塔、人類文明（価値観）大転換のチャンスの日、天罰を無駄にせぬよう、救いの罰たらしめよ。

第三章　日本の言霊《ことだま》が、世界の危機を救う

一、古い人、古い書を、見縊《みくび》る勿れ

それにしても、すべての人が善性に、一度に急速に変わるなんて出来るのか？　夢のまた夢……。だから、たった一つの希望が、パンドラがあわてて閉じた箱の底に残っていたでしょう。「愛という呼び名の〝希望〟」です。その愛で「まだ名のない明日の世界」を創りましょう。その作り方は、澤さんが教えてくれました。「ユメとは見るためにあるのでなく、叶えるためにあるのです」。上杉鷹山も私達のために言い残しておいてくれました。「為せば成る、為さねばならぬ何事も、成らぬは人の為さぬなりけり」と。

だって、そうは言うものの、それを現実化する方法が何かあるの？　だから日本の古人がちゃんと記しておきました、『万葉集』に。

そらみつ倭《やまと》の国は言霊の幸はふ国と
語りつぎ言ひつがひけり

それを、どう使えば全人が急に一度に善性の人に変われるのですか。それも聖書の『ヨハネ福音書』の冒頭に、二〇〇〇年前から記されています。「太初《はじめ》に言《ことば》あり、言は神と偕《とも》にあり、言は神なりき」と。

それはどういうことですか。

〈コトバは神〉と記されています。私達の使う言葉は、死ねとかウザイとか人を穢し自分を汚す言葉ばかりです。これでは「言は神」ではあり得ません。コトバを神のレベルにまで、つまり天地創成の日「太初に言あり」のレベルにまで帰らすこと高めること。このとき日本人のいう言霊となり、国中が言霊の幸う国と化します。

どうやって、天地創成の初めのレベルにまで、コトバを本当の言霊の位置にまで還《かえ》したらいいのですか。

方法は唯一つ、一群の人が初めに上杉鷹山が言ったように決死で、澤さんの「叶えるためにあきらめずに」、命を賭けて愛の人になるのです。この一群の愛の人々が出来れば、後は自ずから道が開けます。だってこの一群の人々が出す言葉（愛の心がこもった言葉）が、言霊なのですから。声をそろえて発声し、協同して歌を唄えば、一群の人々の相乗効果で、大きな大きな愛の言霊の合唱になります（神々も賛同して参加されます）。これが宇宙創成の日に近付いた言霊の成り立ちです。

日本人が一群の愛の人となる志願をして成りませんか。日本人にはその資質があるのです。今回の東日本大震災の時、東北の家も財も家族も失った人々の群が、列をつくり配給の食料など受け取っていました。飢えているのに、争わずに、人への礼を守って。これこそが日本伝統のサムライの道「武士は食わねど高楊枝」、日本人のすべての人に染みついているのです。アメリカの新聞社がこれを見て「日本人には異質の民族性がある」と、驚嘆していました。中国人も本心からびっくりして、「これが本当の近代だ、中国も50年であそこまでいけるかしら、いやいや50年ではとても難かしい」と手放しで褒めていました。日本には何かある。それを日本古来からの価値観「清明心」という。（さくらの花が香り良く咲き、いさぎよく散る）、あのおしみなく清く、惜しみなく与える心、愛です。この愛の人に世にさきがけて成る使命感が、日本人にありそうです。そうすれば、一群の愛の言霊の群が地球に発生すれば、そこから世界に広がり、これが全地球人を愛の人にする、信号塔になります。

二、神軍兵法、日本国憲法、ユネスコ憲章は三位一体

言うは易く行うは難し？　そうです、私は前号でも前々号でも、聖徳太子の神軍兵法のことを書きました。あれは秘密の降魔の術、戦法です。あれで聖徳太子は降魔（人の心から魔性をすべて消し）地球人すべてが愛の人に変わる、その道を日本人から始めようとしたのだと。だから「日出づる国」と自ら称したのだと、そんな意味でした。そして「神軍兵法」は鞍馬山で修行をした源義経から出ているらしいことも記しました。でも、その内容は言霊だということまで書いて、筆を止めていました。

今日は、その次を一言だけ記します。実は、私達は（有志は）テストケースとして、神軍兵法を言霊の術を〈リラヴォイス〉とか〈自然音楽〉という形にして、二十年近くも実行してきました。でも外から聞けば普通の声・普通の歌にしか聞こえませんが。「降魔」などが現実に起きています（目に見えないが実在する魔群の改悛、ないし消滅。それに伴う人心の進化）。でもそんなこと言えばオカルトとかウソとか、中傷や根も葉もない悪口や攻撃を受けます。世の中を良くするためにやっているので黙々とやりたいのです。ただ、３・11大震災以来、世が変わるので、心ある人には知って戴きた

いし、現実に私達もお役に立ちたいので、一部を公開しました。7月10日、東洋大学での「地球マネジメント学会」でショートレクチャーですが、初めて降魔の事実や内容にもふれて話しました。メモ（レジュメ）も残しておきました。たとえば、2005年3月21日から2010年7月5日まで、降魔①サタン改悛（蛇体・日本ではオロチと呼ばれるサタンが改悛すると、元の天使の姿となる）、その数3468体、②サタン消滅（改悛を拒否するサタンは魂が消滅）、その数42体、等々。現在は、宇宙から来た凶悪なサタン浄化（降魔）にも、また、現実の有力人士にとりついたサタン浄化（降魔）事業段階にも入っている、と伝えました。誰も信じません、それでもいいのです。この降魔により、現実に世の中が変わり始めるから、なぜこんなに急に世が、人が変わるのか、その一端の事情（証拠）として話し記しました。

現代の科学だけでは解明できない事が起こっております。一つの理由は科学が未だ発達途上だから（まだ未解明のものが多い）。二つ目は太陽系そのものが今変化を始めているから（今日はこれに触れません）。三つ目は、見えない世界は無いと、今の科学も常識も否定しているから（世界と人心の裏側が見えていない）。

この稿の最後に申し述べたいことは、これから価値観が変わります。お金第一から心の気高さ美しさ愛へ。急に改心したように、ごく一部の識者が（学界・官界、おくれて政界・財界からも）立ち上がり、世に向かって叫ぶ人達が出てくると思います。人々の、特に女性から、世の清浄化、愛の衆心進化の波が起こるでしょう。私達はこの際、東日本大震災を無駄にせず、文明転換への勇気ある歩みと共に進まねばならないと強く思います。

〈結語〉鎌倉から、奇蹟が起こる

特に鎌倉市は、多分、世界最初の「平和都市宣言」（1958・8・10）都市です。単に非核だけでなく、日本国憲法を護持する、真性の「恒久平和宣言」都市です。

このことは極めて重大なことです。人の心が善性に変わらずして、真実の平和なし。人の心の（お金第一から、清明心第一へ）価値観転換は、降魔で始められます（もう始まりました）。後は人間努力で政治・経済・社会体制を変えていけばいいのです。特に大切なのは生態系・環境破壊の現代科学から、環境と生態系「傅育《ふいく》」の新科学へと脱皮・進化することです。できるか？　これはひたすら人心の愛の人への進化でしか可能となりません。ですから、日本国憲法とは〈敗戦で吹いた神風〉です。前文に「日本国民は、恒久の平和を念願し、………平和を愛する諸国民の公正と信義に信頼して、われらの安全と生存を保持しようと決意した」と記してあります。これは人間の進むべき道です。しかし、これは世界の人々が皆善性の人でなければ成り立たない憲法です。それだから、奇しくもユネスコ憲章にはその続きが書いてあります。前文に「戦争は人の心の中で生まれるものであるから、人の心の中に平和のとりでを築かなければならない」と。ですからユネスコは教育・科学・文化を総動員して、人の善性を築く大仕事を展開しています、（でもまだ成功していませんが）。

私達は日本からユネスコよりも早く、人が皆善性に変わる仕事を始められます。特に鎌倉、世界最初の「平和都市宣言」都市から。すべての怨讐を越え、すべての人が一つに集まる奇蹟都市になりましょう。（注、その方法は追記1、追記2をご参照下さい）

ここからすべてが始まります。神軍兵法つまりは日本の言霊による降魔は始まっています。後は信念をもって、３・11大震災から、復興ではなく、新しい価値観をもった世界づくりを始める仕事にとりかかること。「為せば成る」、たった一つ残った希望は〝愛〟、その愛で「明日の世界を創る」こと。その創り方は澤選手の言葉（もう一度言います）「夢は見るためにあるのではなく、叶えるためにあるのです」。この決死の愛の立ち上がりから、日本人の心性の奥にある決死の愛の両刃の「活人剣」の極意から、何でもが成就します。

参考文献

高木仁三郎『原子力神話からの解放』光文社
小出裕章『原発のウソ』扶桑社新書
広瀬　隆『原子力時限爆弾』ダイヤモンド社
榎本聰明『原子力発電がよくわかる本』オーム社
古賀茂明『日本中枢の崩壊』講談社
内村鑑三、鈴木範久 訳『代表的日本人』岩波文庫
安彦孝次郎『上杉鷹山の人間と生涯』サイエンティスト社

追記1

鎌倉が、なぜ、世界最初の「平和都市宣言」をしたのか

（戯画風にメモでしるす）

1、鎌倉の「平和都市宣言」と、他の「非核平和都市宣言」とは違う

鎌倉は世界最初の平和都市宣言をした（昭和33・8・10）。たまたま偶然ではない。鎌倉にしか世界平和実現の夢は世界に発信できないから、そうなっただけ。8月3日付の朝日新聞で、日本の自治体で平和都市宣言をした数は85パーセントに及ぶ、凄い、最初は愛知県の半田市（昭和33年3月）と記してあった。この通り。だが鎌倉と、半田市や85パーセント自治体の平和都市宣言は質が違う。彼らはみな「非核平和都市宣言」、即ち核兵器の廃絶を宣言することで、世界平和を推進するというもの。実は、これでは本当の平和は生まれない。なぜなら、核兵器を保持しなくても、通常兵器を保持していれば戦争はある。昭和二十年八月六日以前の世界史がそれである。鎌倉の平和都市宣言は「日本国憲法を貫く平和精神に基いて、核兵器の禁止と世界恒久平和の確立のために、全世界の人々と相協力して、その実現を期する」となっている。鎌倉は、日本国憲法の護持が目的であり、またその手段で、結果として非核と恒久平和を導く。他の自治体は非核を目的とし、またその手段で平和が来るとしているが、先述の通りそうはならない。手段悪ければすべて悪しか……。日本国憲法の本旨は、「世界中の人が平和を愛する人となったとき、不戦・非武装の世界が、（日本を含めすべての国の）恒久平和がありますという憲法。これならば恒久平和になる。

2、日本人には古来、「人は神の子」という民族性がある

日本人は死ぬと、神に帰る、神になる、仏に成ると言う。こんなこと言うのは日本人だけ。また「人は祖に基づき、祖は神に基づく」とも言う。これは「人は神の子供」という意味である。それだから、その価値観は「清明心」、神の子にふさわしい清々《すがすが》しく明るい心（人を害さない、人を愛する、愛のために死にさえもする）心延《こころば》えを価値観とする。餌（経済力、お金、物力の類）を価値観とする動物ではない。

3、日本の歴史は、右を実践し、世界に広めるお役目の歩み

先ず、外来文化を自家薬籠中のものとした。平安仏教で、最澄は釈迦の〝悉有仏性〟をとり入れて、「山川草木悉皆成仏」とした。人のみならず自然界も抱き合い成仏するとした。それから「山家学生式」、人が自然に包まれ法を行じれば仏に成るとした。また『法華経』を重んじ、一乗の大船に万民を乗せて彼岸へ運ぶ全人救済を悲願とした。空海は現世での成仏、「即身成仏」を主眼とした。ただ特志の人の現実成仏が、その密教。鎌倉仏教は、法然、親鸞、日蓮、道元等々、多彩に華を開き、武士にも庶民にも影響を与えた。

末法思想（一〇五二～）の影響で、日本独自のこの世にミロクの浄土を現出させる試みが次々と展開した。**①宇治平等院**の鳳凰堂は、藤原頼道が、その中に阿弥陀如来像を作り安置し、その姿を池水

に映すことで、現世の浄土化をイメージするものだった。②**平泉**には藤原三代（清衡・基衡・秀衡）による努力で、浄土そのものが、建築物として庭園としてこの世界に現出させられた。①②が共に世界遺産に登録されたのは宜《むべ》なるかな。人間の悲願・現世浄土化の夢が、①②のような形で実現されたのだから。しかし、**③の最後のユメの実現**が待たれている。この現実の沙婆世界そのものが、悩み多き人類全体そっくりが、明らかに浄土化される夢の実現。つまり地球の恒久平和の実現。これをするために**鎌倉**が準備された。

頼朝のユメは人の（御家人も農民も含めて）土地に安堵。京都の権威から外れた地から始めること。そのためには山川草木悉皆成仏の地、人の平和の心を育くむ適地が求められた。怪僧文覚の早くからのすすめで鎌倉に入る。そこは緑の山陵と海に包まれたカマド。人の魂を成熟させる温床。これをいみじくも伊藤正義教授は、鎌倉は龍体（龍神の形を模したもの）として指摘し発見された。ここで武士道が、日本精神（人は神の子）のエキスが芽として発芽する。これが一所懸命から、一生懸命へと時代を追って波瀾含みで成長する。

それが江戸期、葉隠の「武士道といふは死ぬことと見付けたり」となる。つまり、西欧の戦士（騎士）とは異質のけったいな生き物になる。騎士の忠誠は、貰った土地の代価の忠誠。合理的で勇猛で契約義務履行の忠誠。日本の武士道は、かりに一円のサラリーでも一握の土地でも貰った恩義に命を賭けて報いる忠誠。これを為せねば恥しらず。魂（心）と、土地（物・お金・餌）を計りにかけて、貴方はどちらを選ぶか。日本人は前者を選ぶ、西欧人は後者を選ぶ。これは人は神の子か、人は動物の一種か、人間観の相違である。

日本人の命しらずのバカさ加減が、大失敗をしたのが第二次大戦の敗北。なぜ敗けたか、神の子らしからぬ殺人剣を使ったから。性懲りもなく武士道は未完成だった。それだから大鉄槌、3・11大震災は天罰。

4、三・一一大震災で、否応なしに、地球人は価値観転換をしなくてはならなくなる

この大転換は日本人から始まる。殺人剣を捨てて活人剣をとる。無手勝流・無刀どり、愛の両刃の剣。源《みなもと》は源義経が鞍馬山で習った降魔の剣。秘伝は鎌倉に来ている。人生何事も決死の愛という形で。ここで日本精神が安堵。

それだから、武家の古都を鎌倉に定めた兄・源頼朝が出番になって出てくる。愛の剣で、所期の目的どおり、地上に極楽浄土を現出させる最後の仕事の仕上げのために。

日本の歴史も、世界の歴史も、ここらで恩讐を越えて結着させる問題が近付く。なぜなら、福島原発事故で、日本の地が放射能で汚染させられた。このまま放っておくと、第二の福島、第三の福島が、日本とか、世界のどこででもいつか必ず起こるから。世界の地が放射能ですっかりダメになる。なぜなら、一度、科学（人工）で出た放射能は、科学では消すことが出来ないから。３００年とか（セシウム）、１００万年とか（プルトニウム）消えない。だから極楽浄土ならぬ地獄と化する。それに、オー大変が空から来る。

NASA（アメリカ航空宇宙局）の発表では、地球が狂い始めた、太陽系も狂い始めた。地球の熱圏（地上90㎞ふきん）が消滅しかかっている。これでは太陽からの放射線（宇宙線、ガンマ線など）が入り易くなる。それと太陽圏（太陽の外圏）も消滅しかけているとか。これでは宇宙からの宇宙線が容赦なく入る。それと、昨年、銀河の中心部にガンマ線の大きな泡が二つ出来ているらしいこと判明。これだと、地球にガンマ線がどしどし入るかも。福島の原発放射線でオロオロしているのに、宇宙の大自然界からの放射線も地球に襲いかかる。どうするのですか。

答えはある。人工の原発の放射線はガンや、細胞・遺伝子の破壊をする。自然界からの放射線は、遺伝子に突然変異を起こす（死か畸形か、もしくは進化の突然変異をさせる）。人間の遺伝子は97パーセントがクズ（眠っている）とか。これをスイッチ・onにさせる方法さえとれば、近未来の地球・太陽変化で、人は（神の子）の方に、突然進化変化するかも。その方法は唯一つ、（宇宙線と同調するために）神の子の方に今のうちに価値観の転換を、その人が始めていること。（自らの努力で半歩進化の道を踏み出していることが条件）。それだから………、

5、今の鎌倉が、恩讐を越えて、義経と頼朝との合体劇を演出せよ

その方法は、前号で私が書きました。龍体の、人の魂を熟させるカマド、緑の山陵と青い海のマチ鎌倉。もういいかい？　八幡神の大菩薩も、大仏の阿弥陀如来も待ち遠しげに、今の鎌倉市民の眠たげな重い瞼に、フーッと息を吹きかけております。

追記2

鎌倉はサムライ政権発祥地、平和の神都

鎌倉市民を一つに結びつけ奮い立たせるために、標語が必要です。単に世界遺産登録と町づくりのためだけでなく、世界が振り向き、仰ぎ、納得するもの。そんな価値がある鎌倉ではありませんか。私の思いつく、私見ですが、

鎌倉は人と自然、人と人、人と神、大和《だいわ》の精神発酵の地、平和の神都。

長すぎますか、ピンときませんか。大和の精神（やまとごころ）とは、世界の民族、宗教、を越えて世界が一つに結実する働きのもの。それは三つの要素があれば、三つの要素がないと、三つの要素で結実し、成就します。三つの要素とは、〝人と自然の結びつき〟〝人と人の結びつき〟〝人と神の結びつき〟がそれぞれあって、互いにそれが三つそろって一つの「まち」に在ること。その「まち」とは鎌倉です、世界に唯一つ。だから鎌倉は世界の宝です。

さて、「人と自然」の結びつきとは、自然界は母、胎児にとっては宇宙、母乳と愛の源泉地。これなしで人は生まれず、育たず、これなしでは人は捻《ひね》くれます。だから自然と人が密着し、人が文化を産み、そこで育ち発酵するミヤコがあれば、そこは世界の至宝、やがて世界文明にとっての胎の役目をする所です。その地は鎌倉、山陵と緑と海の武家の古都。その文化は武家文化、やがて武士道として結晶しつつ、ついには日本精神文化の胎、背骨を形成します。私見によると、明治維新でその強さを発揮し、敗戦で一度の挫折を味わい、もしここで奮起すれば花を開き、愛の花で世界諸民族の文化に香気を与え、やがて大一輪の花にまで輪を広げる力を持つものです。

頼朝が選んだ山陵と緑と海で包まれた鎌倉は、天然の〝人をサムライに熟成させる竈《かまど》〟のようなものでした。サムライは潔《いさぎよ》い桜花のように、世界の栄えのためならば朝日を浴び、散るを惜しみません。

幾千億万年その習わしを身につけた自然界そのままに、何千万の生きとし生ける生命の種《しゅ》と、人々にいのちを捧げます。それは、カマクラが神の体・竜体に似せて作られているという伊藤正義氏の指摘と一致します。また、日本列島そのものも竜体に似ているそうです。鎌倉の人はそこで育まれて、神々の子の姿にかたちづくられていくのでしょうか。

次「人と人」の結びつき。これなくて社会は成り立ちません。鎌倉には幾つかの地区があります。鎌倉地区・腰越地区・玉縄地区・深沢地区・大船地区とか、更に広げれば逗子地区とか。それぞれの地区に和があることは結構です。やがて国の基《もとい》、世界の和の礎《いしずえ》となりますから。但し、バラバラの地区存在では、未だ和ではない。ここに大和への計らい、人の智恵が接木《つぎき》されねばならない。その接木とは次の「人と神」の新しい接木を根付かせること。これは古人が心がけたことですが……、頼朝以来・鎌倉では宗教の形で取沙汰されたが、まだ未完成です。その方法は最後に述べますが、その前に、「人と神」の結び付きについて付言しておきます。

神は見えない存在。無いと言い切って生活も出来る。但し、全く無いのでなく、もしあるとすれば、無しとする生き方は間違いです。間違いは正さねばならず、正す方法は、生活上のいくつかの不都合になって姿を出す。というわけで、日本の古代人は当初より神を神として認める生活をしてきました。幕末、明治、大正、昭和初期までそれが続いた。敗戦でスッカリ薄れ絶縁。むしろ神の無い生き方が、誇らしげなインテリジェンスのある生き方となりました。神の存在が判ってない、と祖先の古人たちが見たら言うでしょう、悲しむでしょう。

そこで、頼朝時代と同じく、鎌倉から人と神との結びの生活を取り戻せ。威儀を正し礼をもって人と人が接すること。礼は相手を拝むしきたり（人が神をありとして拝むのと同じこと）です。基本的人権は、権利ではなしに、人の義務・責任と代えて、万人が万人に対する生き方にする、これを鎌倉から始めましょう。なぜなら、これが鎌倉の武家政権から生まれた、礼に生き礼を本とする武士道の極意、そして日本精神文化のエキスですから。

これを鎌倉から日本に取り戻す方法が、新しく「人と神」の接木をここですることです。

×　×　×

そのやり方は、義経一行が腰越を出て鎌倉に入るのである。真直ぐに源家の守護神・鶴岡八幡宮に至り、倒れた大銀杏の前に立て。これで事が始まる。「人と神」の接ぎ木の行事が。

大銀杏は既に無く、主根から蘖《ひこばえ》が萌え出ている。これがチャンスである。新しい日本、新しい世界が、ここ鎌倉から、ひこばえが荘麗な夢の未来の大銀杏にそそり立つと共に生まれる。この時、頼朝が政子と共に、静を伴って参上せよ。これで事は終わる、不意に。

なぜなら、和解、大和がここに始まっている、すべてを水に流す大和が。世界は怨を裏返せばすべてが繕《つくろ》われた誼《よしみ》を生む孫生《ひこば》えになっている。鎌倉鶴岡八幡宮の大銀杏の倒壊と、今孫生《ひこば》えの芽生えは、この宇宙の真理を見せるための仕組みだった。義経一行と頼朝・政子、それに静がここに再会するとき、宇宙の仕組みが成就する。

舞え静よ、歌え共に兄頼朝、弟義経（その名は元チンギスハンかもしれぬ）、政子は北条のあざむきし血を償え。ここに大和が、日本から、世界に、宇宙にまで届く大銀杏となって栄えん。

ただし、これはまだ接ぎ木の始め。「人と人」の和、神の御前《み》で。これが「人と神」の和になるためには、人よ、腰越から入った義経一行と共に行列をつくり、各鎌倉の地区の人がその地の産土神《うぶすながみ》を伴って列をつくって入れ。これで「人と神」の接ぎ木の行事が終わる。恙無《つつがな》く。

氏子は産土神の元に集まって暮らす蟻塚のようなもの、天の上から眺めれば。産土神は主神につながるグリッド（地球にあるエネルギー網目の流路）を形成している。それだから、各地区の氏子らが産土神と共に、鎌倉主神（守神）鶴岡に集まれば、人と産土神と主神との、「人と神」の和がそっくり、「人と神」の接ぎ木となって成就する。大銀杏の前で、その孫生《ひこば》えは、「人と人」の和と「人と神」の和を接ぎ木することになるからである。事は成就、その時に。

山陵と緑と海の自然の竈《かまど》の中で、この仕組みが行われれば、事がすべて成就する。

鎌倉は人と自然、人と人、人と神、大和の精神発酵の地

この事をことこまかに実行したことになるからである。その時、鎌倉が**平和の神都**となる。なぜなら、自然・人・神の三つは一つの生命《いのち》の現われ、これは日本の古神道。それが孫生《ひこば》えと共に大樹になるのであるから。その暁、環境破壊された自然と、角突き合った人と、見えなかった神が一つに和する。行事としてそれを実行したのだから、その通りに世界で事が進む。これが世界の平和の到来である。

× × ×

比喩を用いて語りましたが、もし大銀杏が突如倒れたことが意味があるのなら、蘖《ひこばえ》の多《さわ》なる芽生えが奇蹟であるなら、人が、「人と自然」「人と人」「人と神」の接ぎ木の行事を、その御前で粛々と行ってみるならば、奇跡が起こりましょう。世界に**「平和の神都」鎌倉**の真義が開かれていきましょう。

私は、ユネスコ憲章「前文」の、「戦争は人の心の中で生まれるものであるから、人の心の中に平

和のとりでを築かねばならない」、この理《ことわり》は真実と思います。だが、これを実現させる手立てが今までに見つかっていません。ですから鎌倉から、お祭りとしてでも行事としてでもよい、頼朝と義経・静の和解を倒れた大銀杏のひこばえの前で、やってみるのも一つの思案かも判りません。思いつくままに認《したた》めました。

総括（しめくくりの言葉）

3・11大震災は天罰覿面、今回の天災・人災は人間の裏も表も剥き出しにして露出させてしまいました。一つは核分裂・原発エネルギーは、「自然」反逆の人の魔性が産み出した殺人放射線であること。表の顔はニコニコGDP絶賛の讃歌顔だが。もう一つ、東北の人の飢えても身内が死んでも、列を作り礼を守り乱さず、黙々と物資配給を受けとる姿。ああ、人の心根の美しさ。ウラにひそんだ日本人の心性の光が、はからずも天罰の日に世界の衆目にさらされた。これで天罰を受けるのは誰？誰一人もいない。なぜなら、世界のメディアが日本人の異質の民族性を絶賛したから。それだから、表は天罰でも、ウラは光。未来の人類文明のあり方を世に指し示したのだから。それに、瓦礫の中から、金庫などが次々掘り出され、計23億円が持主に届けられた。これには世界が引っくり返り目を剥いた（絶賛した）。考えられない事が日本では当たり前の日常。これならば瓦礫の下（裏）から人類未来文明の宝が掘り出されたと同じこと。

●なぜ日本人の心性は異質なのか？

縄文人はアニミズムと言われている。大自然界に精霊などの存在を認める（感じている）。それだから地球は生き物、大地も海も寸土といえど。東北人にはこの縄文の血が脈打つ。それから大和朝廷は蝦夷征伐をしたけれど、まつろわせることで統一した。その目的は神武の「八紘一宇」（世界を家族の如き一つの家とすること）の理想を、日本列島が一つになって遂げるため。なぜならば、世界中が親子兄弟姉妹とならねば（一人の他人もない状態）、世に恒久平和の道は無いから。ただ、昭和二十年八月十五日まではこれを武力を使って（殺人剣で）やろうとしたから大失敗。覿面大天罰、それが大震災か。日本には大和朝廷（弥生人系）の世界を家とする使命があり、縄文人には人を愛の心性に育てあげる別の使命があり。この二つがからみあって日本列島が出来ている。地球は（天も地も草も水も）生きている。この先天的心性なしで愛の心は育たない。なぜなら地球は本当にガイア（生きているモノ）だから、生きていると信じる者にのみ地球の生命エネルギーが賦与できる。これで育つと母乳で育つ自然児のように大自然界と同じ愛の心の人と成る。

　これから、八紘一宇の大理想を殺人剣ではなしに、活人剣（相手を生かし自分も生きる）やり方で進めていくことになろう。もし、敗戦から、日本人が殺人剣の未熟性（非）を知り、活人剣に取りかえるコツを身に付ける（成熟する）日が来るならば。

　それなのにマッカーサーは、この日本の心性を帳消しにしようとした。東京裁判などで、ウォーギルト・インフォーメーション・プログラム（日本人は侵略をした悪者、それだから自虐史観で永遠にペコペコ謝りつづける謝りバッタになること）を植え付け、日本の心性にコンプレックス（劣等感）の烙印を付けた。もう一つが神道指令（昭和20年12月）、国家神道の禁止と政教分離の徹底。これはいったい何か。明治以来の行き過ぎたナショナリズム神道は不可、これは当たり前。でも角《つの》を矯《た》めて牛を殺しはしなかったか。日本人の心性の宿り所は（縄文人も弥生人も）古神道。神も人も産霊《むすび》の原理で結ばれたいわば親と子供。愛が人の心性、これは神と同じ。この心性を培う術《すべ》を身に付けているのが自然界を生き物と見立てる縄文人。それにこの心性を世に広げる使命を抱かされているのが弥生人（大和朝廷系）の天皇を旗手とする八紘一宇。この二つを一つにしたのが日本の国柄（国体）。天皇を先に立て、一つに集まり、愛の心性を育《はぐく》みこれを世界に押し広げよう。これが古神道で日本の国体で、日本人が今ここに（日本列島に）集まって住んでいるしるし。エデンの東というか（世界がやがてエデンになれば日本は東端）、日出づる国というべき所。

この日本民族を全く別の劣等感民族に仕立て上げようとしたのが、マッカーサーの日本の占領政策。だがことごとく失敗した。最後の決め手が「敗戦で日本に神風が吹いた」。それはマッカーサーが苦心して作った珠玉の「日本国憲法」いわゆる絶対平和主義の憲法。これから先の日本が進むべき道を明示したもの。ごくろうさまでしたマッカーサーに敬礼。貴方でなければ作れませんでした、不様な敗戦国日本の食うや食わずのあの時の日本人には。

これでマッカーサーの役目おしまい。最後にひと言・本音を残した。「日本の戦争の本質は自衛戦争だった」と。アリガトウ、この通り。日本は何が何でも生き残らなければならなかった。もちろん自分のため、それは当然だが、何よりも未来の世界のパラダイス化作りの捨て石となるための。

3・11大震災で、日本は死んでいなかったことが衆目の中に証された。前述の金庫返しといい、飢えても乱れず礼を守る、つまりは「武士は食わねど高楊枝」の武士道の精神の健在、日本は生き残っていた。だから、サアこれから日本の使命と日本の心性を生かした国づくり、世界つくり外交への道を走らなければならない。覚悟はいいだろうか。

●人間観が基本で、文明が生まれ、衆心で歴史が進化する

なぜ、消しても消えない日本人の民族性。飢えていても譲り合う心「礼」。飢えても相手を思いやる心（23億円もの金庫返し）。高い倫理性。これは日本人が「人は動物ではない」と思っているからだ。動物なら腹が減ったら闘い奪い合うのが当たり前。これが生きる道。人は動物ではない「餌によって一喜一憂するもの」とは違う、異質の別の何かが人間と心得ている。それは何？「礼」を守り、他者を思いやる……「貴方と私は同じ何かよ」と感応し合う心がある。これを霊と呼ぶ。「人は万物の霊」と福沢諭吉の『学問のすすめ』（明治5年）の冒頭にはハッキリ書いてある。これが日本人の心性。霊とはお化けなどでなく、永遠の生命、不滅なるいわば神なるもの。人はその子供。これが「人は万物の霊」の源。

そんな訳で、**人は肉体**（動物と同じ物質体、餌によって生き、餌によって一喜一憂するもの）でありながら、**不滅の霊**（神の子供）でもある～こちらの方が本体、不滅だから。これが日本人の心性の根源にある。それだから日本人の人間観は「人は神の子」が本質に隠れている。これが今回の大震災で端無《はしな》くも露呈された。

この点、西欧人は「人は動物」と思い込んでいる。（本当はそうではなく、日本人も西欧人も万物の霊なのだが、民族的役割りとして肉体性・物質性を主張強調する立場から、「人は動物」と自認する）。だから、経済優先主義（餌が第一）。「衣食足りて礼節を知る」を理想とする（でもここが行き止まり）（注1）。しかし、動物は争うから（自由競争を理想とするから）勝者・敗者が出て、一握りの勝者が

多数の敗者を従える格差社会がどうしても生まれる。悩みの種はこれ。人為的には直らない、直せない。もしかして人間観を変える時までは。

それだから、貴方はお金第一主義ですか（華麗で壮大で便利な現実謳歌型社会を望みますか）、これならば一時的で、微塵に後は砕けます。これは釈迦が仏教で「色即是空」とピタリと教えています。何度やっても性懲りのない幻の花の文明が、今世界で花盛りの西欧近代文明です。

反対に、貴方は心を大切になさいますか。「武士は食わねど高楊枝」です。（ここがスタート点、日本人の心性）（注1）。この生き方は美しい心「清明心」を誇りとし、桜花のようにイザという時は散りさえもする（大切なもののために、自分に一番大事な命さえ捧げる）「決死の愛」を生き抜こうとします。バカか？ と人から言われても、名を惜しみ恥を知り（つまり動物ではないことの誇りに生きようとする）一見、可笑しな為来り《しきたり》を持つ文明になります。目立たないけどこれが日本文明の本質。何もかも、日本の心性も、西欧人の心性も、人間観が母体となって生まれています。これを世界と呼ぶ、文明という。

でも、おかしいことですけど、一人一人が万物の霊で独立自尊の本体なのですが、皆が集まると〈衆心〉となり、この衆心で歴史が作られ動いております。人はいわば蟻の群、でもピカピカ黄金の蟻にもなりますが、汚れた蟻・魔性の蟻にもなれます。いいえ、なったりして歴史を作り動かしてきているのがいわば世界史ですね、と私は見ています。早くピカピカの黄金の蟻の歴史になりたいものですが。

それには価値観転換が第一です。お金第一主義（餌至上主義経済文明）から、清明心（清貧こそ豊穣への門経済社会文明）への大転換です。これは「人間観」の方向転換です。馴れ親しんだ西欧の「動物人間観」から、日本の「青人草・神の子供人間観」への。

（注[1]）「人間進化10段階表」を参照（176ページ）

たったこれだけで、人間が百倍・千倍に変わり始めましょう。だって、人間の遺伝子は約97パーセントが眠っていると村上和雄先生は指摘しています。これを目覚めさせれば、人はまさしく神の子供のようにもなりましょう。眠れる遺伝子よスイッチ・オン!!。その方法は単純です。アッハッハッハーと笑う、笑える人になること。心からですが。単純に言うと脳内神経伝達物質エンドルフィン（リラックス、鎮痛、免疫効果あり）がいつも適度にかけめぐっている人です。どうしたら出来るか。

その秘法を、古来伝えてきたのが「古神道」です。古神道よ、価値観転換・人間観転換、そして人の97パーセントの未解の天分を開かせるパラダイスへの門となれ。もう一度「古神道」を復習しておきましょう（注[2]）。

①**人は神の子供**（神の産霊《むすび》）、本性は愛。それだから人は神の子に成るもの、成れるもの、成るべきもの。至愛の人を目指して。

②この愛の人（本物の神の子供）に成る方法が釈迦の教え**八聖道**。現実生活での言・行・想を正しく清く美しく愛の人にふさわしいものにする道。最後が瞑想。

③そうは言っても、世界は無情、邪魔だて誘惑多し。だからたっぷり進化のためのエネルギー補給が必要。そこでとっておきの天界・地界の母乳「**自然と一体となれ**」で、たっぷり補給すること。①

と②を生真面目にやり抜いた人にだけ、自然界の秘薬（神の子と成れる自然界のエネルギー）が授けられる。こうして人は青人草となる。

青人草とは、無償で酸素と体（食糧）を提供し続ける「生命の素」植物たちのような愛の人のこと。でももっと上、手足があって地球が廻れるだけでなく、口があって愛を言葉で（言霊で）放散できるだけでなく、意志をもって決意をもって神の天上にまで届かんとする者。いわば宇宙ごとそっくり愛の結晶体へと進化させるエネルギー体にも成れる蟻の存在だから。これが（この青人草に成れる道筋書きが）奇しくも、日本に集まったユダヤ教・原始キリスト教、それに仏教、そして道教で、一つの「**古神道**」を形成して今地球に存在している。

（注[2]）「古神道」は三つをとりまとめて作られたものではない。元々本質として日本人が持っていたものが、外来の文化の刺戟で、自覚化されて形成されていったのである。

●朝鮮の植民地化をすすめた 姜甑山《カンジュンサン》の天地公事の非凡さ（注、第六編参照）

日本の古神道が世界に広がれば、人がみな青人草に成れるから、世に戦争などというものは無くなり、世界がパラダイスとなる。これが「エデンの東」（日本）から生命の樹の園（エデン）に入る方法である。

でも、世界の誰一人これに同意する者はないだろう。島国の独り善がりなど、どこ吹く風、核一発で（日本列島など）吹き飛ばせる今時の世の中なのだから。だから姜甑山の「天地公事」が光る。天地公事とは**前天**（戦争と格差の動物的時代）から、**大峠**（価値観など大転換の時）を経て、**後天**（太平和楽の新時代）へと進んで行く、宇宙の歩みの法則を、狂いなく人畜被害少なくして運んで行くための、いわば霊的な裏行事です。姜甑山は短い38年の生涯をかけて黙々と（人目につかぬようにして）やり終わりました。

やった事、①日露戦争で日本の勝利。②朝鮮半島の日本植民地化。③日本と支那の二度の戦い、④日米戦争で日本の敗北の予告。ここまで。

なぜ、自国の朝鮮を植民地化させたのか。従来朝鮮半島は中国の盲腸・虫様突起（ぶらさがり服属国家）だった。今や、大陸から日本への西方からの勢力侵出の懸け橋になり始めた。その西方からの野心にストップをかけたのが日露戦争での日本勝利の天地公事。だが、盲腸願望の当時の朝鮮では、第二、第三の日本侵略の懸け橋にされてしまうので、日本の支配保護下において、将来朝鮮が自立できるための近代化の社会経済の地盤を作らせた。これが朝鮮植民地化の天地公事。朝鮮のためと日本のために。

ただ、ロシア帝国は阻止できたが（1895年日露戦争）、すぐ後のロシア革命（1917年）で、共産主義（唯物史観）の波が、満州から朝鮮の懸け橋を通って日本へ入る恐れがある。これを阻止しなければいけない。これが満州事変・日華事変とつづく日清二度の戦い（日中戦争）をやらせた天地公事。唯物主義は、日本の国柄の命である「人は神の子」の人間観を抹殺させるから。

最後が日米戦での日本の敗北。ここで共産主義は半島の半分（北緯38度線）まで来てストップ。これから先は、日本が敗戦からの立ち上がり、立ち直りで自分に活を入れて、己が民族の使命である地球グローバル化後の世界に、青人草を生やす仕事に励めよ、ということ。天地公事は終了したので、１９０９年38歳で他界した。

唯一つ、姜甑山が後々の朝鮮のために残したものがある、「仁」（253ページ参照）。これが今の韓国には、北朝鮮にはもちろん無い。相手を思いやる愛と許しの心。それどころか、反対の「恨《はん》」が今も健在。己が不幸を恨みかこち、あまつさえ楽しむ心。永い虫様突起時代に染み付いた民族の哀調メロディー。それだけならよいが、己が不幸を他のせいにする愚痴、尽きぬ愚痴の先にその他者を敵として憎しみ、憎むことを更に正義として楽しむ心。深い「恨《はん》」の文化。姜甑山はこれを否とし、反対の「仁」を同胞の（日本敗戦後の朝鮮半島の）休質とせよという、天地公事をしておいた。

なぜなら半島は大陸の盲腸ではない。ユーラシア大陸の文化の懸け橋である。「光は東方より」、ギリシア半島がメソポタミア・エジプト文化の懸け橋であったように。もう一度、（かつてギリシアから）西洋文化が華咲いたように、今度は（朝鮮半島が）エデン文化の偉大な懸け橋となる夢はないのか。誇り高き半島人にとり、誇りの由来はそこにあったのではないか。いつまでも姜甑山が天地公事した〈朝鮮半島の日本植民地化〉を恨むべきではない。

「前天・大峠・後天」の大峠越えには、「恨」から「仁」への朝鮮半島の役割が必須。かつて、半島は大陸から日本への文化の懸け橋であった。この渡来文化で日本の心性が目覚め、「古神道」を中心とする未来のエデン文化をつくる日本精神文明（清明心文化）が蕾を持った。敗戦で、日本人がもしこの華を咲かせることが出来るならば、隣国・朝鮮半島の懸け橋は、世界にこの花を広げる「光は東方より」のギリシアとなるであろう。という訳で、姜甑山は止どめの天地公事の隠し玉「仁」を祖国朝鮮に残した筈。恨から仁へ、時は今ここに来ている。

姜甑山の教えの根源は「三柱」、①解冤《かいえん》（恨みを解く）、②報恩、③相生（相互扶助）。この解冤、即ち恨から仁への転換、この仁を祖国の新しい柱とせよとした。もう一人、半島には少し先頃に聖者がいた。崔済愚、「東学」思想の祖。その教えの根本は「人乃《すなわち》天」（人は神の子供である）。これは古神道の第1義に等しい。同じ文法体系をもつ朝鮮語には日本語と同じく母音（自然界の音）が多い。同文体系の民ならば人の生き方の発想点「人は神の子（動物に非ず）」これを同じくして、この新エデン文明の興隆の時に同行してよいのではないか。姜甑山を捨てるか？　朝鮮半島の人よ、勇気をもって彼を再発掘せよ。

●日本の言霊がないと、殺人剣はキリストの活人剣にはならない

「世界の人がみんな良い人にならないうちは、世界の平和はあり得ない」、これは真理です、絶対平和の法です。誰も疑わない。でも、ユメ、理想主義、これを夢見る者のことを時に阿呆と呼ぶ。だから誰も実行しない、それだから今まで実現されなかった。イエスとか、釈迦とか、宮沢賢治は例外ですが。でも、彼らが夢みても実現されなかったではないか。そうです、それは唯時が熟していなかっただけのこと。

時とは何ですか。日本から、一群の人々が「そうです」と申し合わせたように総立ちする瞬間がまだなかっただけのこと。天の時、地の利、人の和、この三つがポイントです。

なぜ日本ですか。日本の精神、そのエキス「古神道」の、またエキス武士道が熟す時、これが天の時、そして地の利、もう一つが一群の人々の総立ち、これは人の和。

いつ武士道が熟すのですか。それは姜甑山が天地公事をしめくくった百年後くらい。日本の敗戦(これ以後は天地公事してありませんので)、敗戦から成熟まで百年くらいはかかるでしょう。敗戦という日本最初のショックに、滅入り込み、一度の空騒ぎの高度成長やらに太鼓を叩き、天罰で一群の人々が目覚める時。今、東日本大震災が天の時、日本武士道が熟するかどうかの最後のチャンス。

一群の人々の目覚めが起こっています。何の目覚めか? 日本の言霊。なぜコトダマか? 日本人だから、「言霊の幸ふ国」にしか起きないことが起こっただけ。だから決死の愛の人(青人草)になろうと志願した「古神道エキス」の実践者が一握りいたというお話。

これで天の時、地の利、人の和が整い、いよいよ武士道熟し、殺人剣から活人剣への様変わり、言霊は(第八編で記しましたように)神のエネルギーを地上に呼び寄せます。宮沢賢治は単純に「物質といい、勢力といい、思想ならざらんや」と言霊の法を教えています。物質(ウラン)をエネルギーにしたのが、核分裂による原発エネルギーですね。これは毒のバラまきでした。反対に人の愛の想念(青人草の決死の愛の心)を、声にして、物質にして、一群の人の総和で神人協同の巨大エネルギーに変えて出したのが(日本の)言霊です。ですから、これに敵するエネルギーは他にありません。神のエネルギーですから。

言霊の幸ふ国から降魔が起きます。〝見えないけれどもあるんだよ〟、あの見えない魔群が改悛します、（殺人剣ではなしに、愛の片刃の良く切れる浄化の「神人協同のエネルギー」剣ですから）、魔性が死に、改悛して元の天使になります。その数が３４６８体と第八編の（354ページ）に記しました。

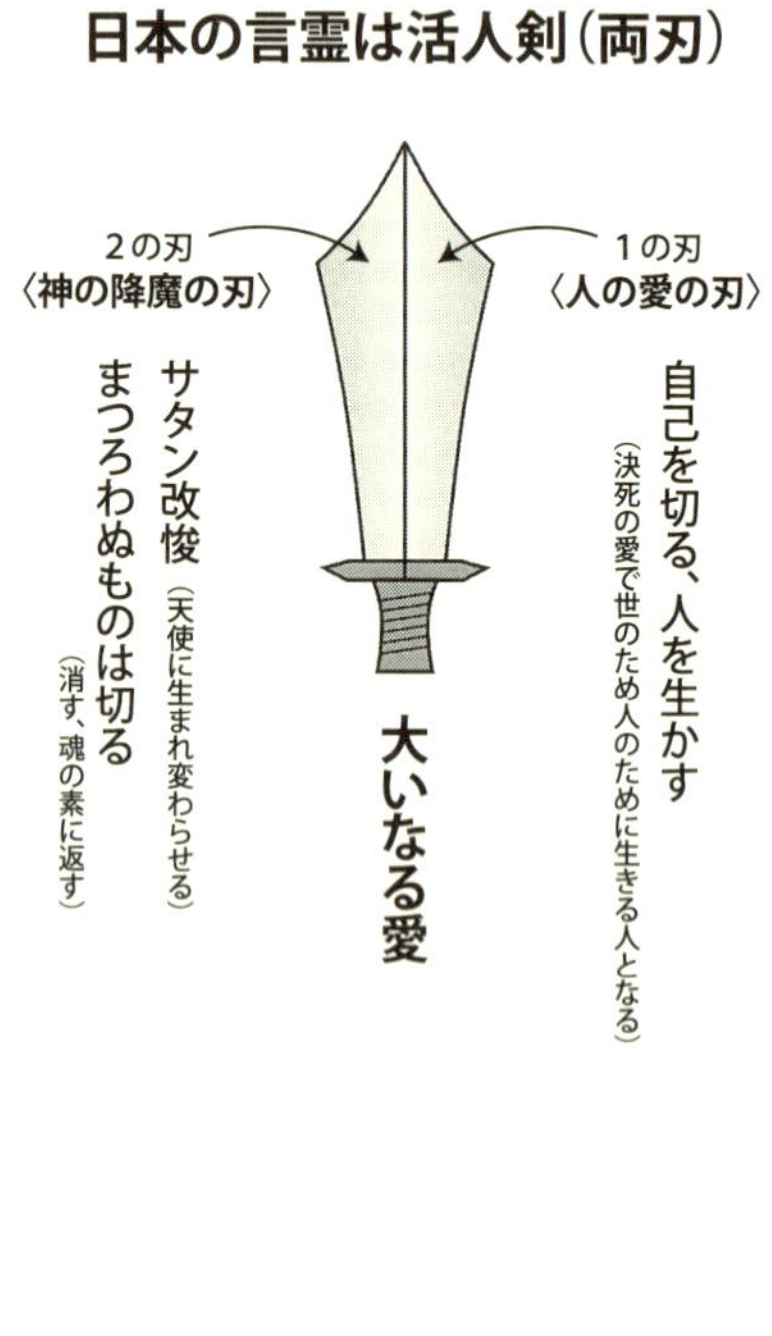

まつろわねば死にますが、ただそれは生命の素に返るわけですから、個性を失う選択を自分でするということです（その数42体）。もう片刃が自己を切る剣、我執を切るから、決死の愛の刃。なぜ我執を切るか、これを切らねば決死の愛の青人草にはなれませんから。これが愛の両刃の活人剣（自己を

殺し、相手を生かす片刃と、もう一つ魔群を消す片刃の両刃）の成り立ちとなっています。これが武士道の極致、日本精神の終極、世界恒久平和実現の剣です。これを日本人が振るえばよい。

さて、魔がいなくなるから、（この後は）人の努力で皆善性になります。源の神の子の本性に立ち返り易くなったわけです。ですから、これから政治・経済・社会・文化の一切が変化します。ただこればかりは人間が努力しなければ出来ない分野ですが。

簡単に天地の法の筋書きだけを申しました。魔群は宇宙に沢山充ちていますから、これからはもっと宇宙との闘いになりましょう。（現に一群の人々はこの戦いを継続しつづけています）。もう一つ大切なこと、人界のことは法則だけでは（口先だけでは）どうとも出来ません。青人草が体と口と愛をふんだんに使って生活行動をしないことには。

●「いざ、鎌倉!!」が本番の始まりです

怨讐を越えて、韓国と日本、中国と日本、西洋とアジア、イスラム教徒とキリスト教徒の問題だけではありません。ありとあらゆる個人の間、民族の間、国と国の柵《しがらみ》を超えて、すべての恨・怨讐を地上から解かねばなりません。方法はひとつだけあります。「世界の広場に人類よ集まれ」、そして愛の両刃の活人剣による「集めた人類を一括浄化」これです。これをやるために義経（転輪王の化身・八幡神の使徒）がチンギス汗になりました（第一編参照）。今、これを実演するために、義経よ鎌倉に入れ。鶴岡八幡宮の倒れた大銀杏の萌え出た孫生え《ひこばえ》（未来の希望）の前に来て立て。そこで兄・頼朝と八百

年の怨讐を超えて握手せよ。これが根源の怨讐の根断ち方法、そしてこれが〝いざ、鎌倉!!〟の始まりである。このとき静が義経と同行せよ、愛、大和撫子の決死の愛が武士道に加えられて、このとき武士道が完熟する。二十一世紀は女性の世紀とは、この女の出番のことです。

事は至極単純に見えますが、イエスが二千年をかけて身をもって地上に神の国つくりの仕方を教えた「剣を捨てよ」、が今熟す時。縄文人と弥生人がはるばるエデンの東を目指して遠くから集まって来て、「古神道」を実らせて、その実が今（熟して）落ちる時。この瞬間が「いざ、鎌倉!!」から発信されます。なぜならば、武家政権発祥の地は鎌倉、鎌倉は龍体を模したカマド。このカマドの鎌倉からしか日本の精神も、武士道も完熟されないからです。世界は、鎌倉（小さな龍体のヒナ型）↓日本列島（大きな龍体のヒナ型）↓地球（本当の龍体）へと、真正文化は広がっていきます。見えない魔は消すことと、見えない神が姿をチラリと見せる仕組みが、両刃の（決死の愛の）活人剣の仕組みでもあるからです。

2011・8・30記

著者略歴　山波言太郎《やまなみげんたろう》（本名・桑原啓善《くわはらひろよし》）

１９２１年生まれ、詩人、心霊研究家、リラ自然音楽セラピーを創始、慶應義塾大学経済学部卒。１９４３年学徒出陣で海軍に入り、特攻基地で戦争を体験。

学生時代（１９４２年）に近代心霊研究に触れ、その迷信を叩こうとして逆にその正しさを知り、研究者となり〈ネオ・スピリチュアリズム〉を唱導。１９４３年前田鉄之助の「詩洋」同人（１９７７年鉄之助の他界まで）、以後「日本未来派」を経て個人詩誌「脱皮」を発行、日本詩人クラブ会員（１９５０年創立の年より）。戦後の日本再建は青年の教育と考え、東京で高校教師生活。35年の回答は絶望。教育行政が人間の努力をことごとく蹂躙。１９８２年、世界の恒久平和を悲願して一人で活動を開始、その結果が１９８５年「生命の樹」設立となり、１９９２年リラヴォイス開発、１９９５年自然音楽開発となり、現在の「リラ研究グループ自然音楽研究所」と「義経と静の会」となる。「山波言太郎総合文化財団」設立準備中。

著書『デクノボー革命』上下巻『音楽進化論』『ワンネスブック・シリーズ』６巻、『宮沢賢治の霊の世界』『愛のことだま』他、訳書『シルバー・バーチ霊言集』他、著訳書多数。

詩集『水晶宮』『同年の兵士達へ』など13冊。

日本の言霊が、地球を救う

二〇一一年 一一月 二三日 初版 発行
二〇一二年 三月 一〇日 第二刷 発行

著 者 山波 言太郎
装幀者 桑原香菜子
発行者 山波言太郎総合文化財団
発行所 でくのぼう出版
神奈川県鎌倉市由比ガ浜 四―四―一一
TEL 〇四六七―二五―七七〇七
ホームページ https://yamanami-zaidan.jp/dekunobou
発売元 星雲社（共同出版社・流通責任出版社）
東京都文京区水道 一―三―三〇
TEL 〇三―三八六八―三二七五
印刷所 株式会社シナノ パブリッシング プレス

ISBN978-4-434-16194-0